本书系国家社科基金重大招标项目“中国特色自由贸易港的建设路径及法治保障研究”（18ZDA156）阶段性成果
2022 年海南省马克思主义理论研究和建设工程专项课题重点项目“世界自由贸易港法治发展趋势比较研究”（2022HNMGC02）成果

海南自由贸易港多元化商事纠纷解决机制

著　者　王　琦　陈宝军　黄恒林
刘思瑞　易永豪　张晓萍
吴雨琦

法律出版社
LAW PRESS · CHINA
——北　京——

图书在版编目(CIP)数据

海南自由贸易港多元化商事纠纷解决机制 / 王琦等著. -- 北京：法律出版社, 2024
ISBN 978-7-5197-9074-5

Ⅰ. ①海… Ⅱ. ①王… Ⅲ. ①自由贸易区-商法-合同纠纷-研究-海南 Ⅳ. ①D927.660.364

中国国家版本馆 CIP 数据核字(2024)第 081779 号

海南自由贸易港多元化商事纠纷解决机制
HAINAN ZIYOU MAOYIGANG DUOYUANHUA SHANGSHI JIUFEN JIEJUE JIZHI

王 琦 等著

责任编辑 陈 慧
装帧设计 凌点工作室

出版发行 法律出版社
编辑统筹 法律教育出版分社
责任校对 王语童
责任印制 刘晓伟
经 销 新华书店

开本 A5
印张 8.25 字数 205 千
版本 2024 年 5 月第 1 版
印次 2024 年 5 月第 1 次印刷
印刷 唐山玺诚印务有限公司

地址:北京市丰台区莲花池西里 7 号(100073)
网址:www.lawpress.com.cn
投稿邮箱:info@lawpress.com.cn
举报盗版邮箱:jbwq@lawpress.com.cn

销售电话:010-83938349
客服电话:010-83938350
咨询电话:010-63939796

书号:ISBN 978-7-5197-9074-5
定价:35.00 元
凡购买本社图书,如有印装错误,我社负责退换。电话:010-83938349

前 言

2020年6月1日，中共中央、国务院印发的《海南自由贸易港建设总体方案》明确指出，海南自由贸易港要建立多元化商事纠纷解决机制，尤其是完善国际商事纠纷案件集中审判机制，为当事人提供国际商事仲裁、国际商事调解等多种非诉讼纠纷解决方式。随后，全国人民代表大会常务委员会颁布实施《海南自由贸易港法》，为海南自由贸易港高质量发展、实现更高水平开放夯实了法治根基，确保海南自由贸易港建设在法治轨道上行稳致远。其中，《海南自由贸易港法》第54条就海南自由贸易港多元化商事纠纷解决机制作了专门规定，国家支持探索与海南自由贸易港相适应的司法体制改革，完善国际商事纠纷案件集中审判机制，并且支持通过仲裁、调解等多种非诉讼方式解决纠纷。显然，海南自由贸易港多元化商事纠纷解决机制作为自由贸易港法治体系的重要组成部分，对我国高水平开放、营造营商环境具有重要的政治、经济和文化价值。

海南自由贸易港多元化商事纠纷解决机制是自由贸易港法治环境的重要元素，随着海南自由贸易港建设深入推进，未来国际商事交易频率与规模将步入快速增长阶段，涉外商事纠纷会随之呈现领域更广、内容更新、类型更繁、涉外因素更多等多元化发展趋势。就目前来看，海南自由贸易港建设对多元化商事纠纷解决机制带来了新的机遇和挑战，在世界新一轮大发展、大变革、大调整的时代背景下，海南自由贸易港能否继往开来，找到一条适合的发展道路变得至关重要。近年来，海南自由贸易港多元化商事纠纷解决机制建设取得了一定的阶段性进展和成果，但随着自由贸易港建设工作的不断推进，当下诉讼、仲裁和调解制度在封关运作后必将迎来更大的挑战。本书正是基于海南自由贸易港商事纠纷解决的实施状态及其存在的问题展开研究，为实现海南自由贸易港法治环境的长足发展，需要对多元化商事纠纷解决机制进行更深层次的研究，为突破开放“瓶颈”提供坚实理论支撑。海南自由贸易港多元化商事纠纷解决机制建设，是一个复杂且长远的系统性工程，要运用系统观、全局观、协调观思维，统筹优化被称为商事纠纷解决“三驾马车”的诉讼、仲裁和调解制度。建立健全海南自由贸易港多元化商事纠纷解决机制，既需要充分发挥诉讼、仲裁和调解制度的独立优势以增强市场主体商事纠纷化解的获得感与法治体验感，也需要构建和优化集诉讼、仲裁和调解为一体的“一站式”商事纠纷解决平台来服务共建开放型世界经济的法治化生动实践。

参与本书撰写的人员有海南大学法学院教师王琦；海南师范大学法学院教师张晓萍；海南自由贸易港知识产权法院法官陈宝军；海南大学法学院博士研究生刘思瑞、黄恒林、易永豪、吴雨琦。各章分工撰写情况如下：第一章：黄恒林；第二章：易永豪；第三章：刘思瑞；第四章：陈宝军；第五章：张晓萍；第六章：王琦；第七章：吴雨琦。全书由王琦教授统稿、审阅和整理后定稿。

由于受研究视野、研究能力、实践经历等所限，书中疏漏谬误之处在所难免，敬请各位专家、学者和读者批评指正。

著　者

2024 年 3 月

仲裁机构译名对照与简称

(以书中出现先后为序)

国际商会仲裁院

International Chamber of Commerce, ICC

伦敦国际仲裁院

London Court of International Arbitration, LCIA

斯德哥尔摩商会仲裁院

Arbitration Institute of the Stockholm Chamber of Commerce, SCC

新加坡国际仲裁中心

Singapore International Arbitration Centre, SIAC

新加坡国际调解中心

Singapore International Mediation Center, SIMC

香港国际仲裁中心

Hong Kong International Arbitration Centre, HKIAC

美国司法仲裁调解服务股份有限公司

Judicial Arbitration and Mediation Services, JAMS

英国有效争议解决中心

Centre for Effective Dispute Resolution, CEDR

中国国际经济贸易仲裁委员会

China International Economic & Trade Arbitration Commission, CIETAC

深圳国际仲裁院

Shenzhen Court of International Arbitration, SCIA

美国仲裁协会

American Arbitration Association, AAA

新加坡调解中心

Singapore Mediation Center, SMC

"一带一路"国际商事调解中心

International Commercial Mediation Center for the Belt & Road, BNRMC

香港和解中心

Hong Kong Mediation Council, HKMC

目 录

第一章　海南自由贸易港多元化商事纠纷解决机制概述

第一节　海南自由贸易港商事纠纷

一、海南自由贸易港商事纠纷的界定

海南自由贸易港商事纠纷的内涵和外延是开展相关纠纷化解的前提性步骤，关系到整个纠纷案件适用的不同“法律待遇”和最终走向。那么，自由贸易港法规体系既要凸显自由贸易港基本制度特色中国化，又要配合经济形态开放化、经贸规则国际化，从而建立多元化商事纠纷解决机制的配套机制。因此，基于自由贸易港法规体系的特殊性，在海南自由贸易港区域内注册的企业及其经营行为必然与“关外”面对不同的“法律待遇”，进而导致海南自由贸易港商事纠纷化解的“法源”与“关外”有所差异。

海南自由贸易港将被打造成为引领我国新时代对外开放的重要开放门户，以贸易投资自由便利为重点建设，并建成以多元化商事纠纷解决机制为组成部分的自由贸易港法治体系。海南正加快推进自由贸易港建设，对自由贸易港法院建设进行顶层设计和宏观布局，[1]并相继组织成立了海南自由贸易港知识产权法院、第一和第

---

〔1〕《海南自由贸易港法院建设五年规划(2021—2025年)》。

二涉外民商事法庭、海口破产法庭等审判机构。但是,对于什么是海南自由贸易港商事纠纷并没有一个界定标准,也没有专门的审判机构,现阶段海南只有涉外、涉港澳台地区商事案件立案、审判及执行的涉外民商事法庭。2013 年,上海自贸区法庭挂牌成立,其主要职能是集约审理、专项审判涉上海自贸区相关的民商事案件,主要集中审理涉自贸区的投资商贸、金融、知识产权和房地产案件。[2] 上海为了更好地服务和保障自贸区建设,对什么是涉自贸区商事纠纷作出了界定标准,即受理案件的适用范围,以法律关系的主体、客体、法律事实作为判断是否属于涉自由贸易试验区案件的标准,[3]这在学理上被称为采用涉外因素的主流标准“法律关系三要素说”。那么,是否可以采用涉外因素的判断标准“法律关系三要素说”来界定海南自由贸易港商事纠纷呢?毕竟,无论是司法解释还是法学理论抑或是司法实务中,使用“法律关系三要素说”来界定涉外民事关系在我国都占据着主流地位。只要民事关系的主体、客体,产生、变更或消灭的事实其中一个因素涉外,法院便可以认定案件为涉外民事关系。

笔者认为,采用“法律关系三要素说”的标准来界定海南自由贸易港商事纠纷具有一定的便捷性和可预见性,具有可以简单且直接套用自由贸易港的情形等益处。但是,该判断标准忽视了海南自由贸易港不是单纯的地理空间概念,而是国家政策和制度的特殊战略区域的特性。但是该涉外标准重点展示的是一个地理空间概念,以便法院确定案件管辖权与实体法律的适用。然而,海南自由贸易港商事纠纷不是单纯地理空间的划分,而是制度和功能的适用差别。更何况,“法律关系三要素说”还存在隐性的法律规避、虚假涉外的无

---

〔2〕 郝洪:《上海自由贸易区法庭挂牌》,载《人民日报》2013 年 11 月 6 日,第 4 版。

〔3〕 《上海市第一中级人民法院涉中国(上海)自由贸易试验区案件审判指引(试行)》第 6 条。

法排除等隐患问题。[4] 因此,简单地以涉外标准"法律关系三要素说"来界定海南自由贸易港商事纠纷将导致案件适用范围的宽泛化。例如,海南自由贸易港居民的婚姻家事纠纷案件、外国人在海南自由贸易港的交通事故纠纷案件、人身损害侵权责任纠纷案件等传统民事纠纷并没有涉及以贸易投资自由便利为重点的自由贸易港政策制度,尽管该类传统民事纠纷也许符合"法律关系三要素说"标准,但不宜被纳入海南自由贸易港商事纠纷的范围。

要正确界定海南自由贸易港商事纠纷的内涵和外延,首先,要明确海南建设自由贸易港的基本定位:一是锚定"一本三基四梁八柱"[5]战略框架,形成我国开放型经济新高地;二是建成以贸易投资自由便利为重点的高水平自由贸易港,形成我国更高层次改革开放新格局。中国特色自由贸易港多元化商事纠纷解决机制应当以基本定位为牵引,快捷高效地化解海南自由贸易港商事纠纷。因此,海南自由贸易港商事纠纷的判断原则为纠纷是否涉及贸易、投资、跨境资金流动、人员进出、运输来往的自由便利以及现代产业体系、税收制度等海南自由贸易港政策制度体系。其次,根据最高人民法院以及海南省高级人民法院对民事、商事、知识产权等领域的专项审判分工,确定商事纠纷的不同类型标准。一是海南自由贸易港民事纠纷可以采取"法律关系三要素说+涉自由贸易港政策制度",即法律关系要素以贸易投资自由化、便利化为重点等海南自由贸易港特有的政策制度;二是海南自由贸易港商事纠纷可以采取"法律关系三要素说",由于自由贸易港以海南岛全岛为制度实施范围,商事活动直接

---

〔4〕 王小骄:《对涉外民事关系"涉外性"界定的再思考——兼议〈涉外民事关系法律适用法〉若干问题解释(一)第一条的完善》,载《新疆大学学报(哲学·人文社会科学版)》2013年第4期。

〔5〕 沈晓明:《锚定"一本三基四梁八柱"战略框架 加快建设中国特色自由贸易港》,载《求是》2022年第11期。

关系到贸易投资自由便利的政策制度体系,“法律关系三要素说”的宽泛标准更能涵盖海南自由贸易港的商事纠纷类型。

二、海南自由贸易港商事纠纷的特点

(一)商事纠纷领域涉及广泛

海南自由贸易港是整个海南岛封关运作的海关监管特殊区域,货物贸易“零关税”与服务贸易“既准入又准营”,并大幅放宽投资市场准入等政策制度体系,呈现出“境内关外、功能突出、高度自由”[6]的主要特征。2021 年,海南货物贸易进出口总值为 1476.8 亿元,居全国第三位。[7] 从国内角度看,海南自由贸易港不仅是独立于保税区和自由贸易区的海关特殊监管区,还在自由度、开放度和便利度方面高于后两者,其赋予地方更多的改革自主权,拥有更加自由化的营商环境,可以说自由贸易港是我国自由贸易试验区深化发展的方向。[8] 从国际角度看,海南自由贸易港不属于 WTO 规则项下的自由贸易区(Free Trade Area,FTA)的范畴,而是中国本土内地关境内划定的一定区域,并不像国家或单独关税区政府相互之间缔结的传统多边贸易协定那样开放程度相对有限。虽然自由贸易港的国际服务贸易事项应该遵守 WTO 的相关规则,但其不在国际公法的调整范围内,不直接承担国际条约义务。[9] 基于以上这些区别与独有特征,自由贸易港的政策效应将刺激贸易市场的活跃度、吸引大量公司

---

〔6〕 田珍:《中国建设自由贸易港的战略意义与发展措施》,载《国际经济合作》2017 年第 12 期。

〔7〕 周晓梦、张恒:《“解码”海南外贸》,载《海南日报》2022 年 5 月 30 日,第 4 版。

〔8〕 胡剑波、任香:《自由贸易港:我国自由贸易试验区深化发展的方向》,载《国际经济合作》2019 年第 3 期。

〔9〕 何力:《中国海南自贸港建设的国际贸易法律探讨》,载《国际商务研究》2021 年第 2 期。

前来注册，且随着自由贸易港开放领域的持续扩大，其商事纠纷必然会涉及更多的行业和领域。

《海南自由贸易港建设总体方案》实行“一线放开、二线管住、岛内自由”的贸易自由便利，实施市场准入承诺即入制以优化投资环境的投资自由便利，以及跨境资金、人员进出、运输往来和数据流动的自由便利，致力于将海南最终发展成为新时代中国改革开放的“领头羊”。相比于国内其他普通地域甚至自由贸易区的涉商事纠纷范围的广泛性，海南自由贸易港除了解决传统商事纠纷外，其对内对外开放的深化程度将吸引众多行业的市场主体涌入，其涉商事纠纷的领域范围和案件数量也将随之大幅度扩大和提高，特别是国际贸易、跨境投资和离岸金融等领域的纠纷。

（二）商事纠纷类型多元且新型

海南自由贸易港建立具有国际竞争力和影响力的“海关监管特殊区域”，其作用并不单单是形成如保税港区、综合保税区、保税区、出口加工区等“海关特殊监管区域”，以发挥扩大外贸、引进外资、促进升级、稳定就业的“小区域、大产出”的作用，还应当体现我国最高水平贸易自由的“境内关外”制度的功能定位，同时具备产业带动和辐射作用，即自由贸易港的贸易投资自由便利功能的综合化。根据国际高水平自由贸易港的发展趋势和成功经验，如以转口贸易为核心的自由贸易港已经不能适应当今世界自由贸易港的多样化产业结构。因此，海南自由贸易港的核心功能是通过海南岛优势的地理位置，将海南打造成以贸易投资自由便利为重点，集商务、生产、生活、旅行、消费、休闲等于一体的特殊经济区域，深化高新技术、国际教育、医疗、金融、保险、航运、海洋经济、旅游、文体休闲、房地产等重点领域的开放力度，促使海南在全球的产业链中成为集信息流、技术流、资金流、货物流、人才流于一身的高地。海南自由贸易港的商事纠纷会随着自由贸易港的政策制度体系而变化,其纠纷产生与经济发展息息相关。因此,随着自由贸易港按照既定时间节点推动全岛封关运作的积极建设,其各个领域的经济活动将引起商事纠纷的多样化。

《海南自由贸易港建设总体方案》的制度设计涉及自由贸易港的贸易、投资、跨境资金、人员进出、运输来往、数据安全等领域。那么,海南自由贸易港商事纠纷在货物服务贸易、跨境融资,跨境证券投融资,国际能源、航运、产权、股权的交易,外籍人才的劳动纠纷、国际航海航空,国际互联网数据,国际医疗、邮轮游艇、海洋的旅游,国际教育,物联网、人工智能、区块链、数字贸易的高薪技术等方面必然呈现自由贸易港特有的新类型商事纠纷。这是因为自由贸易港的开放程度是保税区、经济特区甚至自由贸易区无法比拟的。自由贸易港建设的蓬勃展开也会带来新的法律问题,其需要积极回应新领域、新产业、新业态、新模式下市场主体权益保护的法律需求。

(三)商事纠纷性质涉外因素增多

海南建设自由贸易港是推进高水平开放、打造具有国际竞争力的开放型现代化经济体系的重要尝试,是党和国家在改革开放发展到新阶段的新的重大战略部署。海南自由贸易港以更高更全面的开放姿态积极融入和推动经济全球化和贸易投资自由化便利化的国际浪潮。改革开放以来,我国不断探索经济开放模式,包括深圳经济特区、各类保税区、经济技术开发区、自由贸易区等。现阶段,自由贸易区建设已经发展到了转型升级阶段,而自由贸易港是我国新时代改革开放的又一个重点发展目标。自由贸易港强调“一线放开、二线管住”,争夺国际金融资本服务、货物和人才的汇聚地。[10] 自由贸易港

---

〔10〕 张释文、程健:《我国自由贸易港建设的思考》,载《中国流通经济》2018 年第 2 期。

在国际商品或服务上抓住资金、信息和贸易价值链，汇聚国际高端生产要素和国际价值链，从而形成参与、引领国际经贸合作竞争的新优势。新时代，我国扩大对外开放、全面深化改革，奋力推进中国特色自由贸易港建设，应在全球追求市场主导权及规则制定权。

从前文所述及的自由贸易港功能定位和发展目标上看，其涉外商事纠纷案件的数量幅度将会明显上升。有数据显示，2021 年海南第一、第二涉外民商事法庭共收案 2161 件，结案率 70% 以上。[11] 海南国际仲裁院 2019 年、2020 年分别受理案件 2762 件、3300 件，涉纠纷当事人涵盖东亚、东南亚、澳洲、欧洲。同时，我国在新一轮对外开放、促进经济增长中，建设自由贸易港主动适用和掌握全球自由贸易主导权，这必然保证市场主体在一流营商环境中“走出去”和“引进来”共同发展。因此，国际商事仲裁裁决的承认与执行、国际商事活动中信用证欺诈或保函欺诈、离岸公司逃废债务、国际货物买卖的不当得利、域外产品质量、域外建设工程、涉外旅游的合同及保险合同等涉外经贸活动都容易引发纠纷。

第二节 海南自由贸易港建设对商事纠纷化解机制的机遇和挑战

一、商事纠纷类型从传统型向现代型转变

海南自由贸易港建立开放型经济新体制，无论是开放的领域还是放宽的机制措施，都有别于自由贸易区和经济特区，涉及自由贸易

〔11〕《以法治力量优化营商环境，海南法院这么干！》，载微博网 2022 年 4 月 14 日，https://weibo.com/ttarticle/p/show? id=2309404758094063206581。

港贸易、投资、跨境资金、人员进出、运输来往、数据安全等方面的商事纠纷。同时，随着贸易、投资、金融等领域涉外因素的增加，自由贸易港必将出现新型国际贸易、跨境投资、跨境和离岸金融等一系列前沿性、专业性和国际性的纠纷，且呈现增长态势。因此，这些前沿领域的纠纷化解所对应的法律服务需求也会应时而生，例如调解＋诉讼、调解＋仲裁、国内调解＋涉外调解等多种形式。海南自由贸易港商事纠纷涉外特征明显，具体表现为涉外商投资企业所占比例高、国际贸易过程涉外特征凸显、处理自由贸易港商事纠纷的“法源”复杂多样，等等。海南自由贸易港在对贸易、投资、金融等领域的制度进行创新的同时还带来了新类型纠纷，因此其更应当充分了解相关新兴行业的国际通用惯例和主流规则。为了维护我国自由贸易港的国际地位，应当准确应用国际国内两种法律渊源，积极运用国际私法中的相关规定，公正地确定涉外案件中的程序事项。同时，海南在建设自由贸易港中提出的有序扩大通信资源和业务开放等建议虽然会带来国际互联网数据、虚拟财产及区块链的新型商事纠纷，但其相应地也会促进自由贸易港多元化商事纠纷解决机制的信息化、智能化。

二、商事纠纷的涉外因素将提升化解的复杂性

《海南自由贸易港建设总体方案》提出，建立贸易自由便利、投资自由便利、跨境资金流动自由便利、人员进出自由便利、运输来往自由便利和数据安全有序流动作为中国特色自由贸易港的制度体系和运作模式。随着海南积极推进自由贸易港建设，海南区域内跨境商事活动更加频繁，跨境贸易、跨境投融资、金融交易更加活跃，涉外商事纠纷的化解需求也会随之增多。这虽在一定程度上能够反映国际商事主体对海南自由贸易港市场参与度的全面提升，但是，尊重契约

自由、鼓励跨境投资是自由贸易港开放包容、公平竞争的营商环境的应有之义。而尊重和允许当事人协议选择其他国家或地区的法律解决纠纷,将使域外法的查明适用更加复杂和困难,这也是困扰法院处理纠纷的一大难题,同时也是国际商事仲裁中准据法查明的难题,而且国际公约中承认和执行外国仲裁裁决也需要法院谨慎解释与严格把握。在商事纠纷的涉外因素明显增多的环境下,涉自由贸易港商事纠纷适用的法律必然呈现多样化、复杂化的问题。在多元化纠纷化解中,当前海南商事仲裁国际化面临仲裁公信力和专业化水平有待提高,以及调解市场化程度过低且仅充当辅助化解纠纷作用的困境与挑战。商事纠纷的涉外因素还会带来"法源"适用的难题。当我国现行的法律、法规冲突时,国际公约或条约、国际惯例、商事规则等不同"法源"如何正确适用,以及在涉外商事纠纷法律适用发生冲突时,国际公约或条约、国际惯例、商事规则等与国内法相矛盾时如何软化处理适用,这些问题是法院不得不面对的问题。因此,海南自由贸易港需要建立健全国际性法律数据库、涉外图书文献以及电子送达、远程调查、庭审、异地执行等措施,积极应对国际化法律服务体系的持续升级。

三、商事纠纷的激增将推动纠纷解决机制的创新

海南从建设经济特区到建设自由贸易区再到自由贸易港,商事纠纷案件明显激增。无论是自由贸易港司法机关还是自由贸易港市场主体中的双方当事人,都渴望拥有一个公平、高效、便利的多元化商事纠纷解决机制。传统的纠纷解决方式已然不能满足海南自由贸易港市场的需要。例如,若以传统的诉讼方式解决商事纠纷,在其本身"案多人少"的压力还未有效缓解的情况下,势必会带来自由贸易港商事纠纷解决的极度拖延,且诉讼单一的纠纷化解模式也不利于

自由贸易港营商环境的形成。因此，自由贸易港商事纠纷的溯源治理更需要仲裁、调解等非诉纠纷解决方式的发展，仲裁、调解等非诉纠纷解决方式也需要对标国际商事调解、国际商事仲裁，其体现的意思自治赋予了当事人极大的自由和广泛的选择权，更契合自由贸易港对商事纠纷解决的需要。

我国近年来的矛盾纠纷多元化解机制在国家治理体系和治理能力现代化中的地位越发重要。在自由贸易港建设中，诉讼与非诉各自在解决商事纠纷时的特点和功能共同组成了优势互补且能够满足市场主体多元需要的程序选择和动态运行的有机衔接系统。诉讼程序所形成的制度框架是国家综合国力的关键因素，因此国家外向型的宏观经济建设与开放性市场的构建离不开涉外诉讼的支持和配合。[12] 海南自由贸易港必然要建立与之相匹配的审判组织体系，法治化的制度集成创新，服务保障海南自由贸易港建设工作。由于诉讼制度作为公力救济解决商事纠纷具有天然的对抗性，在自由贸易港的贸易投资环境中，当事人基于商业往来和未来的合作关系，在有选择的情况下更不愿意诉诸法院在法庭上激烈对抗。谷口平安教授也指出，诉讼解纷在当事人对未来两造之间维持良好关系有所期望的前提下未必是最优的解纷手段。海南自由贸易港多元化商事纠纷解决机制应当保证在纠纷公正化解的前提下，能够兼顾纠纷当事人对贸易投资关系继续维系的利益需求，提供仲裁、调解等非诉讼纠纷解决机制。同时，随着跨境贸易和投融资活动的活跃，商事纠纷的激增还附带单个市场主体同时卷入若干个纠纷的隐患，此时纠纷解决机制的高效、便捷和低成本就显得尤为重要。海南自由贸易港商事纠纷的复杂性和多样性所体现的环境改变和市场需求，促使多元化

---

〔12〕 涂广建：《构建外向型的国际民事诉讼程序体系》，载《武汉大学学报（哲学社会科学版）》2016 年第 5 期。

商事纠纷解决机制的改革创新，从而营造国际一流的自由贸易港法治环境。

第三节 海南自由贸易港多元化商事纠纷解决机制的结构要素

一、多元化商事纠纷解决机制的理念要素

我国正加快建设高水平的中国特色自由贸易港，海南自由贸易港商事纠纷的日趋复杂和商事纠纷解决模式的功能局限之间的紧张关系也在不断加剧。这也正是自由贸易港必须由“管理”迈向“治理”的原因所在。[13] 纠纷管理与纠纷治理不同，纠纷治理倾向于平等协商、协调互动、合作共治。

随着社会的发展和进步，治理理念也再不断拓展到纠纷化解机制上，纠纷解决理念的内涵和结构在本土化进程与发展中也在逐渐加快。改革开放前，社会崇尚“和为贵”的法文化传统，而被国际社会誉为化解社会矛盾的“东方经验”的人民调解形成于深厚的文化基础和社会背景中，在维护社会和谐稳定方面发挥着重要作用。改革开放初期，人们的维权观念不断提高，人们心中的法治意识慢慢提升，人们开始运用法律的武器维护自身合法权益。20 世纪初期，我国进入现代社会加速转型期，这不仅是经济发展的“黄金时期”，还是一个社会“矛盾凸显期”，理念上倡导转向法治之治，化解矛盾、维护稳定

〔13〕 江必新、王红霞：《社会治理的法治依赖及法治的回应》，载《法制与社会发展》2014 年第 4 期。

成为秩序的内在要求和利益的目标指向。[14] 在经济社会快速发展和改革不断深化中建设自由贸易港，纠纷呈现出新的变化和特点，商事纠纷主体多元且涉外因素增多，商事纠纷类型更加多样和新型，纠纷多元化解成为市场所需。随着我国国际法治话语权的逐渐提高和法治实践的逐渐深入，不能再一味寻求所谓的域外“先进理念”的简单移植，理念的形成必须置于中国特色自由贸易港的制度背景和时代条件之中，与我国自由贸易港经济社会发展水平相适应。自由贸易港多元化商事纠纷解决机制的存在形式及运作机理，需要运用司法推动、依法治理、多元并举、法治保障等现代理念营造自由贸易港法治化营商环境，促进当事人平等协商、自愿达成解纷，强化纠纷化解资源整合、诉讼与非诉讼的衔接联动，积极为自由贸易港商事纠纷提供公正、精准、普惠、便捷的矛盾纠纷“化解”服务。

二、多元化商事纠纷解决机制的主体要素

多元主体有序参与并保持良好的关系，是治理对传统管理或统治模式的超越。[15] 而自由贸易港多元化商事纠纷解决机制也需要多元主体的共同参与。近年来，随着司法改革的推进和社会组织的发展，多元化商事纠纷解决机制从社会和市场主体的需求开始逐渐转向纠纷化解的实效性。诉讼作为化解商事纠纷的核心途径有其先天的优势，而司法部门是商事纠纷的主导力量，因此需要发挥司法在自由贸易港商事纠纷多元化解机制中的引领、推动和保障作用。但是，有效的司法资源已经不能满足自由贸易港市场主体日益增长的

〔14〕 王郅强：《利益与秩序：当代中国社会矛盾治理的二维分析》，载《理论探讨》2012年第4期。

〔15〕 江必新、王红霞：《社会治理的法治依赖及法治的回应》，载《法制与社会发展》2014年第4期。

化解商事纠纷矛盾的需求，无法适应自由贸易港更大力度、更深层次的对外开放环境、商事纠纷日趋多样复杂的新形势。

社会组织是自由贸易港纠纷治理现代化的内生力量。如果离开了以社会组织为载体的营商环境，自由贸易港的法治建设也就失去了其赖以存在和发展的内生动力。实现自由贸易港纠纷治理的现代化，单靠公权力治理，其力量和动力显然是不够的，还需要司法与社会组织构建起良性互动的关系，探寻适合自由贸易港多元化商事纠纷解决机制的新动力。在我国特色自由贸易港法律法规体系逐渐形成更加灵活高效的法治条件下，法治发展必须依赖多元动力机制的构建。[16] 为不断完善仲裁制度、提高仲裁公信力，仲裁机构要推进内部治理结构综合体制改革，彻底改制，不再保留事业单位性质，而成为面向市场提供仲裁服务的非营利法人，构建诉讼与仲裁有机衔接的自由贸易港多元化商事纠纷解决机制。完善调解组织的发展，鼓励和支持行业商会组织发挥自身优势，在自由贸易港建立行业性、专业性的行业调解组织，发挥商事调解组织化解自由贸易港经贸专业纠纷的重要作用，为市场主体“引进来，走出去”提供商事纠纷化解的服务和保障。同时，在自由贸易港商事领域探索开展市场化运作的独立第三方商事调解组织的多元化纠纷解决新尝试，积极建立公益性调解与市场化调解并行的解纷模式。自由贸易港多元化商事纠纷解决机制需要诉讼和非诉讼多元主体共同参与，鼓励商事仲裁机构和商事调解组织在化解贸易投资领域纠纷方面所具有的制度优势，在自由贸易港从事商事合同、跨境投融资、跨境贸易、金融交易等商事纠纷的市场化解决模式。

---

〔16〕 周汉华：《构筑多元动力机制　加快建设法治政府》，载《法学研究》2014 年第 6 期。

三、多元化商事纠纷解决机制的资源要素

任何纠纷解决机制都生成于特定的社会环境，并随社会发展变化不断变迁演进。因此研究自由贸易港多元化商事纠纷解决机制，就要将其置于世界经济的特定时代背景与打造高水平对外开放的中国特色海南自由贸易港的发展目标中，在自由贸易港商事纠纷领域构建“以司法为主体、社会组织相协同”的解纷格局。自由贸易港需要优化司法资源配置，法院要推进符合司法规律、有利于自由贸易港发展的司法体制改革。这里要着重强调的是，由于司法作为纠纷解决的基本方式在整个纠纷解决方式占据重要地位，以司法为主导推动健全多元化商事纠纷解决机制的制度安排，以满足自由贸易港多元化商事纠纷解决机制集成创新过程中的司法资源需求。

同时，我们也应该注意到，法院“案多人少”的矛盾一直困扰着法院解纷的能力。因此，社会将商事纠纷置于其他非诉讼方式解决也就顺理成章，仲裁、调解等新型解纷方式的不断发展成熟及其功能的日益彰显也表明法院垄断商事纠纷解决在自由贸易港宏观大环境下存在困境与悖反，司法资源的有限性显而易见。自由贸易港多元化商事纠纷解决机制还需要引进市场机制，鼓励仲裁、调解机构按照市场化方向发展，充分发挥仲裁、调解等组织机构解纷的作用，吸引境外知名的仲裁机构、调解组织在自由贸易港设立业务机构以提供多样化、高质量的涉外商事纠纷解决服务，满足市场主体的多元解纷需求。而如今，各类商事纠纷解决主体在各自领域、各自行业形成单独作战的状况，各自的内生机制远不够完善和成熟，商事纠纷解决资源仍然缺乏统一规划、统一配置、统一标准，[17]尚不能完全应对自由贸

---

〔17〕 龙飞：《论国家治理视角下我国多元化纠纷解决机制建设》，载《法律适用》2015年第7期。

易港日益激增的商事纠纷解决的客观需要。这就需要依托司法的支持和主导作用,优化配置解纷资源,从原点到场域、从单线索到多角度,实现纠纷解决机制的资源"帕累托最优",只有让当事人选择最适合的商事纠纷解决方式才符合自由贸易港多元化商事纠纷解决机制之真谛。

四、多元化商事纠纷解决机制的人才要素

依法治国是一个系统性工程,而法治人才培养是其重要组成部分。能否提供高质量、高水平的涉外法律服务,是衡量法治成熟度的重要指标。[18] 自由贸易港多元化商事纠纷解决机制需要的法治人才是通晓国际法律规则、善于处理涉外商事法律事务的新型高素质涉外法治人才队伍。中国建设特色自由贸易港,贸易投资等涉及的国家或地区的法律制度、法律文化和法治程度各有差异,在建设高水平的中国特色自由贸易港的过程中,需要大量法律专业扎实、精通国际规则、法律职业素养高、良好法律外语沟通技艺的法治人才队伍。

自由贸易港多元化商事纠纷解决机制需要的法治人才队伍可分为法治专门队伍、法律服务队伍、法学专家队伍三支队伍。首先,法治专门队伍是党政机关中专门从事法治工作的人员,这支队伍直接领导和管理自由贸易港法治的发展方向和质量水平。新时代法治专门队伍建设的总体任务,就是推进队伍的革命化、正规化、专业化、职业化。[19] 坚定的理想信念是法治专门队伍的政治灵魂,通过完善的监督制约机制来防止权力滥用和腐败,注重专业队伍的专业能力培

---

〔18〕 黄进、鲁洋:《习近平法治思想的国际法治意涵》,载《政法论坛》2021 年第 3 期。

〔19〕 黄文艺:《论习近平法治思想中的法治工作队伍建设理论》,载《法学》2021 年第 3 期。

训以适应时代发展，优化待遇以实现队伍的职业保障。其次，法律服务队伍是律师、仲裁员、调解员、公证员、企业法务员等提供法律咨询、代理、纠纷解决等服务的队伍。法律服务队伍是直接参与自由贸易港商事纠纷化解、保障当事人合法权益、维护社会公平正义的关键队伍。但是，在当前的自由贸易港建设中，法律服务队伍直接参与涉外法律服务的比例并不高，且法律服务队伍运用法律、外语、国际经贸规则、域外法规范的综合能力低，没有形成娴熟的涉外法律实践能力。鉴于自由贸易港的高水平对外开放环境，应用型法律服务队伍将会替代传统法律服务队伍成为主流。无论是传统队伍还是将踏入法律职场的学生，都要重视涉外法律学科的培养，否则其在提供法律服务中必将遭遇能力“瓶颈”。最后，法学专家队伍主要是从事法学教育和学术研究的队伍。习近平总书记强调，“法学专业教师要坚定理想信念，成为马克思主义法学思想和中国特色社会主义法治理论的坚定信仰者、积极传播者、模范实践者……”[20]法治人才的培养和教育应以自由贸易港国家战略需求为先，面对自由贸易港的特殊性和复杂性，自由贸易港多元化商事纠纷解决机制同样需要法学专家队伍提供教育培训，造就一批德法兼修、明法笃行的自由贸易港法治化人才，使其成为具有中国立场和国际视野的法治建设中坚力量。同时自由贸易港法治化人才也是提供法治学术理论成果、推进自由贸易港商事纠纷解决的法治理论创新的重要力量。自由贸易港的经济开放程度和法治国际化程度需要国内法与国际法的双重互动，其多元化商事纠纷解决机制需要的法治人才要服务于以“开放”为核心的理念，拥有娴熟的法律技能，遵守专业的法律伦理，从而促进我国自由贸易港形成开放包容的市场氛围和法治化的营商环境。

---

〔20〕 习近平：《论坚持全面依法治国》，中央文献出版社2020年版，第178页。

第四节 海南自由贸易港多元化商事纠纷解决机制的成效与差距

一、海南自由贸易港多元化商事纠纷解决机制的建设成效

(一)纠纷多元化解机制有法规可循

如何科学、便民、高效的开展矛盾纠纷多元化解关系到海南自由贸易港推进治理体系治理能力现代化的建设成效。在海南自由贸易建设的背景下,其制度环境发生了新的变化,自由贸易港营商环境亟须提升纠纷解决的法治化程度。2020 年 6 月 16 日,《海南省多元化解纠纷条例》出台,为海南自由贸易港多元化解纠纷工作提供了强有力的法治保障。

首先,自由贸易港对商事纠纷解决的需要与纠纷化解资源配置的不平衡、矛盾纠纷多元化解决机制的发展不充分之间的矛盾愈加强烈。海南自由贸易港建设已经摁下了"快进键",为全岛封关运作做充足准备,其社会经济结构发生了深刻变化,包括商事纠纷在内的社会矛盾纠纷呈现出主体多元、领域广泛、类型新型、涉外复杂等特点,单一的司法救济途径已经无法满足纠纷当事人多元化解的需要。而且,商事纠纷的解决有其特殊之处,公正、及时地化解往往是最主要的需求,为了日后的经贸往来,双方通常会有协商和让步,这就为纠纷的化解留下了很大的空间。而《海南省多元化解纠纷条例》不仅契合不同的纠纷类型应当有各自适合的纠纷解决方式的需求,同时还达到了整合社会资源化解纠纷的目的。

其次,我国多元化纠纷解决机制改革从探索到推广、从理论证成到制度构建,积累了丰富的基层实践和理论基础,这些都需要得到立

法升华。在中央的统一领导下，多元化纠纷解决机制改革推进了《民事诉讼法》的修改、《仲裁法》的修改、《人民调解法》的出台等立法规范的完善。随着海南自由贸易港建设的全面推进，海南也在积极推进多元化纠纷解决机制，其中不乏一些创新举措。例如，《海南省多元化解纠纷条例》率先在全国为国际商事调解提供立法保障，对设立主体、受案范围、境外商事调解机构准入机制等方面作了全方位规范。自由贸易港多元化纠纷解决机制改革需要从政策上升到立法规范，立法规范是加强和创新自由贸易港社会治理、深化平安自由贸易港建设的重要内容。

最后，多元化解纠纷立法是社会治理体系的应有之义，治理体系与治理能力是我国自由贸易港政策制度执行力和营商环境形成力的集中体现。海南多元化纠纷解决机制是自由贸易港社会结构要素的重新分化与整合的必然产物。世界上大多数国家解决矛盾的机制是法律。[21] 自由贸易港多元化商事纠纷解决机制同样需要立法层面加以规范，其作为社会治理体系中的重要组成部分，应当由法律规范构建起司法机关、社会组织机构、市场主体的多元参与机制，平等协商、整合力量、汇聚优势，突破既有的制度化渠道，对标国际商事纠纷解决规则，针对对抗性利益纷争使用多元途径的博弈策略与手段，形成商事纠纷的双方当事人甚至多方的获益者。因此，完善自由贸易港多元化商事纠纷解决机制，必须要推进矛盾纠纷多元化解机制建设的立法进程，这是实现自由贸易港治理体系和治理能力现代化的重要举措，也是为营造国际一流的自由贸易港法治环境和营商环境奠定坚实的基础。

---

〔21〕 朱力：《如何构建社会矛盾多元化协同化解机制》，载《人民论坛 · 学术前沿》2016 年第 12 期。

（二）司法服务保障的创新供给

人民法院要主动服务海南自由贸易港建设的国家重大战略决策。最高人民法院于2021年1月8日发布《关于人民法院为海南自由贸易港建设提供司法服务和保障的意见》（以下简称《司法服务和保障的意见》），切实要求人民法院把思想和实践融入自由贸易港建设的党中央决策部署上。

自由贸易港司法服务保障既要求站位要高，又要全面、系统、深入地提供自由贸易港建设的现实司法需求。从宏观层面上看，人民法院要完善自由贸易港法治建设体系，营造法治化、国际化、便利化的营商环境。由于司法服务保障能力和水平关系到营商环境的优劣，这就对司法服务保障提出了更高的要求。从微观层面看，如何在有效的司法服务保障中创造良好的营商环境，致力于为自由贸易港企业创新、国际贸易、融资以及投资等商事活动提供更好的司法保障。第一，法治化对自由贸易港营商环境具有规范、指导、保障和促进的作用。自由贸易港多元化商事纠纷解决机制源于法治建设需要，需要不断完善仲裁、调解等非诉讼方式与诉讼的有机衔接、相互协调。司法保障是推进营商环境法治化的必由之路。[22]《司法服务和保障的意见》也提出“完善自由贸易港审判组织体系”“调整案件管辖范围”等措施，对服务和保障多元化商事纠纷解决机制发挥了重要作用，提供了高效便捷适宜的途径，提升了商事争议解决的质效。因此，自由贸易港多元化商事纠纷解决机制作为自由贸易港法治化建设的重要组成部分不仅是提升社会治理法治化水平的重要路径，更是保障营商环境法治化的稳定器。第二，国际化是自由贸易港的重要特征，司法服务保障要支持构建国际高标准的多元化商事纠纷

---

〔22〕　胡晓霞：《论法治化营商环境之司法方案》，载《中国应用法学》2021年第6期。

解决机制。《司法服务和保障的意见》提出“推动涉外民商事审判机制创新”“推动海南建设国际商事纠纷解决中心”等举措，要求司法裁判平等保护中外当事人的合法权益，遵守和善于适用国际条约和国际惯例，完善涉外商事法律适用规则体系，充分展示我国司法裁判的国际公信力。同时，引入知名国际商事仲裁机构、国际商事调解组织，以共同提升民商纠纷解决机制的国际竞争力和公信力。第三，便利化是自由贸易港的一项建设重点，也是一个基本的、普遍的特征。其要求司法服务保障能够提供给市场主体一个商事纠纷化解便利化的环境，《司法服务和保障的意见》提出建立“一站式”国际商事纠纷解决机制，旨在为中外当事人提供一个集调解、仲裁、诉讼有机衔接于一体的纠纷化解机制，让司法服务保障创新便利于更大范围的自由贸易港市场主体。因此，人民法院司法服务保障的创新供给应在建设自由贸易港国家战略中重视营商环境的作用，在营造营商环境中突出自由贸易港的国家战略，最终营造稳定公平透明，可预期的法治化、国际化、便利化营商环境，提供有力的商事司法服务保障。

（三）创新审判组织体系建设

为服务中国特色自由贸易港高水平建设，推动自由贸易港制度集成创新，加强自由贸易港涉外民商事法庭建设，海南于 2019 年 9 月设立涉外民商事法庭，这是全国设立的第一个省级跨区域集中管辖涉外民商事案件的专门法庭。要提升我国自由贸易港司法国际权威性和公信力并非易事，需要在司法改革过程中深耕细作，有效参与全球治理话语权，积极推动审判秩序改革，提高我国的涉外民商事裁判水平和国际司法公信力。

首先，海南涉外民商事法庭的案件管辖得到适度扩张。我国国际商事法庭虽然突破了原有地域管辖的限制，但是案件管辖的前提必须是与中国境内发生实际联系为原则。[23] 值得称赞的是，最高人民法院推动海南法院审判体系和审判能力现代化建设中提供司法服务和保障，《司法服务和保障的意见》支持海南涉外民商事法庭的管辖适度扩张，即在不违反级别管辖的强制性规定的情况下，当事人可以协议管辖与我国司法辖区无实际联系的第一审涉外商事案件。从域外国际商事法庭案件管辖的规定来看，其大部分采取了淡化实际联系原则，尊重当事人的自主选择权，如美国的"最低联系原则"[24]便是如此。海南涉外民商事法庭这一重大突破争取了更大的管辖权，在全球贸易投资中最大范围地吸引国际民商事纠纷当事人，提高了境外当事人选择海南涉外民商事法庭来解决民商事纠纷的积极性。这既在一定程度上体现了海南涉外民商事法庭的国际化和中立性，又是境内外民商事纠纷当事人对海南涉外民商事法庭专业性和公正性的认可。

其次，海南涉外民商事法庭创新"立审执一体化"机制。"立审执一体化"机制注重审判和执行团队的协作。由于在审执分离模式下容易造成当事人在执行前转移或隐匿财产的情形，再加上涉外商事纠纷的跨国或者跨境，域外送达、域外证据公证等程序期限加长，又导致审判周期的普遍延长，压缩了涉外商事纠纷的解决效果。因此，"立审执一体化"机制要求在立案阶段获取到有效的执行信息，审判阶段考虑到案件的执行可行性，必要时可采取保全措施，节约当事人的诉讼时间成本，这种前置观念和前置措施便是"立审执一体化"机制联动的积极效果。

---

〔23〕 王淑敏、李忠操:《海南自由贸易港拟建国际商事法庭应重点聚焦国际化改革》，载《政法论丛》2019 年第 3 期。

〔24〕 甘勇:《论美国国际民事诉讼中的"商业活动管辖权"》，载《国际法研究》2016 年第 4 期。

最后，海南涉外民商事法庭搭建起"一站式"多元解纷机制。海南涉外民商事法庭与港澳和解中心、中国贸仲、海南国际仲裁院等多家国际国内知名仲裁、调解机构合作，将诉讼、仲裁、调解等多元解纷方式结合在一起，打造了多元解纷衔接机制与海南涉外民商事纠纷在线多元化解平台（ODR）。"一站式"多元解纷机制能够协调和衔接各争端解决程序之间的融通性，同时"互联网＋"又赋能"一站式"争端解决机制，共同形成了功能互补和相互衔接的涉外民商事纠纷解决平台，节约司法资源并提高纠纷解决的效率。

（四）实现仲裁机构的治理结构改革

仲裁作为一种国际通行的纠纷解决机制，也是我国多元化纠纷解决机制的重要组成部分。我国仲裁事业初创阶段与社会主义市场经济初始阶段同频共发展。随着社会主义市场经济的快速发展和对外开放的进一步扩大，《仲裁法》也暴露出与社会经济发展和仲裁实践需要不相符合的问题，尤其是在中国特色自由贸易港建设以来的国际化因素的加持下，矛盾更加凸显，影响着我国仲裁事业的发展和国际竞争力的提升。因此，仲裁制度本土化与国际化、去行政化与独立化转变的并行改革势在必行。

仲裁机构法律属性的确定关涉到仲裁机构治理、改革方向选择和中国仲裁制度优化。〔25〕在打造高水平对外开放的中国特色自由贸易港的大环境下，开放境外仲裁机构入驻自由贸易港开展仲裁服务，本土仲裁机构将既面临机构制度之间的竞争，又面临商事纠纷当事人的可替代性解纷方式的选择竞争。由于现行《仲裁法》并没有对仲裁机构的法律属性界定清楚，基于国务院在仲裁委员会设定初期

〔25〕姜丽丽：《论我国仲裁机构的法律属性及其改革方向》，载《比较法研究》2019年第3期。

参照事业单位组建的特殊历史时期，其行政化色彩浓厚。但是，仲裁机构的管理不同于一般的行政事业单位，其兼具独立性、民间性、专业性和公益性等多重特征，实务界和理论界呼吁应当适应时代发展特点的仲裁机构治理模式和运营机制。深圳国际仲裁院应经济特区发展的需要，率先建立以理事会为核心的法人治理机制，其是不以营利为目的独立运作。[26] 海南国际仲裁院紧跟其后，应自由贸易港营商环境的需要，其于 2018 年改制建立了理事会主导的法人治理结构，作为社会公益性法定机构和非营利法人独立运作。海南国际仲裁院的改革创新明确了仲裁机构的法律性质与地位，其去除了仲裁机构的行政化色彩，从源头上有效保证了机构的独立性和中立性。海南国际仲裁院的非营利性是其设立宗旨和功能定位，为社会公益及社会公众提供仲裁服务，设立者不能在获取利润中分红分配，机构所得只能用于仲裁事业发展。合法、适当的组织结构安排是确保法人目的实现的重要因素。[27] 海南国际仲裁院实行决策、执行、监督相互制衡的治理机制，这是海南省政府充分赋予海南国际仲裁院管理自主权的体现。具体而言，理事会行使机构内部重大事项的决策、决定及监督权，如制定和修改章程、争议解决规则、决定本院院长、副院长人选等，仲裁院执行管理层在理事会的监督下开展工作。仲裁机构治理改革所谓的“正本清源”即是回归仲裁的私法自治本位，这不仅符合司法领域的制度竞争和国际商事仲裁的发展趋势，还有利于形成国际商事纠纷解决领域的多元化供给。

（五）多元化国际商事调解格局初步形成

2019 年至 2021 年，海南抓住自由贸易港建设的发展新机遇，先

---

〔26〕 吴斌、漆染：《创新法人治理模式：深圳国际仲裁院的探索》，载《中国机构改革与管理》2015 年第 4 期。

〔27〕 罗昆：《非营利法人的私法规制》，中国社会科学出版社 2017 年版，第 127 页。

后挂牌成立了中国国际贸易促进委员会(中国国际商会)海南调解中心、海南国际仲裁院国际商事调解中心、海口国际商事调解中心和三亚国际商事调解中心这一类国际商事调解机构,形成了"专业机构主导+地方政府支持+主管机关指导"的多元化国际商事调解格局。

海南建设自由贸易港需要多元化国际商事纠纷解决机制作支撑,充分激活商事调解在商事解纷中的作用。[28] 商事调解制度化、专业化是市场经济发展和商事自治的必然结果,也是多元化纠纷解决机制的发展规律和发展趋势。首先,调解规则规范化。2019年我国签署加入《联合国关于调解所产生的国际和解协议公约》(以下简称《新加坡调解公约》),旨在建立国际调解协议的直接执行机制,便利国际贸易投资,促进调解成为一种解决国际商事争议的有效替代方式,也为自由贸易港商事调解的发展和国际和解协议的跨国执行提供了新的路径支撑。随着自由贸易港的建设、国际调解环境的逐渐优化,境外市场主体在自由贸易港开展贸易投资等活动也更加活跃,跨境商事纠纷数量也有所增加,国际调解当事人正在日趋多样化。其次,调解与其他纠纷解决机制的融合化。例如,海南国际仲裁院国际商事调解中心实行"仲裁+调解"双轨运作模式,无论当事人是否签订仲裁协议,在诉讼前、诉讼中或仲裁前、仲裁中,调解中心均可开展调解工作。若是调解成功,案件可转至仲裁程序确认或司法确认赋予调解书拘束力和执行力的法律效力;若是调解不成功,则将在尊重当事人意思自治的前提下引导案件至仲裁程序审理商事纠纷。中国国际贸易促进委员会海南调解中心与海南省第一中级人民法院建立了"诉讼+调解"对接机制,依托自身的资源优势,帮助从事国际经贸活动的企业和个人防范风险与化解纠纷,促进海南商事调

---

〔28〕 王琦:《海南全面深化改革进程中的国际商事纠纷调解机制研究》,载《海南大学学报(人文社会科学版)》2019年第3期。

解事业的发展。自由贸易港调解与其他纠纷解决机制的融合化趋势，将产生具有纠纷预防功能、方便快捷特征、兼有当事人自决和顾问辅助性质的混合模式纠纷解决方式。最后，调解环境的优化。自海南自由贸易港建设以来，国际商事调解机制得到政策的支持。《海南自由贸易港建设总体方案》提出，建立商事纠纷解决机制，提供国际商事调解等多种非诉讼纠纷解决方式。据统计，2022 年海南省新设市场主体增长 96.33 万户，增速连续 34 个月居全国前列。[29] 市场主体的增量必然导致商事纠纷的增多，而商事调解成本低、周期短、灵活、可控、可执行等特点和优势也将使其在自由贸易港多元化纠纷解决机制中占有一席之地。在海南自由贸易港建设中为解决国际纠纷专门设立调解机构，为建设一流商事调解法律服务平台，服务于自由贸易港建设营造良好营商环境，开启了自由贸易港专业国际调解服务新篇章。

二、海南自由贸易港多元化商事纠纷解决机制的差距

海南自由贸易港多元化商事纠纷解决机制建设虽然取得了积极进展和创新举措，但是相比于国际知名的商事纠纷解决中心，其还存在一定的差距。实践中，诉讼、仲裁和调解仍面临诸多挑战和困境，需要今后深入研究加以破解。

（一）诉讼机制的问题

首先，案例指导制度在自由贸易港商事纠纷解决中功能受限。海南自由贸易港作为全面开放的新高地，其司法审判更需要案例指导制度的支持。当前最高人民法院还没有针对海南自由贸易港的司法服务保障发布指导性案例、公报案例和典型案例，仅有海南省高级

---

〔29〕 李梦瑶：《市场有活力　发展添动力》，载《海南日报》2023 年 1 月 22 日，第 1 版。

人民法院发布的典型案例，且涉及自由贸易港商事纠纷的案件又比较少，不利于自由贸易港司法裁判的正确适用法律、统一裁判标准。案例指导制度是我国法治体系和司法制度的重要组成部分，是法治发展现实需要而创新的一种制度。案例指导制度糅合了“遵循先例”的理念而又不致违背大陆法系遵循成文法规则的制度。〔30〕但是司法实践中，指导性案例的制度权威性和弱规范拘束力的裁判依据，类似案例的“应当参照”已经具备“准法源”的地位。〔31〕因此，应当加强自由贸易港指导性案例体系建设，充分发挥司法裁判的指引示范作用，提升司法专业性，提高跨司法区域裁判的一致性，健全自由贸易港多元化商事纠纷解决机制，平等保护中外当事人的合法权益，破除境外当事人对我国自由贸易港司法体系的忧虑，展现我国良好法治形象，营造法治化国际化便利化的营商环境。

其次，外国法查明是困扰自由贸易港涉外商事审判的一个难题。外国法查明在自由贸易港运行过程中既作为准确审理涉外商事纠纷的基础，又是准确适用外国法的前提。随着自由贸易港建设的加速推进，外国法查明问题出现了新的发展趋势：一是国际经贸合作与商事往来更加频繁，在“单边主义抬头”、经济全球化“回头浪”中催生了新一轮跨境贸易、跨境投融资、国际金融交易等涉自由贸易港贸易投资的热潮，不仅案件类型更加复杂，还引致涉外商事纠纷的激增，外国法查明难度更大；二是自由贸易港对外开放程度更高，涉及的国家和地区不限于“一带一路”共建国家，出现法系的不同、以往经贸往来频率不高、无司法合作积累、所属国欠缺查明渠道等复杂因素增加；三是自由贸易港商事活动活跃，当事人自主选择纠纷解决适用法成为主要方式。因此，外国法查明在涉外商事审判、国际商事仲裁、

〔30〕 彭中礼：《司法判决中的指导性案例》，载《中国法学》2017 年第 6 期。

〔31〕 雷磊：《指导性案例法源地位再反思》，载《中国法学》2015 年第 1 期。

国际商事调解中的重要性和紧迫性势必凸显。但是,当前外国法查明制度面临着法律规定过于分散且呈碎片化、查明的合理期限限制不明确且随意性强、查明的责任分配不清晰且缺乏统一尺度等问题,涉外商事纠纷案件的公平审理和裁判遭受阻滞和诟病。同时,我们还应该看到自由贸易港查明外国法律的需求日益上升与查明中心数量不足之间的矛盾。但国内一些大学外国法查明研究中心的建立,一定程度上缓解了海南自由贸易港外国法查明的供需矛盾。由于海南自由贸易港建设中对查明外国法需求的增加,2019 年海南省高级人民法院、2021 年海南国际仲裁院分别与华东政法大学外国法查明研究中心签署域外法查明等合作框架协议。因此,当前急需探索组建以海南大学为依托单位的海南自由贸易港外国法律查明研究中心,为海南自由贸易港涉外商事纠纷解决工作发挥智库作用。外国法查明作为依法平等保护当事人合法权益的保证,也是维护国家利益、经济稳定的现实要求。

(二)仲裁机制的问题

首先,境外仲裁机构在自由贸易港仲裁中存在诸项障碍。海南自由贸易港建立的是开放型经济新体制,开放的领域以及放宽的机制措施涉及贸易、投资、跨境资金、人员进出、运输来往、数据安全等方面,需要仲裁服务市场的良性竞争以提供高质量服务。具体而言,境外仲裁机构在自由贸易港仲裁中面临的障碍如下:一是境外仲裁机构的市场准入问题。《司法服务和保障的意见》提出,支持境外国际仲裁机构在海南自由贸易港设立业务机构开展仲裁业务。之后,商务部也发布了《海南省服务业扩大开放综合试点总体方案》,提出支持推动仲裁服务行业领域深化改革扩大开放,作为海南自由贸易港的充分竞争性服务业,允许境外知名仲裁机构在自由贸易港设立业务机构,提供仲裁服务。虽然有学者仍认为境外仲裁机构在中国内地仲裁属于国际服务贸易活动，而我国并未承诺开放商事仲裁服务贸易，[32]但是笔者认为，之所以国际仲裁机构服务未被列入我国加入 WTO 服务贸易具体承诺减让表，是因为国际商事仲裁服务不属于跨国服务贸易的范围。但很遗憾，截至目前，海南自由贸易港仍没有境外仲裁机构设立业务机构开展仲裁服务。因此，境外仲裁机构在自由贸易港的市场准入非单个司法行政机关所能妥当处理，应得到各部门的共识并扫清各项障碍。二是非涉外商事纠纷境外仲裁的障碍。现有的国际条约与国内法对此缺乏正面规定，而是在司法案例中表明法院的否定立场。最高人民法院认为，仲裁管辖权系法律授予的权力，现行法律和司法政策不认可非涉外纠纷提交境外仲裁。[33] 换言之，非涉外商事纠纷境外仲裁超越了我国法律所许可的范围。但是最高人民法院也指出，支持自贸区法治建设可先行先试的精神，可以认定自贸区内外商独资企业经营行为的涉外因素，且不违反我国公共政策，应予承认与执行。[34] 由此可见，最高人民法院并未正面回答，而是以放宽仲裁协议涉外性认定标准来认可自贸区内的商事纠纷选择境外仲裁的立场。那么，对于自由贸易港的情形，法院的裁判思路也必将坚持非涉外商事纠纷不得选择境外仲裁的逻辑。三是境外仲裁机构在自由贸易港作出裁决的性质及其承认与执行问题。这一问题关系到我国对《联合国承认及执行外国仲裁裁决公约》（以下简称《纽约公约》）下的外国仲裁裁决和我国涉外仲裁裁决采取的程序审查，而国内仲裁裁决采取程序与实质审查的双轨制。

---

〔32〕 李健：《外国仲裁机构在中国内地仲裁不可行》，载《法学》2008 年第 12 期。

〔33〕 最高人民法院《关于江苏航天万源风电设备制造有限公司与艾尔姆风能叶片制品（天津）有限公司申请确认仲裁协议效力纠纷一案的请示的复函》（〔2012〕民四他字第 2 号）。

〔34〕 最高人民法院《关于西门子国际贸易（上海）有限公司申请承认与执行外国仲裁裁决一案的请示的复函》（〔2015〕民四他字第 5 号）。

现行《仲裁法》针对我国仲裁裁决国籍认定标准与国际惯例不相符的问题,也不利于自由贸易港仲裁事业的发展。

其次,从比较法的视野看,我国现行仲裁法律体系仍缺乏仲裁地规则。我国长期以来承认机构仲裁,国际商事仲裁也常常围绕"机构"标准,所作裁决的籍属认定按仲裁机构所在地确定,而不是《纽约公约》框架下的"领域"标准。仲裁地影响了仲裁程序从缔约到承认与执行。面对自由贸易港建设的开放程度,如前文将境外仲裁机构在自由贸易港所作仲裁裁决认定为涉外仲裁裁决,这又将引入裁决无法适用《纽约公约》第 1 条第 1 款的无法承认与执行问题。虽然 2021 年《仲裁法(修订)(征求意见稿)》引入的仲裁地概念摆脱了机构仲裁的束缚,但此次修法仍然采用了国内、国外两分法的仲裁地标准,国内仲裁机构不包括境外仲裁机构在自由贸易港设立的分支机构。这对于境外仲裁机构到自由贸易港设立分支机构提供仲裁服务的吸引力显然是不够的。而且,《2021 年国际商事仲裁调查报告》显示,最受当事人关注的仲裁地因素中,"仲裁所在国家法律体系对仲裁活动的大力支持"占据最高。[35] 由此也可以得知,仲裁的司法支持和审查机制是仲裁地规则竞争的重要组成部分。当事人通过判断某一国家或地区的仲裁法律规范体系是否公平、公正、开放来决定是否选择其为仲裁地。当然,重视仲裁地的建设也不能忽视仲裁机构的建设,因为在我国现阶段仲裁机构仍将继续开启引领中国仲裁事业的改革之路,仲裁地建设与仲裁机构建设是仲裁公信力一体化提升的体现。尽管临时仲裁私密性更高、程序更加灵活,但是仲裁机构的优势仍然是临时仲裁无法并肩的,特别是 2020 年以来,仲裁机构创新的线上仲裁在便利和低成本方面成为当事人选择仲裁机构的重

〔35〕 2021 International Arbitration Survey：Adapting Arbitration to A Changing World.

要因素。而海南自由贸易港建设中的仲裁机构在仲裁员队伍、仲裁规则、仲裁服务等方面还未形成境内外当事人的强吸引力，相较于ICC、LCIA、SCC、SIAC、HKIAC还存在较大差距。自由贸易港需要依托贸易投资自由便利以及自由贸易港立法权的优势建设“仲裁友好型”的司法环境，对接国际主流的规则，提高仲裁国际化水平，打造具有国际吸引力的仲裁服务新高地。

（三）调解机制的问题

首先，自由贸易港调解机制的国际化品牌吸引力不足。我国自由贸易港乃至全国的商事调解机制还不成熟。一是缺乏基本的商事调解法律法规。当前的商事调解适用人民调解规范，但两者有着本质的区别。“半官方”性质的人民调解规范无法有效规范商事调解，甚至可能会引起矛盾。商事调解更多地依赖于调解组织本身所制定的调解规则，其会因为纠纷当事人选择调解组织的不同而产生调解效果的差异。二是自由贸易港商事调解组织初步设立，竞争力欠佳。随着自由贸易港的建设，商事调解组织也随之设立，其组织架构、调解规则设计、调解人员构成、调解机制运行、宣传推广等方面仍在实践和探索中。目前，自由贸易港商事调解组织条块分割、各自为政，不能形成调解的群集效应，所开展的调解业务范围有限，独立受理案件的数量非常小，需要借助诉讼、仲裁的主动分流才能维持机构的运行。三是国际商事调解人才短缺且培养体系滞后。鉴于国际商事纠纷的专业性、复杂性和国际性，一般的人民调解员恐难胜任，而且人民调解员中的大多数群体是基层法律服务工作者，其专业素养难以适应国际商事调解的需要。当前，在自由贸易港从事商事调解业务的调解员大多由律师、仲裁员等群体组成，缺乏专门的商事调解员，而且自由贸易港涉外法治人才的培养机制不够完善，应用型涉外调解人才培养的系统性工程还未形成完整性、融通性、开放性、多样性的四个维度。以自由贸易港当前的状态,其商事调解组织通过《新加坡调解公约》进入国际调解市场的阻力非常大。相较于JAMS、CEDR、SIMC等世界知名纠纷调解机构,海南自由贸易港商事调解组织在案件受理数量、运营管理能力、调解员能力、国际影响力、客户吸引力等方面仍然需要时间和实践经验的积淀。

其次,自由贸易港调解机制市场化、社会化运作正处于探索培育阶段。调解在我国有着悠久的历史,但是我国目前调解的本质还属于公权力深度介入和广泛干预的政策主导型调解。[36] 权力主导型的调解制度在这种环境下只能是其他纠纷解决方式的附属产品,其缺乏形成与诉讼、仲裁相并肩的独立型纠纷解决方式。随着自由贸易港建设的加速推进,社会利益关系的多样化,商事纠纷类型也逐渐多样化和复杂化,如国际商事活动中信用证欺诈或保函欺诈、离岸公司逃废债务、国际货物买卖的不当得利、域外产品质量、域外建设工程、涉外旅游的合同及保险合同等涉外经贸纠纷已经超出了人民调解的适用范围。当前,自由贸易港调解专业化程度还不够成熟的原因是几所调解组织刚刚设立起步,如要实现调解机制的专业化,就需要向市场化、社会化的方向发展。调解市场化既是对调解员的尊重,又是对调解质量的保证。因为商事调解机构的营利性意味着其并非像人民调解一般提供免费调解服务,而收费性调解服务就得接受市场竞争与淘汰的游戏规则,而且一旦引入知名国际商事调解组织,本土刚设立的调解组织就将面临更加激烈的竞争压力。在国际商事纠纷方面,调解和仲裁将长期保持相互增长的趋势。而我国商事调解机制起步较晚,诉讼和仲裁占据着绝大部分商事案件。也有学者指出我国调解的市场化运作需要满足两个条件:一是调解市场的结构

---

〔36〕 廖永安等:《中国调解的理念创新与机制重塑》,中国人民大学出版社2019年版,第43页。

完善;二是调解组织的商业化管理。[37] 但很遗憾,国际商事调解的国际交流与合作缺乏积极性。在当前的现实环境中,专业化的调解服务商品、调解服务产品的合理价格供给、调解服务市场的需求之间还未形成良好的调解市场生态结构。但在各方的支持与努力下,自由贸易港的商事调解机制正坚定地朝着市场化、社会化的方向发展,有望成为与诉讼、仲裁并驾齐驱的纠纷解决方式。

〔37〕 周建华:《论调解的市场化运作》,载《兰州学刊》2016年第4期。

第二章　多元化商事纠纷解决机制对海南自由贸易港建设的价值分析

第一节　政治价值

一项制度的政治价值取决于其对政治体系的补充和政治目的的达成功能,政治的本质是对于利益的分配,而机制和制度则是政治分配的规则与工具。在政治价值的位面,多元化商事纠纷解决机制所具有的政治属性是复杂和综合的,其所能发挥的政治功能和政治效果更多地侧重于解决社会矛盾和冲突,以及促进保障自由贸易港乃至全国的政治安全和政治利益。就其性质而言,多元化商事纠纷解决机制是一项旨在优化海南营商环境、整合海南社会资源的社会治理工具。其是一种优化社会管理、促进社会治理和提供社会服务的工具。作为一项政治工具,多元化商事纠纷解决机制的优势和劣势需要被认真感知、谨慎把握,因为其所能带来的政治利益和政治机遇是与政治风险并存的。因此,其使用的价值高低、得当与否直接影响了海南自由贸易港建设的法治保证的营商环境上限和法制保障的基础规则下限,也直接影响我国国内的政治生态稳固局面以及对外的政治风险防范战略。

目前,海南自由贸易港作为我国进一步扩大改革开放、筹谋国内国际两个大局和内外两套循环的前沿阵地与桥头堡垒，既面临令人灼目的政治新机遇和政治新环境，又面临诸多的政治风险和政治壁垒。《海南自由贸易港建设总体方案》明确，海南自由贸易港的实施范围为海南岛全岛。要结合海南实际，突出陆海统筹、城乡一体、产城融合，形成全岛自由贸易港的区域范围特色。到 2025 年，初步建立以贸易自由便利和投资自由便利为重点的自由贸易港政策制度体系；到 2035 年，成为我国开放型经济新高地；到 21 世纪中叶，全面建成具有较强国际影响力的高水平自由贸易港。由此可见，无论是哪一级的目标，无论是哪一步的谋划，自由贸易港都需要实现“自由便利”的制度目标和“高水平开放”的战略意图，而这些目标和意图的实现则需要自由贸易港整体制度指向和政治环境建成的保证。[1]综观世界各个发展得较好的自由贸易港，均在其所属国或地区拥有显赫的政治作用。甚至可以说，一个成功的自由贸易港必然需要一套完善而稳固的制度作为保证其稳定的“压舱石”。

一、国际政治价值

就国际政治价值的角度而言，多元化商事纠纷解决机制是我国防范国际政治风险、寻求国际政治机遇的重要保证。海南自由贸易港的周边所环绕的是我国自 1949 年以来就频繁进行经贸往来和政治交往的各路政治实体，自由贸易港所面临的政治风险和政治机遇也因此而异常丰富多元。从地理角度看，海南省作为我国最南端的省份，东濒我国港澳台地区，西近越南、老挝，南望我国西沙、南沙群岛，既处于东亚—西太平洋政治经济圈中最为有活力的新兴区域，又处于亚太地区国际政治角逐的最前沿。环太平洋各国在进行国际商

〔1〕 黄进、宋连斌：《国际民商事争议解决机制的几个重要问题》，载《政法论坛》2009 年第 4 期。

事往来时，往往注重发挥其制度优势，先以制度的先进性和国际性来构建区域性的政治话语权与规则制定权，再以区域性的龙头身份在世界政治舞台的相应角落建构起世界性的政治影响力。有些国家早就以高效便捷的国际商事解纷机制作为其制度先发点和切入角度，在国际上取得了不菲的政治声誉。[2]

比如SIAC，其于1990年成立，其宗旨是为国际和国内的商事法律争议进行仲裁和调解提供服务，促进仲裁和调解在解决法律争议中的广泛应用，培养一批熟知国际商事仲裁法律和实务的仲裁员和专家。[3] SIAC可以受理国际和国内商事法律争议案件，但主要解决建筑工程、航运、银行和保险方面的争议。SIAC的仲裁员来自世界各地，它可以应当事人或仲裁庭的要求，为当事人提供一系列的服务，如适当安排进行仲裁程序所需要的设施以及协助，甚至为当事人提供细致入微的解纷服务，如仲裁庭在审理案件期间的膳宿、文秘及翻译。快捷、高效、公平的解纷机制以及优质的解纷服务不仅让SIAC在国际上累积了良好的口碑，还使其成为影响力跨越整个亚太地区乃至全球范围的重要解纷中心之一。[4] 据统计，2016年SIAC受理案件达343件，争议金额达118.5亿美元，2017年受理案件更达453件。对于仲裁难以解决的商事纠纷，SIMC同样以服务立业、以公正立本，在国际上享有极高的声誉。仅在2017年一年就成功实现了85%的和解率。这种高和解率不仅实现了商事纠纷的快捷高效解决，还预防了大量商事纠纷的进一步激化，有效降低了激烈的国际商

---

〔2〕 漆彤、芮心玥：《论"一带一路"民商事争议解决的机制创新》，载《国际法研究》2017年第5期。

〔3〕 房沫：《仲裁庭组成前的临时救济措施——以新加坡国际仲裁中心仲裁规则为视角》，载《社会科学家》2013年第6期。

〔4〕 初北平：《"一带一路"多元争端解决中心构建的当下与未来》，载《中国法学》2017年第6期。

事纠纷对本区域内营商环境造成的不利影响。高度市场化、专业化的解纷模式为新加坡带来了近乎垄断式的国际解纷市场，根据权威仲裁评估机构伦敦玛丽女王学院的排名，SIAC 在国际仲裁机构中名列全球第三、亚洲第一，且在各国际仲裁机构所公布的仲裁费用、耗时等统计中，SIAC 也以较低的费用和高效的服务稳居前列。“新加坡式”的商事快捷高效解纷机制的全面成功也为新加坡带来了巨大的政治收益，SIAC 对于新加坡的国际政治地位提升和国际影响力的扩大具有显著的效用。新加坡作为人口不足 600 万，国土面积仅 700 多平方公里的国家，其解纷产业的规模却令人咋舌，仅 2021 年一年，就有来自 64 个司法管辖区的当事人选择在 SIAC 进行仲裁，与 2020 年的 60 个司法管辖区相比，其数量有所增加。在 SIAC 提交的新案件中 86% 为国际案件。印度、中国内地（大陆）和美国境外用户排名中名列前茅。新加坡前十名中的其他境外用户包括来自大陆法系和普通法系司法管辖区的当事人，与 2020 年相比，来自中国香港特别行政区、马来西亚、韩国、阿联酋、俄罗斯和越南的当事人数量还在进一步增长，这也意味着其国际影响力还在持续攀升。[5] 新加坡依靠如 SIAC 和 SIMC 这样的解纷机构所提供的周全的商事解纷服务，每年不仅稳定地为国家创造了大笔的税收，还在无形之中扩大了其本国本地制度的全球适用格局，以高效便捷的解纷机制以及具有国际公信力的解纷程序持续地输出其政治影响力。新加坡高效便捷的商事解纷机制已经成为其闪亮的国际政治名片。新加坡国际商事解纷机制的成功所带来的国际政治效益是显而易见的。在相关国际规则构建时，新加坡可以以其先进的、广泛的制度优势争取到远高于其实际政治体量的话语权。因此，自由贸易港建立的多元化商事纠纷解

〔5〕 叶珊珊：《国际商事法庭对国际商事仲裁的影响——以新加坡国际商业法庭和伦敦商事法庭为例》，载《北京仲裁》2019 年第 1 期。

决机制，特别是针对国际商事纠纷的高效解决机制，是我国在区域规则和国际规则制定时，享有充分的制定者地位和话语权力的重要保障。多元、快捷、高效的解纷机制是打造我国面向亚太地区的重要对外开放门户的战略特色。海南自由贸易港地处南海要冲，又是相对独立的地理单元，其区位和地理优势是国内其他地区不可比拟的。在可以预见的未来10年至15年内，自由贸易港的先行任务是落实中央赋予海南的战略使命。而其中最重要的部分之一就是以海南自由贸易港为平台，以海上基础设施互联互通为依托，推动以东南亚国家及地区为重点的南海区域经贸、人文合作、制度合作，尽一切努力和优势，推动促进区域内生产要素和商品服务的自由流动，发挥海南的独特区位地理优势，由此把海南自由贸易港打造成为引领我国新时代改革开放的鲜明旗帜和重要开放门户，成为国内国际双循环的重要交汇点。可以预见，在这一复杂交汇点的建设过程中，不可避免地会产生大量的涉外商事法律纠纷，而制定或运用纠纷解决所依赖和依靠的法律机制与解纷规则的权能，自由贸易港需要尽力去争取。这就要求自由贸易港本身要有一套行之有效的、先进的、普适的、高效便捷的商事解纷机制。[6] 由此可见，在优化并扩大对外开放的战略大背景中，商事高效便捷解纷机制是为海南自由贸易港和国家争取包括区域规则制定权、区域解纷市场、国际制度声誉等在内的国际政治利益的重要先决条件之一。

此外，多元化商事纠纷解决机制也能有效地让我国规避国际政治风险、打破国际政治壁垒。前文提到，海南自由贸易港在地理区位上处于我国国境之边和海境之边，在政治地位上是我国改革开放最为前沿和先锋的港口之一，其在进一步优化扩大对外开放时有着天

---

〔6〕 刘思瑞：《中国（海南）自贸区解纷机制创新路径研究——以经验梳理为视角》，载《海南热带海洋学院学报》2019年第3期。

然的区位优势。但与此同时,海南自由贸易港所面临的国际政治风险相比于国内其他地区更为险恶。因此,如何推进高水平开放,既能以国际贸易促进经济的开放发展,又要避免现实的和潜在的输入性风险,将是自由贸易港面临的一大难题。面对百年未有之大变局,面对复杂多变的国际形势,如何在高度开放下有效防范经济、政治、社会等方面的公共风险,也是我国在加快建设中国特色自由贸易港的进程中始终绕不开的重大现实问题。目前国际上知名的自由贸易港包括中国香港特别行政区、新加坡、迪拜、伦敦、鹿特丹等,施行的都是资本主义政治经济制度。自社会主义国家诞生到现在,还没有任何一个国家建立过一个繁荣运行社会主义制度的自由贸易港。也正因为此,世界上从未有社会主义制度下的自由贸易港口应对国际政治风险的前例经验可供参考。这对自由贸易港的制度建设和政治建设来说,无疑是个巨大的难题和考验。党的二十大报告明确提出,要“加快建设海南自由贸易港”,党中央坚定的政治决心和政治魄力再一次将海南自由贸易港建设推向新的高度,并提出更高的要求,同时赋予海南在新征程新目标中更为重要的使命和重任。在提出全面建设海南自由贸易港以来,以习近平同志为核心的党中央一直高举坚持改革开放的大旗,不断在政治工具和政治模式上精进与创新,海南自由贸易港也需要秉持党中央坚定的改革信念,坚持政治自信的时代气魄。在勇于创新、无惧无畏的改革精神指引下,海南应借其区位优势而“敢闯敢拼”,成为政治、法律、经济等方面的新制度、新机制的勇敢探索者和开拓者。自由贸易港要勇于和在社会组织模式、政治经济形态、法律体系构建方式、技术标准与商业规则以及宗教文化和民族特征等方面有别于我国的国家和地区开展广泛而深入的商事往来,这就要求我们要有一套既适用于自身,又适用于国际社会的商事纠纷解决规则作为制度保障和托底。这既是自由贸易港在经济上能够取得长足发展的必然要求,又是自由贸易港在国际政治形势当中保持党的领导和社会主义旗帜风帆不变的关键前提。习近平总书记在"4·13"重要讲话中强调,"海南要坚持和加强党的全面领导,确保全面深化改革开放正确方向"。要贯彻落实习近平总书记的重要指示,就需要海南自由贸易港不断完善政治体系建构,提升国际战略眼光和社会治理水平,确保中央重大决策部署在海南落地生根。在实际国际商事纠纷解决过程中,由于在国际上规则制定权和话语权的短缺,我国政府和国民个体经常被迫接受其他国家和地区,特别是意识形态、社会制度、历史文化差距较大的国家和地区的解纷规则,并且面临着国家的司法主权在一定程度上被消解的困境。[7] 而多元化商事纠纷解决机制的建设和完善不仅能够为港内商事主体提供高效、便捷、经济的解纷渠道,还能提供公平、公正、稳定的制度环境。一方面,多元化商事纠纷解决机制不仅可以减少自由贸易港境内纠纷解决的制度成本、降低纠纷双方向外寻求解纷路径的成本,还能压缩解纷体系中权力寻租的空间和国际政治势力干预渗透的空间,让在境内发生的问题能够在境内得到高效、公平、快捷的解决。[8] 另一方面,良好而完备的解纷制度还可以增强中国规则的国际声望、提升中国制度的国际适用度。我国可以以海南自由贸易港商事解纷的制度成功来作为构建制度话语体系防护网的起点,在亚太地区乃至全世界范围内讲好"中国故事",推行"中国方法",展示"中国智慧"。就改善整个自由贸易港的国际政治大局而言,多元化商事纠纷解决机制是一个绝佳的制度切入点和突破口。就进一步扩大改革开放的基本战略政策而言,建构具有国际影响力、国际认可度的多元化商事

---

〔7〕 刘云亮:《中国特色自贸港法规体系构建论》,载《政法论丛》2021年第6期。

〔8〕 刘新宇、冯晓鹏、丁婕:《〈自贸港法〉:顶格开放的新里程碑》,载《中国外汇》2021年第12期。

纠纷解决机制是扩大我国国际政治影响力、保护我国政治安全的重要手段，也是捍卫我国经济主权、司法主权的有力保障。

二、国内政治价值

就国内政治价值的角度而言，一方面，海南自由贸易港既是我国在新时代进一步深化政治体制改革、进一步有序扩大对外开放的重要窗口，又是在新国际环境下稳步推进“一带一路”建设的实验性和示范性平台。首先，海南自由贸易港多元化商事纠纷解决机制的成功是证明中国制度优越性的重要凭据。海南自由贸易港多元化商事纠纷解决机制的建设，是中国特色社会主义司法制度建设的又一力作，海南自由贸易港多元化商事纠纷解决机制的成果和成功可以充分说明、印证中国特色社会主义法律体系和中国特色社会主义制度的优越性，为中国共产党的执政合理性提供坚实依据，为在自由贸易港乃至在全国范围内后续进一步展开更多的制度改革和制度创新提供先进经验和政治积累。习近平总书记在中国共产党成立100周年“七一”重要讲话中强调，中国共产党领导是中国特色社会主义最本质的特征，是中国特色社会主义制度的最大优势，是党和国家的根本所在、命脉所在，是全国各族人民的利益所系、命运所系。[9] 党的十九大以来，习近平总书记先后在多个重要场合就自由贸易港建设作出重要论述和指示，总的要求就是加快探索建设中国特色自由贸易港进程，坚持和加强党的集中统一领导，发挥中国特色社会主义法治的优势，实现海南自由贸易港全方面、多维度的跨越式发展。[10] 因

〔9〕 参见习近平：《在庆祝中国共产党成立100周年大会上的讲话》，载《人民日报》2021年7月2日，第2版。

〔10〕 黄良盛：《海南自贸港公共法律服务建设的现状及展望》，载《黑龙江省政法管理干部学院学报》2022年第1期。

此,在海南自由贸易港建设中脚踏实地践行中国特色社会主义是一切改革和创新的基本方向和基本原则,因为中国特色社会主义是党和人民历尽千辛万苦、付出巨大代价取得的根本成就,是实现中华民族伟大复兴的正确道路。而多元化商事纠纷解决机制其实就是一种对中国特色社会主义的制度诠释,它体现了中国特色社会主义的时代性、科学性、民主性、群众性、创造性等重要特点。多元化商事纠纷解决机制是真正将司法和类司法环节作为服务项目和背景优势融入海南自由贸易港的营商环境建设当中去的,它的成功价值当然也是中国特色社会主义的成功价值,且其一部分政治意义就是让中国特色社会主义的特点与优点落实到具体的司法服务当中,从而能为全世界所看、所知、所用。另外,党中央从决定设立海南经济特区开始就决心把海南好好发展起来。如果海南自由贸易港的制度建设能够取得成功,中国特色社会主义的优越性也会自然而然地得证其明。而对于自由贸易港本身而言,多元化商事纠纷解决机制的政治价值就在于加重海南在国内各省中的经济地位和政治重要性,自由贸易港需要以制度的成功来持续得到中央更大规模的权力下放和资源倾斜,以制度的国际化推行来赢得全世界范围内属于海南的政治声誉和超越意识形态的国际认可。因此,海南自由贸易港多元化商事纠纷解决机制是坚持中国特色社会主义、坚持改革开放、坚持海南自身发展建设的重要制度。

另一方面,海南自由贸易港多元化商事纠纷解决机制也是完善和落实全国多元解纷机制布局的重要节点。党的十八届四中全会部署了完善多元化纠纷解决机制的改革任务。党的十九届四中全会进一步从社会治理的战略高度,提出完善社会矛盾纠纷多元预防调处化解综合机制。中央的战略部署为多元化纠纷解决体系建设完成了地位升华、制度升华和理论升华。基于顶层设计的战略安排,海南建设自贸区、自由贸易港，既需要公正高效权威的司法支持与保障，又需要构筑公民自治、社会共治、多方参与、司法保障的多元化纠纷解决体系。按照海南省委七届七次全会提出的“强化制度创新，建立健全与自由贸易试验区和自由贸易港相适应的制度体系”要求，海南应大胆探索、因地制宜深化多元化纠纷解决机制改革，努力为自贸区、自由贸易港建设营造良好的法治环境。[11] 探索海南自贸区、自由贸易港纠纷解决新机制是大势所趋。建立海南自由贸易试验区和中国特色自由贸易港，是党中央、国务院着眼于国际国内发展大局，深入研究、统筹考虑、科学谋划作出的重大决策，彰显了我国扩大对外开放、积极推动经济全球化的决心。随着海南自贸区、自由贸易港各项优惠政策和制度体系的陆续出台，必将吸引境外企业等商事主体落户海南，积极参与海南自贸区建设。在营商交易主体多元复杂的趋势下，投资、金融、知识产权等新型纠纷的预防与化解显得至关重要。因此，探索建立以自由贸易港法为保障，集司法、仲裁、调解等多元方式为一体的便捷高效、多元协作、共享共赢的多元化纠纷解决机制，有助于为海南实现“三区一中心”发展定位提供全方位的司法保障和优质的法律服务。

2016 年 12 月，最高人民法院发布的《关于为自由贸易试验区建设提供司法保障的意见》指出，自贸试验区所在地基层人民法院可以根据受理案件的数量、种类、性质等实际情况设立专门的法庭或合议庭，审理涉自贸试验区的案件。2018 年海南自贸区成立后，最高人民法院发布《关于为海南全面深化改革开放提供司法服务和保障的意见》并特别强调，要建立国际商事纠纷案件集中审判机制，集中优势资源，依法审理涉及自由贸易试验区和自由贸易港建设的国际商事

[11] 周祺：《国际民商事诉讼协议管辖制度研究》，华东政法大学 2018 年博士学位论文。

纠纷案件,提高案件审判能力和水平。为落实最高人民法院的精神和要求,2019 年 9 月,海南省第一、第二涉外商事法庭和海口知识产权法庭分别挂牌成立。这三个法庭的设立将为海南打造法治化、国际化、便利化的营商环境和公平开放统一高效的市场环境作出新的贡献。[12] 当然,机遇与挑战并行。上述三个法庭成为海南自贸区审判机制体制改革创新的试验田,最高人民法院及海南省高级人民法院应当鼓励其在总结审判经验的基础上,不断形成符合涉自贸区案件特点的审判机制。但新的机制往往也伴随政治上的突破与一定程度的冒险。例如,探索尝试选任我国港澳台地区居民作为人民陪审员参加合议庭,虽然这样的改革会使法庭中出现抱有不同法治传统和法治教育经历的审判和审判监督主体,但其同时也使自由贸易港的审判流程更为国际化,审判结果更能得到广泛的认可与执行。再如,探索吸引国际知名仲裁机构入驻海南。众所周知,国际商事仲裁在解决跨国纠纷上具有独特优势。国际知名机构的入驻能倒逼港内的仲裁机构和各类解纷主体更趋于改善其业务,从而使整个自由贸易港的仲裁解纷充分发挥其便捷、高效的解纷作用,对完善自贸区、自由贸易港纠纷化解体系,公正及时解决涉外争议,保障自贸区、自由贸易港建设持续健康发展具有重要意义。最高人民法院《关于为海南全面深化改革开放提供司法服务和保障的意见》明确指出,支持建立国际商事仲裁机构,充分尊重当事人选择纠纷解决方式的意愿。为此,参照已经成熟运作的“一带一路”(中国)仲裁院,海南可以尝试将“一带一路”建设与自贸区、自由贸易港建设相结合,设立“一带一路”(中国)仲裁院自由贸易港分院。同时,按照中共中央办公厅、国务院办公厅《关于完善仲裁制度提高仲裁公信力的若干意见》要

---

〔12〕 吴厚昆:《依法保护和服务民营经济　助力海南自由贸易港建设》,载《今日海南》2021 年第 5 期。

求，海南国际仲裁院应当进一步从保障仲裁机构依法独立工作、落实当事人意思自治原则等方面，加快推进仲裁制度改革创新。[13] 同时，应当支持国际知名商事仲裁机构入驻自贸区，充分借助外部专家力量及资源，促使境外仲裁机构与海南仲裁机构形成互学互鉴、互动共赢的良性竞争格局，提高商事纠纷仲裁的国际化程度。[14] 又如，试行民事判决书、裁定书、调解书网上送达的高效便捷机制，虽然在一定程度上削弱了程序的仪式性和亲历性，但也是对于自由贸易港整体解纷机制效率的一种提升。此外，诸如进一步完善"分调裁审"机制改革；为应对涉外商事案件需求，着力培养和吸收涉外法律人才，以充实审判队伍等手段，都是兼具政治上的一定风险和机遇的。自由贸易港的多元化商事纠纷解决机制的建立就是这样一步一步地"摸着石头过河"，从而逐步建立起一套能平衡收获社会效益和政治利益的新型审判规则。在新的商事纠纷解决制度创制之时，自由贸易港内部的政治结构和政治生态将会通过制度的形塑而得到新的变革。解纷制度的完善是提升自由贸易港社会治理能力、打开海内外商贸往来新格局的重要桥梁，一套先进的、完备的多元化商事纠纷解决机制可以将纠纷问题聚焦并有效解决，在一定程度上能够弥合国内外的意识形态差异、政治观点分歧；并以有力的解决手段减去不必要的政治包袱和政治累赘，为在自由贸易港发生的或约定于在自由贸易港解决的商事纠纷提供"一站式"服务，在解决过程中去除繁琐的行政手续、行政关系和行政依赖，将商事纠纷解决的解纷路径"清

[13] 戴为卿：《自贸港背景下海南法律服务业制度创新研究》，载《产业创新研究》2021 年第 14 期。

[14] 刘云亮、卢晋：《RCEP 视域下中国特色自贸港国际化建设的法治路径》，载《广西社会科学》2022 年第 7 期。

洁化”。[15] 因此,多元化商事纠纷解决机制的构建将推动和作用于自由贸易港整体政治环境的改良以及自由贸易港区域治理能力的提升。

2021 年,中共中央、国务院印发了《关于新时代加强和改进思想政治工作的意见》,其中指出,思想政治工作是党的优良传统、鲜明特色和突出政治优势,是一切工作的生命线。思想政治工作是一切工作的生命线的科学论断,是我党在革命时期、建设时期和改革开放中形成并被证明了的宝贵历史经验。100 多年来,伴随中国共产党的诞生、成长和发展,无论是新民主主义革命时期、社会主义革命和建设时期,还是改革开放新时期,中国共产党都始终坚持把思想政治工作作为一切工作的生命线。党的十八大以来,思想政治工作在理论和实践上有机结合,使中华民族伟大复兴中国梦的理念更加深入人心,汇聚起了无限的希望,成为激励全体中国人民为之奋斗的共同目标和美好愿景。在建设中国特色社会主义新的伟大实践中,思想政治工作仍然是一切工作的生命线。自由贸易港多元化商事纠纷解决机制的建设是对于中国共产党贴近群众、代表先进、不懈奋斗、自我革新的突出政治优势的充分发挥,其机制由来也充分说明了自由贸易港是如何将新时代中国化马克思主义理论和中国共产党的思想政治武器,转化为社会治理工具来解决社会问题、化解社会矛盾的。商事纠纷高效解决机制实际上是对国家和党的政治工作要求、政治科学理念的制度落实,是继承和发扬党的百年政治经验和政治观点的生态建构,它不仅是自由贸易港宝贵的政治制度财富,还是我国社会主义建设新时期背景下区域社会治理格局的重要构成部分。

---

〔15〕 黄国亮、肖倩:《多元化国际商事纠纷解决工作机制助力海南自贸港营商环境建设》,载《民主与法制时报》2022 年 5 月 27 日,第 2 版。

第二节 经济价值

就经济的视角而言,构建和谐社会就是要从法律的角度来减少社会中不和谐的因素,将其控制在最小限度,以达到整个社会运转效率的最大化。在经济视角下,商事的纠纷是不可避免的。作为一种社会现象,只要人类社会存在,商事纠纷就会存在。虽然纠纷本身并不能被彻底消除,但纠纷实际上会产生许多能使人类生活更具有实际意义和经济价值的“附带产品”。尤其是随着社会的发展,人们之间的利益关系在不断调整与变化,纠纷增多更是正常的现象。当然,发生纠纷也必然有其一定的负面作用。博登海默认为,凡是人类建立了政治或社会组织单位的地方,他们都力图防止出现不可控制的混乱现象。[16] 因为,在一个混乱不堪的世界,人类试图过一种有理性、有意义、有目的的生活的所有努力将受到挫折,而所有的效益和价值也都会因为强制与混乱的干扰而被压缩。因此,和平的、可协商的理性解决纠纷的方式要比杂乱的或强制的纠纷解决方式更能为整体的人类社会带来经济效益。落实到海南自由贸易港,则是要建立健全能够将自由贸易港经济价值充分发挥、完美激发的关键机制与配套制度。

建设中国特色自由贸易港,将海南打造成为引领我国新时代对外开放的鲜明旗帜和重要开放门户,是党中央、国务院的重大战略决策,其不仅关乎海南一地的发展和未来,还是我国在新一轮大发展、大变革、大调整中应对和反击贸易保护主义、经济单边主义的重要步

〔16〕 蔡宝刚、刘勇:《论法律的“惰性品格”及其消减——博登海默的阐释及启示》,载《求是学刊》2013 年第 4 期。

骤，更是我国在国际经贸合作方面构建人类命运共同体的实际行动。探索建立自由贸易港国际多元化商事纠纷解决机制，不仅是海南本省本地提升经济活力、重塑经济态势的重要途径，还是切实服务国家战略、履行社会责任的使命和责任。2019 年，中央全面依法治国委员会办公室审议通过的第一个关于地方法治建设的文件——《关于全面推进海南法治建设　支持海南全面深化改革开放的意见》出台。该文件明确提出要从五个方面全面推进海南省的法治建设，即建立健全法律制度体系，打造国际化、法治化营商环境；全面提升政府依法治理能力，营造便利化营商环境；着力加强司法保障，构建公正高效的司法环境；加快法律服务体系建设，提升涉外法律服务水平；深入推进普法依法治理，形成法治化社会治理格局。[17] 此外，中央还积极推进海南自由贸易港法和海南经济特区法规的制定与实施，旨在以法律形式明确自由贸易港的制度，在为自由贸易港建设提供原则性、基础性的法治保障的同时，使海南充分行使经济特区立法权，立足自由贸易港建设实际，制定切合自身实际情况的经济特区法规。因此，建立自由贸易港多元化商事纠纷解决机制是发展和建设海南自由贸易港优越营商环境的必然要求。根据《司法服务和保障的意见》的精神与指示，应推进设立海南自由贸易港国际商事纠纷解决中心、探索集中受理和审查在自由贸易港区域内设立的国际商事调解机构主持达成调解协议的司法确认案件等方面推进和完善“三位一体”多元化解纷机制建设。高效便捷的解纷机制能为海南自由贸易港打造对外开放新高地提供司法服务和保障，能够对标世界一流的国际性自由贸易港如我国香港特别行政区、新加坡进行解纷服务建设。多元化商事纠纷解决机制是一种便利经济发展、促进经济循环、

---

〔17〕 中国（海南）改革发展研究院课题组、迟福林：《海南探索建设中国特色自由贸易港的初步设想》，载《改革》2019 年第 4 期。

确保经济规则、提升经济质量的配套规制。中央政府和省级人民政府意在稳步推进海南自由贸易港的经济建设向前发展。

一、优化营商环境

就宏观而言,自由贸易港的发展规划蓝图是从经济制度、社会治理以及司法服务等多个着力点共同推进的。以货物贸易"零关税"、服务贸易"既准入又准营"为方向推进贸易自由化便利化,大幅放宽市场准入,全面推行"极简审批"投资制度,开展跨境证券投融资改革试点和数据跨境传输安全管理试点,实施更加开放的人才、出入境、运输等政策,制定出台海南自由贸易港法,初步建立中国特色自由贸易港政策和制度体系实现路径。这些放松经济捆绑、简化往来流程的举措都旨在让自由贸易港的经济循环处于一个更为灵活便捷的环境当中,而多元化商事纠纷解决机制也是其中的重要组成部分,通过对国际商事调解机构、国际权威的仲裁机构和仲裁员的引入及承认,许多港内涉外商事纠纷可以做到"一站式"解决。[18] 毫无疑问,商事纠纷的快速解决所带来的经济效益是巨大的。首先,商事纠纷的快速高效解决能够在一定程度上消解由激烈、长冗的国际商事纠纷所带来的金融运转滞缓和长久经贸冲突,从而在制度层面上加速自由贸易港的整体经济流动。其次,商事纠纷的高质量解决是自由贸易港法治环境优良、法治服务健全的有力体现。越多的涉外商事纠纷在海南自由贸易港内得到高效和妥善的解决,则越能够增强内资外资对于自由贸易港营商环境的信心和黏度,从而使其在商业选择和经济衡量中更多地考虑将自由贸易港作为其开拓、投资、发展的目标地与合作对象。最后,多元化商事纠纷解决机制也是维持自由贸易

---

〔18〕 曹晓路、王崇敏:《海南建设自由贸易港的临时仲裁机制创新研究》,载《海南大学学报(人文社会科学版)》2018 年第 3 期。

港经济科学健康循环的长效机制。不同于一般的政策和方案,多元化商事纠纷解决机制是由多种司法综合服务和多元调解手段所共同构成的长久法制轨道,如此长远的机制对经济的影响也必然是长足的、持久的。以制度所达成的社会活力和国际商誉将是持续性的、变革性的。

就商事解纷的经济成本角度而言,民事司法资源不能满足社会需求已经成为一个普遍现象。这一现象超越了国家和文化的疆界,出现在许多不同国度——无论是普通法国家还是大陆法国家。于是,人们纷纷开始寻求权利保护或者纠纷解决的其他救济场所。2019 年,党中央提出“把非诉讼纠纷解决机制挺在前面”的解纷理念,要求坚持创新发展新时代“枫桥经验”,将矛盾化解在诉前,实现“源头治理”。顶层设计为非诉解纷体系建设完成了地位确认、制度统一和理论升华。在面对海南自由贸易港漫长海陆沿线各国的相关立法、法律习惯、司法均存在较大差异的境况时,单一的、纯粹的解纷机制难以形成协同效应。多元的文化和解纷理念意味着纠纷不宜采取一元方式,特别是强制方式化解。因为通过诉讼途径解决自由贸易港内的商事纠纷,不仅诉讼管辖权有难题,而且成本畸高,其时效性和承认度也难以令人满意。如此,尤其是外国商事主体的合法权益便难以获得便捷、及时充分救济。权威的未必就是最好的,而双方自愿接受的诉讼外纠纷解决方式可能是最好的。纠纷都走向诉讼机制,绝非唯一甚或非最好的途径。相反,以投诉、和解、调解、仲裁等为典型的诉外机制,因其固有的高效、便捷性而受到来自不同国度商事主体的青睐。[19] 因此,在当前自由贸易港内的商事纠纷解决体系框架松散、立法基础薄弱等情势下,如何深化自由贸易港内商事纠

---

〔19〕 王淑敏、李忠操:《海南自由贸易港拟建国际商事法庭应重点聚焦国际化改革》,载《政法论丛》2019 年第 3 期。

纷,特别是涉外商事纠纷的诉外化解机制的进一步推进和完善,对促进海南经济产业健康发展和营商环境的优化具有举足轻重的意义。

二、落实经济布局

就国内的宏观经济布局而言,2020 年是“十四五”开局之年,海南正以高质量的制度建设和项目建设来推动自由贸易港经济的高质量发展,为“十四五”开好局、起好步,取得开门红。海南自由贸易港从实际出发,以配套政策和管理办法,扎实推动中央政策落地,在贸易便利化、航运航空便利化、投资自由便利和跨境数据安全有序流动等方面积极探索,有效推进政策落地。[20] 如国家发展改革委等部委出台的海南自由贸易港三大产业企业所得税和高端紧缺人才个人所得税优惠等政策,在海南自由贸易港的高效推动下,政策落地效果高于预期。2021 年上半年,高端紧缺人才享受个人所得税优惠 8 亿余元;享受 15% 优惠税率的企业达 603 户次,减免税额 22 亿元。2020 年一季度以来,海南已连续集中开工两批自由贸易港建设项目,总投资超过 700 亿元,项目涵盖了产业发展、“五网”基础设施提质升级、民生公共服务等领域。此外,受新增免税店及春节旅游等利好因素的影响,2021 年 1 ~ 2 月,海南离岛免税销售大幅增长,离岛免税购物金额达 83.24 亿元,比上年同期增长 319.7% 。全面推进“一站式”多元解纷和诉讼服务体系建设的工作要求以及《海南省多元化解纠纷条例》的目的都在于落实服务保障海南自由贸易港建设的具体行动,是积极回应海南自由贸易港国内外商事主体的司法关切和需求,实现诉调对接的便捷性、高效性、专业化、国际化的重要举措,对于推进自由贸易港矛盾纠纷多元化解工作,提升社会治理能力和水平,为海

---

[20] 吴士存、蔡振伟:《海南自贸区建设的时代背景、深远意义与推进路径》,载《南海学刊》2018 年第 3 期。

南自由贸易港建设营造一流法治化营商环境具有积极的意义。[21]在下一步的合作中，海口两级法院将按照框架协议要求，全力做好对接、服务和保障工作，形成化解商事纠纷合力，为海南自由贸易港建设提供有力的司法服务和保障。由此可见，自由贸易港内的各项配套制度、配套设施的持续建设能够延续和增强由国家战略规划所带来的这一波经济增长红利，对推进海南自由贸易港建设具有重要意义。

从国际和区际经验来看，多元的、快捷的、高效的解纷机制，尤其是灵活的仲裁机制能为一个地区带来别样的经济活力和产业效能。英国伦敦玛丽皇后大学和美国威凯律师事务所共同发布的《2021 年国际仲裁调查》显示，97% 的受访者偏好通过国际仲裁解决商事纠纷，前五名受欢迎的仲裁地分别为伦敦、新加坡、中国香港、巴黎和日内瓦。在海事仲裁领域，伦敦更是占据重要地位，全球超过 80% 的海事仲裁案件在伦敦被处理，25% 以上的海事业务合伙人在伦敦执业，90% 以上的造船合同选择适用英国法律。伦敦国际海事仲裁中心的形成得益于多种因素，包括良好的法治基础、国际领先的仲裁立法以及海事产业集聚效应。大量的国际航运组织、仲裁机构扎堆伦敦，推出并推荐使用的标准合同通常约定“适用英国法”“伦敦仲裁”。同时，海事法庭、商事法庭也以其专业水准为英国法的发展提供了支持，且英国有多家历史超百年的以海事业务为主的律师行。此外，我国香港特别行政区因其便利的地理位置、独立且支持仲裁的司法体系以及语言等方面的优势，一直是各国企业所青睐的仲裁地之一。与新加坡类似，我国香港特别行政区过去实行的也是由本地仲裁、国际仲裁组成的双轨制。2011 年 6 月，新的《香港仲裁条例》生效，统

---

〔21〕 陈波：《海南自贸港的区位优势与产业发展方向》，载《人民论坛》2020 年第 27 期。

一了本地和国际仲裁两个独立的制度。[22]《香港仲裁条例》以联合国国际贸易法委员会《国际商事仲裁示范法》为蓝本，使相关国际仲裁规则适用于我国香港特别行政区的条文具有法律效力。[23] 目前，我国香港特别行政区主要的三大国际仲裁机构分别是 HKIAC、国际商会国际仲裁院亚洲事务办公室和中国国际经济贸易仲裁委员会香港仲裁中心。以 HKIAC 为例，我国香港特别行政区 2020 年共受理 483 件案件，其中 203 件为 HKIAC 管理的机构仲裁案件、115 件为临时仲裁案件，案件争议金额共计 688 亿港元，个案平均争议金额高达 2.529 亿港元。[24] 由此可见，高效便捷的解纷制度不仅可以为经济发展减少阻力、提供便利，产生制度性的经济盈利，还可以通过整合司法资源、利用社会资源的方式节约解纷资源、创造经济效益。

三、节约资源成本

就节约司法资源和社会资源的角度而言，自由贸易港多元化商事纠纷解决机制能够从源头上减少司法资源的浪费和虚掷，从而创造实在的经济效益。首先，司法资源不是可以通过无限补给来满足人民日益增长的司法需求的增量资源。其本身是一个消耗性的、需要补充的资源。如果一个国家把大量公共财政收入或者人力资源、物质资源无限地投入司法以解决纠纷，不仅不能增长经济效益和民生福祉，反而还是对国力的一种巨大消耗。针对不同类型的商事纠纷，区分其性质，根据其自身的解决规律选择最优的解决路径才是节

〔22〕 温先涛：《〈新加坡公约〉与中国商事调解——与〈纽约公约〉〈选择法院协议公约〉相比较》，载《中国法律评论》2019 年第 1 期。

〔23〕 赵秀文：《论法律意义上的仲裁地点及其确定》，载《时代法学》2005 年第 1 期。

〔24〕 谢婉：《论内地与香港区际诉讼与仲裁平行程序的解决》，载《商事仲裁与调解》2022 年第 3 期。

约司法资源、促进司法效益的最佳做法。[25] 所以，推进和发展自由贸易港多元化商事纠纷解决机制是促进社会解纷手段多元化最为经济合理的方式。此外，商事案件对身份关系尤其注重，而这种身份关系恰恰是纠纷解决中最复杂的因素。一方面它是非常简单的私权关系，另一方面它又涉及整个自由贸易港经济发展前途和营商环境的构造等社会公益问题。所以多数西方国家很早就将部分商事纠纷的解决纠纷剥离出司法程序，以便把优质的司法资源用到解决社会关注的、重大疑难的、有非常重要法律意义的案件中。对普通的、琐碎的、比较简单的纠纷则进行简易化程序处理或者通过替代性的纠纷解决方式处理，从而实现司法资源的良性配置。自由贸易港多元化商事纠纷解决机制正是旨在灵活运用多种解纷手段，将解纷业务服务化、社会化，从而实现对社会解纷资源的高效运用。其次，解纷服务的资源是需要再生的，自由贸易港多元化商事纠纷解决机制除了省去对社会解纷资源的浪费以外，还能够为自由贸易港额外地补充和增加解纷资源。在自由贸易港多元化商事纠纷解决机制之中，集中受理和审查对自由贸易港内设立的仲裁机构作出的仲裁裁决提起的撤销仲裁裁决申请以及受理和审查在自由贸易港内设立的国际商事调解机构主持达成的涉外、涉我国港澳台地区调解协议的司法确认案件，从而将诉讼、调解、仲裁等多元解纷方式有机衔接，形成“一站式”国际商事纠纷解决机制的工作方案便是最大化利用解纷服务资源和司法资源、最大化吸收境外有利解纷力量的印证。在实际解纷过程中，多元化商事纠纷解决机制除了运用本地本土的解纷资源以外，还对国际解纷力量进行了充分积极的引入。这不同于吸引外资和外汇，这是对外部解纷资源的吸收和容纳，是一种对“权力”的吸

---

〔25〕 朱伟东：《关于建立“一带一路”争端解决机制的思考》，载《法治现代化研究》2018 年第 3 期。

纳和收服。在我国,由于立法权和司法仲裁权力的严格限制,一般而言,外部的、国际性的解纷力量和解纷团体是较难被吸收或容纳而成为本国本地解纷力量和解纷资源的一部分的。但在自由贸易港多元化商事纠纷解决机制当中,自由贸易港的政策灵活性和国际开放性被充分运用,国际的解纷资源被作为自由贸易港解纷力量的一部分而参与到整个自由贸易港商事解纷流程的运行当中。如此既促进了自由贸易港整体解纷服务水平的提高及与国际水平同流接轨,又增加了自由贸易港所拥有的解纷资源优势,节省了对港内解纷资源的运用,促进了解纷服务链的整体资源循环。

就促进实现"一带一路"倡议的经济效益发挥的角度而言,自由贸易港多元化商事纠纷解决机制能为相关区际和国际的商事纠纷主体提供新的、更为经济和实惠的处理方式和消解渠道,能从机制层面减少整体国际商事经济往来的总体成本,提升往来效益。这不仅能够提升我国开放经济的实际质量,从制度本身和制度影响两个层面来提供广阔的经济价值,还可以促进周边国家和地区对开放经济的共享,创造持续性的、国际化的区域经济效益。发展区际化、国际化的共享经济是符合我国"一带一路"倡议路径的,因为"一带一路"倡议的目标是要在欧亚大陆建立一个政治互信、经济融合、文化包容的利益共同体、命运共同体和责任共同体。最高人民法院《关于人民法院进一步为"一带一路"建设提供司法服务和保障的意见》提出,要坚定支持多边主义,在国际贸易和边境贸易纠纷中,要按照《推进"一带一路"贸易畅通合作倡议》的精神,对涉及与我国签订自由贸易协定及合作文件的国家的涉外商事案件,依法适用有关规则认定合同效力和合同责任,支持商品、资金、技术、人员自由流通,大力推动经济全球化朝着更开放、包容、普惠、平衡、共赢的方向发展。[26] 要积极适用对我国生效的国际条约,尊重国际惯例和国际商事规则,推动形成和完善区域性及全球性商事法律规则。加强国际司法合作,协调司法管辖权的行使;明确边境地区设立的国际合作中心的法律地位,探索境内经贸合作区的外国法律适用以及境外经贸合作区的中国法律适用;采取积极举措,便利外国法院商事判决的承认和执行。要借着中国团队、中国制度的优越性,吸引海外客户的注意力和认可度,扩大中国司法和中国办法的影响力,积极地用多语言公布中国法院裁判的典型案例,为各国法院和仲裁机构正确理解和适用中国法律提供基础与经验,增强国际商事主体对中国法律的了解和信任。在实现"一带一路"倡议的经济效益层面上,一套快捷高效的解纷平讼制度给我国带来的不仅是司法效率的提升和司法成本的节约,还极大地降低了以往我国适用解纷制度的成本。[27] 在我国以往的制度实践当中,非讼纠纷解决机制(Alternative Dispute Resolution,ADR)多是对国外经验如仲裁、调解、专家解决等制度进行直接或间接的制度移植和制度嫁接,在制度移植和嫁接的过程当中,我们不仅不可避免地要付出相当的制度成本与试错成本,还需要花费经年累月的时间将新的 ADR 机制与我国本土的解纷机构和解纷主体进行磨合与适配。即使成功地适用了外域的制度,也已经付出了相当的经济代价并做出了不得已的制度转变。如若我国在"一带一路"的建设过程中继续遵从原先的"学习—移植—适用"模式,在与"一带一路"共建国家和地区进行经贸往来时,我国和"一带一路"共建国家

〔26〕 陈波:《海南自贸港的区位优势与产业发展方向》,载《人民论坛》2020 年第 27 期。

〔27〕 刘敬一:《国际民商事诉讼中禁诉令的中国应对:实践及路径》,载《中国外资》2022 年第 9 期。

均要承担额外的制度成本和学习代价,“一带一路”的整体经济建设成本会直线上升,还可能会影响到共建国家参与“一带一路”建设和对中经贸交往的意愿。如若自由贸易港能带头设计并适用一套高效的多元化商事纠纷解决机制,则不仅可将制度的建设成本和试错成本显著降低,还可在各个制度环节和配套设计上向“中国模式”与“海南优势”相靠近,从源头出发、从制度根基出发为“一带一路”的模式建设节约成本和制度资源。

第三节　文化价值

文化是支配人类法律实践活动的价值基础,和这个价值基础被社会化的运行状态。而相关于法律制度的文化所涉及的主要内容有二:一是法律实践活动的精神内核,二是精神内核的外化过程或方式。关于法律的文化可以被称为“法律文化”或者“法治文化”。无论是何者,作为一种文化产物,它都表现为法律在社会治理实践过程中所取得的成果,都标志着人类实现有利于自身生存发展的特殊社会秩序的能力和对社会生活进行有目的的设计、控制、引导的水平。人类的法律实践活动——立法、司法、思维——应视为统一的整体或过程来把握和分析,其目的在于探讨人类法律实践活动的状态、本质特征和发展规律性。法治文化是人类文化系统中不可缺少的一个组成部分,是社会精神文明的重要构成,是人类在漫长的文明进步过程中从事法律活动所创造的智慧结晶和精神财富,是社会法律现象存在与发展的文化基础,是由社会的物质生活条件所决定的法律上层建筑的总称。换言之,法律文化是法律意识形态以及与法律意识形态相适应的法律制度、组织机构等的总和。多元化商事纠纷解决机制深刻地体现了“全面依法治国”时代主题下的中国特色社会主义法治文化建设，有助于推进国家制度建设，其实现道路在于保障法律制度的健全完善，在于确立国家治理体系与法治文化建设的逻辑关联。从以法律作为国家治理手段的角度来说，从“依法治国”方略的提出到建设“法治中国”宏伟目标的提出，解决的是设计与功能的关系问题，见证了顶层设计赋予社会功能建设的动力构成，完成了由宏观层面向微观价值的映射向度，与坚持人民利益指向、坚持改革创新精神遥相呼应。设计服务功能、功能见证设计，这种内在关联既反映了法治文化建设对人民的获得感、民族自信心的提升作用，又反映了法治文化的本质价值。

一、对传统法律文化的承上启下

在人类文明的发展过程当中，各个文明的灿烂文化在各文明发展进步的过程中都扮演了举足轻重的角色。中国的法律文化和制度文化作为中华文化的重要组成部分，也是中国社会长期发展、转变的隐性见证与规制刻痕。从人类文明的发展节奏和社会治理的固定规律来看，法治文化有助于国家治理体系的变革，法治是现代社会的呼唤，而一个民族的法治文化建设并不能仅依靠血缘和地域，它更主要的是一个后期筑建起来的共同体意识。法治文化建设既要遵守文化性的前提，又要守护文化背后的民族性特征。对中国来说，想要建立牢固而稳定的法治文化，就必须追溯更长远的文化历史，从民族认同的角度定义法治文化超越历史性、超越政治性的发端。只有通过民族文化的规律性特征建设法治文化，才能强化人民对于国家的最高认同，以及忠于制度、忠于法律的观念，并将这些观念内化为普通群众的法治意识和行为准则，从而超越族内认同和族际认同，形成一个多民族共同认同的文化权威，借此强化国家向心力，增强国家认同对法治认同的涵养力,强化法治认同与文化认同的统一。

自我国古代“刑名之学”兴起之时,我国对于法律制度和解纷模式的文化内容和文化成果便层出不穷,特别是“息讼解纷”这一法律思想更是贯彻了我国千百年来的民事纠纷解决制度的发展史。自春秋战国时期开始,儒家学派便提出了“礼之用,和为贵”的社会治理思维,将平纷息讼作为安定社会的宗旨之一。除儒家学派外,道家和法家也多表达过“厌讼”的思想。比如《老子》有曰:“常使民无知无欲,欲知者不敢为,则无不治。夫唯不争,故无尤。”由此可见,道家提倡要使民众“无知无欲”,从而不去“争”和“为”,如此,诉由也就不会发生。再如《韩非子》有曰,“讼狱繁则田荒,田荒则府仓虚,府仓虚则国贫……”。而时至南朝,梁任昉的《〈王文宪集〉序》更是明言:“公不谋声训,而楚夏移情,故能使解剑拜仇,归田息讼。”中国古代的刑律往往更侧重于刑事诉讼,即使偶有民事相关规定,也多以刑事罪责的归属判定作为案件审判结果,因此中国古代的法律文化常常呈现“刑民不分”的状态。虽然缺少官方解决民事纠纷的传统,但中国古代的法律文化自诞生伊始就包含着“定分止争”的重要精神内核,平息民间争议、维护社会和谐是中国古代法律文化的重要精神原则。[28] 虽然中国古代官方一味强调“息讼”和“止诉”确实让部分民间纠纷草草了结,未得一个合理的终案,但因“息讼”思想而衍生出的非讼纠纷解决方法却成为中国传统社会解决民事争端、达成治世理想的重要手段,如“乡贤调解”“邻里劝说”等解纷方式直到今天依然有其用武之地。因此,把握好多元化商事纠纷解决机制的历史脉络

---

〔28〕 赵长明:《法家法治思想及其对社会主义法治建设的启示》,载《陕西教育(高教)》2015 年第 9 期。

和文化作用,是认清其社会价值和现实意义的重要前提。[29]

以历史的纵向视角来看,多元化商事纠纷解决机制是对中国法律文化的一种继承和发展,也是对于古人智慧的再运用和再延展。在海南自由贸易港乃至全国对多元化商事纠纷解决机制进行建设时,立法者和制度规划者往往更侧重于参考域外经验和先行制度。诚然,自由贸易港的制度建设需要学习和借鉴相关制度。但在法律文化方面,继承传统、发扬历史也是同样重要的。多元化商事纠纷解决机制的建立绝不是简单的"西学东渐",也不可能是对某一国、某一地之制度和法规的简单照搬,而是需要建构形成一套独属于中国的、独属于海南自由贸易港的、立足于中国千年解纷文化传统的制度系统。

中国古代倡言,"议事以制,不为刑辟"。中国古代法治文化的精髓就在于要在社会治理过程和法律制度建设过程中形成一套成熟而自洽的内在价值系统。就根源上而言,多元化商事纠纷解决机制要立足于中国实践、立足于海南实际,这不仅意味着制度建设要以当下的社会实际为基础,还要以中国传统的社会治理思想为参考坐标系。而要分析和认识在传统法律文化层面上,自由贸易港所推出的多元化商事纠纷解决机制所能够带来的珍贵价值,就须要探究和追问中华传统法治文化的核心与源流。中华法治文化的根基表在儒家,质在法家。前者强调建立和谐有序的社会秩序,将诉讼视为破坏社会和谐、影响人际关系的"不善之事",后者则更强调法制之下的统一与平等,将法制手段作为维护社会基石的底线治理路径。因此,中国传统法治文化要求社会治理者要尽力以非讼的方式劝诱民众解纷纾困,而民众也应当优先以非讼之法来解决与他人的冲突。《礼记》有

---

〔29〕 杨玲:《先秦法家思想比较研究——以〈管子〉、〈商君书〉、〈韩非子〉为中心》,浙江大学2005年博士学位论文。

云，“天地之道，寒暑不时则疾，风雨不节则饥。教者，民之寒暑也；教不时则伤世。事者，民之风雨也；事不节则无功。然则先王之为乐也。以法治也，善则行象德矣”“道之以政，齐之以刑，民免而无耻；道之以德，齐之以礼，有耻而格”“为政以德，譬如北辰，居其所，而众星共（通‘拱’）之”（《论语·为政》）。[30] 由此可见，儒家的法治思想的核心就在于“顺道应时”，也即顺应天道、应符时节。而多元化商事纠纷解决机制的核心之一也在于建立稳固、长效的社会秩序，尽可能地以和谐高效的冲突解除手段来排除滥诉和非和平解纷。而法家的法治思想的核心则是主张全民依法、全国守法，将法制视为解决矛盾冲突的根本规则。《管子》有云：“有生法，有守法，有法于法。夫生法者，君也；守法者，臣也；法于法者，民也。君臣上下贵贱皆从法，此谓为大治。”[31] 而多元化商事纠纷解决机制的底层逻辑实际上就是为在自由贸易港进行生活和经营的所有商事主体平等地提供解决纠纷、化解矛盾的高效渠道，将便法、良法、优法作为整个自由贸易港商事主体的规则依靠和底线保障。

多元化商事纠纷解决机制是自由贸易港在扬弃继承中国古代“息讼平纷”“以礼维和”等经典古代社会治理思想前提下建立的，其对于中国传统解纷文化的发展和继承同样也是建设中国特色社会主义法治文化和法治精神的关键所在。法治问题的解决不能单纯依靠“理论进口”和“制度移植”，机制的价值也不仅在于为实际社会问题提供解决路径。隐藏在制度和规范之后的是中华法治文化整体的原则承继和华夏文明全局的精神传承。

---

〔30〕 程燎原：《先秦“法治”概念再释》，载《政法论坛》2011 年第 2 期。

〔31〕 程燎原：《“洋货”观照下的“故物”——中国近代论评法家“法治”思想的路向与歧见》，载《现代法学》2011 年第 3 期。

二、对现代法治精神的弘扬发展

从法治文化和法治精神的发展和变革的视角来看,多元化商事纠纷解决机制是中国现代法治精神的新表达和新成果。中国现代的法治精神和法治文化高度凝聚于中国特色社会主义法治文化当中,弘扬中国现代的法治精神和法治文化,实际上就是要宣传、发挥和运用中国特色社会主义法治。立足于中国整体和海南自由贸易港的实际而言,我们需要不断地建构和完善自由贸易港的法律制度和法律体系以彰显和证实中国特色社会主义法治文化在海南自由贸易港的全面价值和长期优势。因此,对中国特色社会主义法治文化路径、机制和前瞻的研究正是基于对历史、现实和未来的系统思考。体现时代主题的中国特色社会主义法治文化建设有助于推进国家制度建设,其实现道路在于保障法律制度的健全完善,在于确立国家治理体系与法治文化建设的逻辑关联。换言之,多元化的利益主体构成、多样化的利益关系组合,以及观念差异、诉求不同必然引发强烈的冲突与矛盾。诉诸司法程序仅是法治文化能够提供的最后底线,法治文化建设更深远的意义在于其观念的整合作用,推动社会整体思想认知朝着积极健康的方向发展,向社会主义核心价值体系发展,避免许多社会矛盾贸然进入司法程序。随着尊重与保障人民群众根本权利和利益原则的入宪,其公平正义理念有了价值的标杆、实现的基准,法治文化建设将推动国家治理的各个维度步入法治轨道。落实到多元化商事纠纷解决机制,挖掘其制度构造背后的文化逻辑和文化环节,解读其机制建构地基之下的文化内涵与文化底蕴,是对我国法域内外弘扬现代中国特色社会主义法治精神的重要步骤。

要分析自由贸易港的多元化商事纠纷解决机制是如何弘扬现代中国特色社会主义法治精神的,就要阐释清楚何谓中国特色社会主义法治精神和法治文化，以及多元化商事纠纷解决机制的弘扬路径。中国特色社会主义法治文化是推进国家制度建设，确立国家治理体系与全局法治制度建设等一切社会治理行为的指导思想和精神内核，而全面依法治国和社会主义法治强国则是中国特色社会主义法治文化建设的根本方向，二者是共进退的关系。法治文化的建设体现在共识性的价值观、组织结构和制度整合方面，在法治层面表现为依法治国战略的深入实施，在文化层面则表现为社会主义法治强国的繁荣发展。习近平总书记曾指出："中国特色社会主义法治道路，是社会主义法治建设成就和经验的集中体现，是建设社会主义法治国家的唯一正确道路。"〔32〕以法律作为国家治理手段的历史经纬来说，从"依法治国"方略的提出到建设"法治中国"宏伟目标的提出，其目的都是解决上层设计与功能的关系问题，依法治国战略的顶层设计赋予社会功能建设的动力构成。就宏观层面而言，法治文化和法治精神建设与坚持人民利益指向、坚持改革创新精神遥相呼应。设计服务功能、功能见证设计，这种内在关联也反映了法治文化建设对人民的获得感、民族自信心的提升作用，进而反映出国家根本制度在中国特色社会主义法治文化各个目标导向中的总领地位和统摄作用。中国特色社会主义法治文化建设有助于完善国家制度和法律制度两个理论体系的各个环节。法律是治理国家最重要的途径之一，成熟的法律理论和健全的法治体系是衡量治理能力的重要基准之一。就微观层面而言，法治文化和法治精神的建设是通过完善立法项目的收集和示范制度，完善立法领导机制和社会各界有序参与，在法治生活的全过程中拓宽人民群众的认知度和接纳度，不断促进法律制度的完善与健全等多角度、多维度来全面深化落实的。从党的

〔32〕《习近平关于〈中共中央关于全面推进依法治国若干重大问题的决定〉的说明》，载《人民日报》2014年10月29日，第2版。

十一届三中全会开始,中国的现代法治文化建设就开启了新篇章,大会作出把全党工作的着重点和全国人民的注意力转移到社会主义现代化建设上来的重大战略决策,并明确提出"加强社会主义民主,健全社会主义法制"的目标和任务。这不仅意味着我国的法治文化乃至法治文明的建设从顶层战略设计而言,既是一切社会主义法治建设的前提条件和根本指引,又是依附于所有实际法制制度的社会意识的集合,还意味着在我国全面改革开放的具体语境下,法治文化的建设与具体法治制度乃至法治社会的建设是互相促进和依赖的,需要用制度去实现精神,也需要用精神来指导制度。建设法治中国在国家战略目标层面的提出是法治文化建设由制度文明向精神文明的一种更高层次的复归,这种建立逻辑反映了依法治国战略"总目标"与法治文化建设多维度"分目标"的耦合。20 世纪 90 年代,在依法治国方略提出的初期,中国对法治的认识经历了从精神文明性质到制度文明性质的历史阶段。这一转变过程在依法治国战略提出的初期充分印证了中国对社会主义制度、马克思主义思想的不断探索,将社会存在、社会意识与经济基础、上层建筑进行一一对应的实践尝试,对发展新形势的法治文化来说,其是一种认识上的巨大更新与变化。

在中国特色社会主义法治文化和法治精神的建设要求之下,海南自由贸易港的多元化商事纠纷解决机制就注定在其制定到落实的每个角落、每个环节都贯彻和弘扬着鲜明的现代法治文化价值。自由贸易港的整体法治建设离不开相应的制度体系,而这些制度正确与否或是否符合本国国情和海南自身的地区情况,又有赖于法治文化在能动性上的把握与掌控。就多元化商事纠纷解决机制的立法源头而言,自由贸易港更趋向于让司法机关和政府官方发挥"服务者"和"帮助者"的角色作用,即海南自由贸易港的法治文化建设更倾向于在国家制度层面转变政府职能，建设服务型政府。换言之，多元化商事纠纷解决机制的源头思想就是将海南自由贸易港建设为一个服务型公务机关。在这样的政府构建思想之下所产生的机制能够使职能部门的行为更加牢固地把住提供法律服务这个关键。就落实制度方面而言，多元化商事纠纷解决机制的核心目的之一在于优化营商环境，而营商环境不仅是经济环境，还是制度环境、文化环境。自由贸易港的法治建设和法制改革的关键就在于“从上至下”地营造一种尊重商事主体对解纷渠道进行自由选择的权利和在任何一种解纷手段下都能得到公平对待的权利，这涉及在人民自身权利领域释放一定的社会空间的问题。而个人和社会组织的法治精神也能在由机制所扩展的空间中迅速成长。这样的法治机制建设能够让商事主体自身在解纷机制的实践中领悟和明白自由、平等、公平等重要的现代法治价值。

总而言之，作为自由贸易港乃至整个中国法治文化建设前沿的规制建设，多元化商事纠纷解决机制起源于现代中国法治精神和法治文化的勇敢实践，它的实际落地有助于深化自由贸易港政府从根源上进行职能转变、优化营商环境、消解社会差异。自由贸易港通过新的解纷机制来贯彻和落实现代法治价值，而中国法治文化又通过自由贸易港的制度建设来进一步丰富内涵、拓展实践，海南自由贸易港在商事纠纷解决制度方面的实践既贯彻了服务型政府、服务型司法的现代法治理念，又落实了坚持改革开放、持续推进依法治国的基本方针战略。海南自由贸易港多元化商事纠纷解决机制的文化价值不仅在于在社会上熏陶出独特的具有中国特色社会主义的民主、自由、和谐的强烈法治氛围，还在于其实验性地把国家协助和私主体权威等多种解纷途径和解纷依靠整合起来，创造了“前无古人”的现代中国法治文明的奇景。

三、对国际文化传播的深远影响

海南自由贸易港是我国践行“一带一路”倡议的前沿阵地，也是我国不断扩大自身国际影响力、强化国际文化传播和文明影响能力的先锋港埠。“一带一路”倡议不仅是要为我国在广阔的国际市场中找到更多的经济合作对象和合作方向，还是“构建人类命运共同体”这一全球战略的伟大实践。因此，将“一带一路”定位为纯粹的经济合作、贸易交流是片面和狭隘的。“一带一路”意味着沿线各国、各地区、各民族的文明形态在自愿友好的前提下进行高度融合和重塑，也意味着对于探寻在差异化的意识形态领域寻找文化共识和文明认同的新可能。作为自古以来就在世界范围内拥有广泛文化影响力和文化普及度的中国，其自古独有的中华法系对周边地区的法律实践影响深远、印记深刻。因此，我国在“一带一路”的文化交互、文明交融的国际化实践过程中应发挥我们的深远优势和长久影响力，将传播我国各个方面的先进文化成果和文化价值作为“一带一路”新时代背景下自由贸易港制度建设的重心之一。

在国际上建立法治文化口碑和法治文化权威是我国进行意识形态方面自我保护和自我防御的关键一环。我国无意对外输出意识形态和价值体系，但我国自古以来就是文化输出大国。当下，我国肩负着复兴重任，更面临越发严峻的文化输入的考验。因此，重视法治文化的国际传播力量和国际引导对我国的国防战略保障和国际地位提升很重要。虽然现今世界格局下，大国“热战”已经变得罕见，但各国在文化领域和意识形态方面的“战斗”却片刻未曾停歇。文化影响力的广阔边界让世界各个文化大国的对外影响力远超其实际的领土边界。在国际潮流中，丧失文化方面的话语权，特别是法律文化、法治文化方面的话语权，短期而言，会导致区际和国际规则制定权的缺失以及国人在国际经贸往来中的受阻和不便；长期来看，则会危害我国的意识形态基础、政治主权安全和国防安全。因此，任何一个国家的建设发展都与其法律文化的国际化建设息息相关，尤其是在今天全球化、“世界村”的形势下，我国的社会主义法治建设从诞生之初就始终深受国际形势的影响。[33] 立足于海南自由贸易港的实践，“一带一路”、南南合作、金砖国家合作协议框架、区域全面经济伙伴关系协定以及全面与进步跨太平洋伙伴关系协定等的确立，让我国有机会以经贸合作为契机，在国际上建立属于中国自己的法治文化长期输出平台。[34] 不过这种输出也面临来自外部的极大阻力。因此，在国际意识形态斗争的影响下，中国法治文化需要不断对自我建设进行审视，在前进方向上不偏离社会主义道路。在国际领域掌握法治话语权，是中国特色社会主义法治文化建设向全球化方向发展、推进全球性法律治理共同体意识的必由之径。具体而言，自由贸易港建设多元化商事纠纷解决机制就是向中国特色社会主义法治文化的全球化迈步，这一机制设计的主要初衷就是解决在对外开放过程中国际化的商事主体来自由贸易港进行营商活动所可能遇到的纠纷和问题。因此，这一机制天生就是我国扩大自身法治文化的国际影响力的制度桥梁和制度口碑。

中国特色社会主义法治文化建设为国家治理体系和国际治理体系增加了一个缓冲的环节，那就是要不断致力于推动区际共识和国际共识观念的形成。在经济、政治、文化等国际共识当中，对法律文化和法治文化的共识是实在的且有利多边的。就自由贸易港的自身

---

〔33〕 石建勋、徐玲：《新发展格局下海南自贸港建设与发展战略研究》，载《海南大学学报（人文社会科学版）》2022 年第 2 期。

〔34〕 张治礼：《自贸试验区和中国特色自由贸易港建设背景下海南热带特色高效农业发展的若干思考》，载《今日海南》2019 年第 1 期。

实践而言,无论在港内发生何种程度的商事冲突或矛盾,法治都既是调和利益纷争的最终手段,又是缓和矛盾冲突、弱化诉求差距的缓冲平台根基。当商事纠纷发生时,诉诸法院是法治环境能够提供给商事主体的兜底之策,但在实践中,更为国际商事主体所青睐的是国际调解、国际仲裁等更为便捷、高效和低成本的非诉纠纷解决机制。因此,在国际经贸往来当中,一个国家、一个地域的多元纠纷解决机制是与其相关的国际经济活动的重要制度依赖。而在国际经贸往来中,优秀的解纷制度和解纷单位往往会获得广泛的国际认可,并由此发挥其制度影响力,让不同国家、不同地域的商事主体更加趋向于认同其机制和规则,从而扩大其制度影响并加强所有适用者对其法律文化和法治文化的认同与理解。新加坡和英国便是很好的例子,他们的国际商事解纷机制的发达和其机制在国际上的广阔适用不仅为其带来了强大的制度影响力和国际规则制定的话语权,还将其法律文化与法治文化在全球范围内传播、弘扬。

就我国而言,在自由贸易港尝试建立出一套先进的多元化商事纠纷解决机制,是在对外开放的新阶段下的一次勇敢尝试和伟大实验,可以将海南自由贸易港的商事解纷机制作为我国法治文化发展的优秀成果,以法治文化成果来对外进行辐射影响和广泛输出,以优越的制度环境来潜移默化地普及和发散我国的法治文化底蕴,从而通过国际上对中国特色社会主义法治文化和法律制度的接受与认可来增强我国在国际商事解纷规则制定中的话语权。多元化商事纠纷解决机制对于我国国际法治文化环境的改善和法治文化道路的长期发展具有不言而喻的重大意义和价值。

第三章　海南自由贸易港多元化商事纠纷解决机制的立法思路

第一节　海南自由贸易港多元化商事纠纷解决机制立法的功能

如前所述,多元化商事纠纷解决机制既有利于海南进一步深化改革开放,融入国家重大战略,又有利于将多元文化融入人类命运共同体,同时还能够在海南自由贸易港建设与发展的过程中进一步预防纠纷、提高纠纷化解的效率。实际上,在海南自由贸易港建设、发展过程中,有关商事纠纷解决机制的改革与创新也是全面深化改革开放的重要环节。而自由贸易港商事纠纷解决机制创新既需要司法机关、仲裁机构、调解机构等诸多社会主体的积极参与、大胆创新,又需要立法者在立法层面为海南自由贸易港构建多元化的商事纠纷解决机制引领改革方向、提供制度保障、巩固创新成果。一方面,商事纠纷解决机制涉及诉讼、仲裁、调解这三种传统解纷机制,人民法院、仲裁机构以及调解机构为提高商事纠纷化解效率而采取的各项举措面临着违反法律规定的风险,也即“违法改革”的风险。另一方面,各项为实践证明行之有效的改革成果只有以立法的形式加以巩固,才能够建立海南自由贸易港法治化的营商环境。从这一层面看,自由贸易港商事纠纷解决机制立法具有独立价值。

一、有利于打造法治化营商环境

《海南自由贸易港建设总体方案》提出，在海南建设自由贸易港，是“打造法治化、国际化、便利化营商环境的迫切需要”。根据海南自由贸易港建设计划，在2025年海南自由贸易港营商环境应当“总体达到国内一流水平”，到2035年海南自由贸易港营商环境应当“更加优化”“法律法规体系更加健全”。由此不难看出，营商环境的总体水平是评价海南自由贸易港建设、发展状况的一个关键指标。而实现“法治化”则是实现该指标的首要任务。

西方的组织、机构制定的营商环境评价体系的考察重点，更多地着眼于市场主体在某一国家或地区开展商业活动的便利程度之上，各级指标也未鲜明地体现出法治元素。我国专家设计的营商环境评价体系虽更加贴合我国国情，但也同样欠缺明确的法治元素和内容。[1] 因此，目前国内外的营商环境评价体系都难以准确评价某一国家或地区营商环境的法治化水平。实际上，“法治化营商环境”是我国全面深化改革开放进程中提出的一个改革目标，而非沿用西方国家提出的概念。相应地，对法治化营商环境的理解不应拘泥于国际上特别是西方国家的评价体系，而应结合中国特色社会主义法治体系进行解读。中国特色社会主义法治体系包含了完备的法律规范体系、高效的法治实施体系、严密的法治监督体系、有力的法治保障体系以及完善的党内法规体系五个方面的内容，将静态意义上的法律规范与动态意义上的法律实施有机结合了起来。[2] 从此架构来看，法治化营商环境指的应当是市场主体在经济活动中所关涉的体

---

〔1〕 谢红星：《法治化营商环境的证成、评价与进路——从理论逻辑到制度展开》，载《学习与实践》2019年第11期。

〔2〕 莫纪宏：《“制度之治”是法治的内在逻辑述要》，载《现代法学》2020年第3期。

制机制性因素和条件均有完备的法律规范加以规定,这些法律规范能够得到高效地实施,并对这些法律规范的实施情况进行严密的监督,从制度、思想、组织等层面强化对上述活动的保障。

站在市场主体的角度,市场经济活动中必然会产生纠纷,通过人民调解、仲裁或司法途径解决解决纠纷的成本也同样是不容忽视的经营成本。一个国家或地区内的商事纠纷可以通过多种方式快捷、高效地化解,意味着在纠纷解决环节能够降低市场主体的经营成本。此时,市场主体将不再是法律制度的被动适应者,而是法律市场的主动选择者。[3] 纠纷解决机制是营商环境不可或缺的部分,依据“法治化”的要求,需要在法律规范层面建立起高效快捷的商事纠纷解决机制,并确保这些法律规范能够有效实施。在海南自由贸易港建设进程中,以立法的形式在自由贸易港实施范围内确立高效快捷的多元化商事纠纷解决机制,是在市场主体之间的纠纷解决环节打造法治化营商环境的逻辑起点。若没有完备的法律规范供市场主体在解决商事纠纷时适用,打造能够降低市场主体纠纷解决成本的制度环境则无从谈起。诚然,此般制度环境的建设并非由立法这一要素单独决定,能否打造高效快捷地解决商事纠纷、降低市场主体纠纷解决成本的制度环境,还取决于有关法律规范能否得到实施,以及法律规范的实施过程是否辅有监督机制与保障机制。但多元化商事纠纷解决机制立法无疑会为海南自由贸易港打造法治化营商环境增添助益。

二、有利于发挥法治的引领、规范、保障作用

更好发挥法治对改革发展稳定的引领、规范、保障作用,是新时

---

〔3〕 刘双舟:《法律市场视野中的制度竞争与立法行为选择》,载《政法论坛》2010 年第 3 期。

代我国统筹推进“五位一体”总布局、协调推进“四个全面”战略布局的重要经验。党的十八大以来,如何理顺“法治”与“改革”的关系成为我国协调推进全面深化改革与全面依法治国所面临的首要问题。“改革”一般指突破或改变某些已经形成的制度,而“法治”往往意味着对制度的遵守与维护,若采取偏激的观点,容易将二者推向对立。[4] 针对这一问题,习近平总书记提出的“努力以法治凝聚改革共识”[5]为破解这一困局提供了纲领性思路,并进一步提出了“凡属重大改革都要于法有据”的要求,强调“运用法治思维和法治方式,发挥法治的引领和推动作用,加强对相关立法工作的协调,确保在法治轨道上推进改革”[6]。由此,法治对于改革的引领与推动功能得以明确。中共中央《关于全面推进依法治国若干重大问题的决定》进一步明确了立法与改革之间的关系,强调全面依法治国应当“加强重点领域立法”“实现立法和改革决策相衔接,做到重大改革于法有据、立法主动适应改革和经济社会发展需要。实践证明行之有效的,要及时上升为法律。实践条件还不成熟、需要先行先试的,要按照法定程序作出授权。对不适应改革要求的法律法规,要及时修改和废止”。随后,在 2015 年以及 2016 年,习近平总书记以“在法治下推进改革、在改革中完善法治”[7]“鸟之两翼、车之两轮”[8]精准描述了法治与

[4] 陈金钊:《对“以法治方式推进改革”的解读》,载《河北法学》2014 年第 2 期。

[5] 《习近平强调:依法治国依法执政依法行政共同推进》,载共产党员网,https://news.12371.cn/2013/02/24/VIDE1361705521833748.shtml。

[6] 《习近平主持召开中央全面深化改革领导小组第二次会议》,载中华人民共和国中央人民政府网,http://www.gov.cn/ldhd/2014-02/28/content_2625924.htm。

[7] 《习近平主持召开中央全面深化改革领导小组第十次会议》,载《人民日报》2015 年 2 月 28 日,第 1 版。

[8] 《习近平在庆祝中国共产党成立 95 周年大会上的讲话》,载《人民日报》2016 年 7 月 2 日,第 2 版。

改革二者之间的关系。在此基础之上，习近平总书记针对法治对于改革的作用予以了进一步升华与提炼，提出在推进全面依法治国的过程中，要“更好发挥法治对改革发展稳定的引领、规范和保障作用”[9]。至此，在中国特色社会主义法治体系已经形成的时代背景下，法治与改革的关系得以明晰。

在海南建设中国特色自由贸易港是支持海南全面深化改革开放的重大举措，同样需要遵循法治与改革的基本关系，在法治的轨道上推进自由贸易港建设。在自由贸易港建设的重点领域，应当及时运用自由贸易港立法权、经济特区立法权以及地方立法权推进有关立法。在这一过程中，推进自由贸易港商事纠纷解决机制立法能够发挥法治对于商事纠纷化解的引领、规范和保障作用。

第一，推进自由贸易港多元化商事纠纷解决机制立法能够引领海南自由贸易港纠纷解决机制改革。在我国坚持共同推进依法治国、依法执政、依法行政的背景下，法律较之于政策具有更为显著的权威性和稳定性，其具备政策所无法媲美的可预测性。依靠着法律的可预测性，立法能够将自由贸易港商事纠纷解决机制的改革目标、理念、步骤以法律形式加以固定，使《海南自由贸易港建设总体方案》中有关商事纠纷解决的内容获得合法性基础。并且，立法是一个理性且谨慎的过程，推进自由贸易港商事纠纷解决机制立法，可以对纠纷解决改革步骤进行严密地论证，这既能够最大限度地确保改革方案的合理性，又能够为改革机构提供更为明确的指引。同时，以法律形式确立改革目标及改革理念，更有利于“在人民群众心中形成法律

---

〔9〕 习近平：《推进全面依法治国，发挥法治在国家治理体系和治理能力现代化中的积极作用》，载《求是》2020年第22期。

权威观念”，使改革的理念成为人们行为的内在指引。[10]

第二，推进自由贸易港多元化商事纠纷解决机制立法有利于规范海南自由贸易港商事纠纷解决机制改革举措。海南建设自由贸易港应当解放思想、大胆创新，但同时也需要注重“在法治的轨道上推进改革”，符合全面深化改革开放的基本遵循。对此，立法机关需要在破除体质机制障碍与维护法治秩序之间寻求平衡点。当前，我国有关境外仲裁裁决、调解协议在我国境内申请执行的法律规定仍有待完善，我国《仲裁法》也尚未认同除机构仲裁以外的仲裁方式，许多与仲裁相似的、在国际上十分流行的纠纷解决机制也未得到我国法律的认可。有关纠纷解决机制的改革举措不可冒进，应当以法治的理念、体制和程序进行。[11] 推进自由贸易港商事纠纷解决机制立法，能够为评价改革行为是否违法提供明确的标准，尽可能地避免“违法改革”或“超前推进”对法治秩序造成破坏。

第三，推进自由贸易港多元化商事纠纷解决机制立法能够为海南自由贸易港商事解纷机制以高效快捷为导向的改革创新提供法治保障。海南自由贸易港纠纷解决机制改革创新应当与立法相衔接，以法律的形式保障改革目标的实现，为改革举措提供合法性基础。一方面，将改革决策与立法决策相衔接，以法律的形式确立改革目标和步骤，增强改革目标的稳定性，与法治体系中的执法、司法等环节相结合，保障改革目标的实现。另一方面，立法可与自由贸易港商事纠纷解决机制改革创新的需要相适应，“改革措施与现行法律有冲突，或者需要通过立法加以规范的，可以现行组织研究论证，待法律

---

〔10〕 姜伟：《全面深化改革与全面推进依法治国关系论纲》，载《中国法学》2014 年第 6 期。

〔11〕 陈金钊：《对“以法治方式推进改革”的解读》，载《河北法学》2014 年第 2 期。

修改后再推进”。[12] 对于有可能突破我国现行法律规定但又符合海南自由贸易港建设实践需要的改革行为，通过授权立法的方式为其提供合法性基础。这也是以法治切实保障改革发展稳定的逻辑起点。

三、有利于提高自由贸易港社会治理法治化水平

海南自由贸易港建设应当逐步推进社会治理现代化。根据《海南自由贸易港建设总体方案》中的规划，海南自由贸易港建设进程中，应以高效的社会治理体系和完备的法治体系为保障，构建系统完备、科学规范、运行有效的自由贸易港治理体系，建立以《海南自由贸易港法》为基础，以地方性法规和商事纠纷解决机制为重要组成的海南自由贸易港法治体系，至 2035 年基本形成现代社会治理格局。2021 年 6 月 11 日公布的《海南自由贸易港法》在承袭前述规划的基础上，进一步提出海南自由贸易港应当加强预防和化解社会矛盾机制建设，在法律层面确立了自由贸易港推进社会治理现代化的发展目标。

提高社会治理法治化水平是推进社会治理现代化的重要途径。自党的十八届三中全会首次提出“社会治理”以来，推进社会治理现代化，坚持和完善共建共治共享的社会治理制度成为我国推进国家治理体系和治理能力现代化的重要内容。“法治”作为与“人治”相对立的治理方式，天然地具有防止权利专断与恣意的功能，可以为社会治理结构提供核心制度框架，增强预见性与可信性，以应对多元主体参与带来的互动复杂化，防范因效率低、利益冲突、信任机制难以

---

〔12〕 公丕祥：《习近平法治思想中的改革论述》，载《东方法学》2021 年第 2 期。

建立等因素导致的治理失灵。[13] 所以，对于实现社会治理现代化而言，法治保障不可缺位。这既是党的二十大报告中“提升社会治理法治化水平”的必然要求，又是新时代坚持全面依法治国的应有之义。

推进海南自由贸易港多元化商事纠纷解决机制立法，有利于提升社会治理的法治化水平。化解社会矛盾纠纷是实现社会治理现代化的重要内容，而与贸易投资相关的规则、制度体系建设则是自由贸易港建设的重点内容。因此，在海南自由贸易港构建现代社会治理格局的过程中，尤其需要注重商事纠纷预防、调处与化解机制的建设。实现法治化的前提是确立能够为社会主体提供行为指引的完备的法律规范体系。因而，立法是实现法治化的逻辑前提。推进商事纠纷解决机制立法是海南自由贸易港建立预防和化解社会矛盾纠纷的法律规范体系的组成部分，能够为商事主体解决贸易、投资争端提供可以遵照执行的法律规范，提升商事纠纷解决的法治化水平。综上，通过提升海南自由贸易港商事纠纷解决的法治化水平，可以提高海南自由贸易港的社会治理法治化水平。

第二节 海南自由贸易港多元化商事纠纷解决机制立法应当遵循的理念

海南自由贸易港多元化商事纠纷解决机制立法应当遵循一定的立法理念。所谓立法理念，即指导立法制度设计和立法活动的理论

---

〔13〕 江必新、王红霞:《社会治理的法治依赖及法治的回应》，载《法制与社会发展》2014 年第 4 期。

基础和主导的价值观，其具有推进良法善治、树立法律权威的积极作用。[14] 在法治社会中，法律不仅规范着民众的经济社会生活，还会对改革决策的施行产生极大的影响。立法理念的缺失或模糊，一方面会导致出台的法律在结构或技术层面出现缺漏，另一方面会使法律难以适应社会发展。[15] 在我国坚持立法先行、强调重大改革应于法有据、在法治轨道上推进改革的背景下，若要充分发挥法治对于改革的引领、规范和保障作用，则应当在明确的立法理念指导下推进立法工作。建设自由贸易港作为海南全面深化改革开放的重大举措，需要注重协调法治与改革的关系，以法治体系为基底，营造国际一流的法治、营商环境。在这一过程中，商事纠纷解决机制作为自由贸易港法治体系不可或缺的组成部分，同样需要在有关立法理念的指导下推进立法工作，如此才能够在立法环节落实《海南自由贸易港建设总体方案》所提出的“建立多元化商事纠纷解决机制”的制度目标，以及《海南自由贸易港法》所提出的“加强预防和化解社会矛盾机制建设”的发展要求。

海南自由贸易港多元化商事纠纷解决机制立法理念源自我国法治建设的成功经验，以及中共中央针对海南建设自由贸易港作出的重要部署。自党的十一届三中全会以来，中国的法治建设历经了从“法制”到“法治”、从“实行依法治国”到“坚持全面依法治国”的深刻变革。在这一过程中，中国共产党不断地总结已有的实践经验，一步一个脚印，对中国未来的法治建设提出了新的规划。现今，我国法治建设取得了历史性成就，并不断总结成功经验。海南自由贸易港推进多元化商事纠纷解决机制立法，建立自由贸易港法治体系，应当以

---

〔14〕 高其才：《现代立法理念论》，载《南京社会科学》2006 年第 1 期。

〔15〕 江伟、吴泽勇：《论现代民事诉讼立法的基本理念》，载《中国法学》2003 年第 3 期。

这些成功经验为指引。与此同时，海南自由贸易港在坚持“立法先行”的同时，需要确保立法与海南自由贸易港建设中的重大决策相衔接，以彰显自由贸易港立法的地方特色。因此，海南自由贸易港多元化商事纠纷解决机制立法除了以中国法治建设的成功经验为指引外，还应当遵循以《海南自由贸易港建设总体方案》为代表的中央重要部署的指导思想。

一、科学立法

在党的十七大以前，我国法治建设的目标在于“法制”建设。党的十七大的召开标志着中国特色社会主义法律体系基本形成，我国法制建设工作的重心也开始由“建立”转向“完善”，坚持“科学立法”的理念应运而生，我国的法律体系越发完善。在此背景之下，党的十八大在“有法可依，有法必依，执法必严，违法必究”的基础之上，提出了“科学立法、严格执法、公正司法、全民守法”这一新的法治改革方针。相应地，国家立法工作的重心也由“有法可依”转变为“科学立法”，从强调推进立法工作确保国家经济、政治、文化、社会生活的方方面面均有法律规定转变为强调法律要与改革决策相衔接、符合宪法精神、反映人民意愿、得到人民拥护，以良法促进发展，以良法保障善治。

科学立法的核心在于尊重和体现客观规律。[16] 马克思在有关立法的论述中曾指出，“立法权并不是创立法律，它只是披露和表述法律”，[17]“如果一个立法者用自己的臆想来代替事物的本质，那么我们就应该责备他的极端任性”。[18] 立法者在制定法律时不能突破

---

〔16〕《习近平关于〈中共中央关于全面推进依法治国若干重大问题的决定〉的说明》。

〔17〕《马克思恩格斯全集》(第3卷)，人民出版社2002年版，第4页。

〔18〕《马克思恩格斯全集》(第1卷)，人民出版社1972年版，第183页。

当前经济社会状况的条件限制，超出社会经济基础所涵盖的范围。[19] 因而，科学立法就是指立法要实事求是，积极探索和掌握立法规律，克服主观随意性、盲目性，善于运用合理的立法技术，提高立法的质量和效益。在地方立法活动中，要从地方的社会物质条件出发，认识和把握客观规律，并综合考虑诸多社会因素的影响，突出立法所应调整解决的事项，贯彻原则性与灵活性相结合的原则，因地制宜，优化立法资源的合理配置，讲究实效。[20] 只有这样制定出来的法律，才能发挥以良法促进发展，以良法保障善治的作用。

推进科学立法，关键是完善立法体制。[21] 一个国家的立法体制包括权限划分体制、运行体制和载体体制。权限划分体制包括立法权的归属、性质、种类、构成、范围、限制、各种立法权之间的关系，立法权在国家权力体系中的地位和作用，立法权与其他国家权力的关系等方面的内容。立法权运行体制主要是指在提出法案、审议法案、表决和通过法案和公布法案的立法程序及行使立法权的国家机关的其他立法活动应遵循的法定步骤，以及立法主体或参与立法的其他主体在立法活动中应遵循的程序。立法权载体体制则主要包括行使立法权的立法主体或机构的建制、组织原则、活动形式等方面的内容，这些内容也必须遵循客观规律，如此其才能有效运行，立法目标才能实现。相应地，在科学立法理念的指引下，自由贸易港商事纠纷解决机制立法应当在进一步明确海南省人大及其常委会所享有的立法权限的基础上，从自由贸易港实际情况以及阶段性建设目标出发，优化海南自由贸易港多元化商事纠纷解决机制立法的各个环节，明

---

〔19〕 封丽霞：《马克思主义法律理论中国化的当代意义》，载《法学研究》2018 年第 1 期。

〔20〕 王琦：《地方立法民主化和科学化研究》，载《河南省政法管理干部学院学报》2008 年第 5 期。

〔21〕 习近平：《加快建设社会主义法治国家》，载《求是》2015 年第 1 期。

确立法主体的组织原则与活动形式。

二、民主立法

民主立法是全过程人民民主在完善中国特色社会主义法律体系中的集中体现。“人民是历史的创造者，是决定党和国家前途命运的根本力量。”我国是工人阶级领导的、以工农联盟为基础的人民民主专政的社会主义国家，人民民主是社会主义的生命，国家的一切权力都属于人民。在全面推进依法治国，完善中国特色社会主义法律体系的进程中，同样需要坚持人民主体地位。在立法工作中，要回应人民期待，解决好人民最关心、最直接、最现实的利益问题，通过各种途径和形式让人民参与其中，使法律充分体现人民意志。

民主立法包含三个方面：主体方面、程序方面、内容方面。所谓民主立法，实际上就是强调人民群众参与和统治立法活动，使法律充分体现人民群众的利益，体现人民群众的意愿，维护人民群众的权益，增进人民群众的福祉。民主立法的核心在于为了人民、依靠人民。〔22〕坚持立法为了人民就是要明确法律是为人民而立的，法律是为人民服务的，要让人民群众参与立法，〔23〕要让立法活动着眼于人民，回应人民群众对立法的期盼，制定“好”的法律、“管用”的法律、能够解决实际问题的法律。坚持立法依靠人民就是要扩大立法活动的人民有序参与度，为立法活动的人民参与度提供保证。因此，根据这一理念，立法工作首先要求立法主体民主化。因为立法权从根本上属于人民，必须由人民行使，立法机构必须由人民产生。其次，要

---

〔22〕 习近平：《关于〈中共中央关于全面推进依法治国若干重大问题的决定〉的说明》，载新华网，http://www.xinhuanet.com/politics/2014-10/28/c_1113015372_3.htm。

〔23〕 公丕祥：《习近平立法思想论要》，载《法律科学(西北政法大学学报)》2017年第6期。

推动立法程序民主化，立法过程必须有人民的广泛参与，并将程序和内容向社会公开，走群众路线，受人民监督。最后，要确保立法内容民主化，让法律的内容充分体现人民的意志，使客观规律得以体现。

在民主立法理念的指引下，海南自由贸易港多元化商事纠纷解决机制立法，首先要在主体上以人民群众为中心，特别是在市场主体对商事纠纷解决机制立法的期待上，要了解国内外市场主体对解决商事纠纷的需求。其次，在程序方面应当确保市场主体能够广泛且便利地参与到商事纠纷解决机制立法过程之中。最后，在立法内容方面，必须确保海南自由贸易港多元化商事纠纷解决机制立法的内容能够充分且真实地反映与回应各行业、各领域中商事主体的普遍性解纷需求。

三、依法立法

在海南自由贸易港多元化商事纠纷解决机制立法的过程中，还应当以依法立法理念为指引。依法立法是党在推进全面依法治国工作，以及完善中国特色社会主义法律体系过程中的经验总结。自党的十七大宣布中国特色社会主义法律体系基本形成以来，中国共产党就如何完善中国特色社会主义法律体系提出了“科学立法”与“民主立法”的要求。直至党的十九大，习近平总书记在报告中提出了“依法立法”这一与“科学立法”“民主立法”并列的立法理念，并将其作为中国立法工作的指导方针。实际上，依法立法的理念在党的十九大以前就已在我国的法律中有所体现。2000 年的《立法法》规定立法活动应当遵循宪法的基本原则，依照法定的权限和程序，以及“宪法具有最高的法律效力，一切法律、行政法规、地方性法规、自治条例和单行条例、规章都不得同宪法相抵触”，但这一理念并未得到很好地贯彻实施。“一切有权力的人都容易滥用权力，这是一条万古不易的经验”，过去我们国家在推进依法治国的过程中忽视了立法权也存在被滥用的可能，在实践中，“保证宪法实施的监督机制和具体制度还不健全，有法不依、执法不严、违法不究现象在一些地方和部门依然存在”〔24〕。对此，党的十八届三中全会提出，要进一步健全宪法实施监督机制和程序，把宪法实施提高到一个新的水平。而后，党的十八届四中全会通过的中共中央《关于全面推进依法治国若干重大问题的决定》提出了“完善以宪法为核心的中国特色社会主义法律体系，加强宪法实施”这一重大任务，进一步对宪法实施和监督提出了基本要求和具体措施。立法作为全面推进依法治国、完善中国特色社会主义法律体系、构建中国特色社会主义法治体系的首要环节，当然也需要依据宪法进行。随后，党的十九大报告明确提出深化依法治国实践，应当“加强宪法实施和监督，推进合宪性审查工作，维护宪法权威”，并提出了“依法立法”这一新的立法方针。

依法立法的关键在于依宪立法。所谓依法立法，就是要从国家整体利益出发，按照法定权限和程序，维护社会主义法制的统一和威严，符合宪法的基本原则。〔25〕我国立法工作目前存在的不足，突出表现为保证宪法实施的监督机制和具体制度不健全。“依法治国，首先是依宪治国”，宪法作为国家的根本大法，是中国共产党治国理政的总章程，在贯彻实施依法立法理念时强调依宪立法是依法治国的应有之义。中国特色社会主义法律体系随着我国法治建设工作的不断推进已经形成，完善以宪法为核心的中国特色社会主义法律体系是现阶段立法工作的重点。以宪法为核心就意味着一切法律、行政

---

〔24〕《习近平在首都各界纪念现行宪法公布施行30周年大会上的讲话》，载中国共产党新闻网，http://cpc.people.com.cn/xuexi/n/2015/0720/c397563-27331671.html。

〔25〕宋方青：《习近平法治思想中的立法原则》，载《东方法学》2021年第2期。

法规、地方性法规、自治条例和单行条例、规章都不得同宪法相抵触。而这包含了内、外两个层面的含义。在立法活动的内部层面,立法者要确保其所制定的法律之各条款皆不得违背宪法的条文及精神,行政法规、地方性法规、自治条例和单行条例、规章在公布之后应当及时报送有关机关备案;在立法活动的外部层面,国家应当推动合宪性审查,强化宪法的实施力度。

四、党领导立法

党领导立法是坚持党对全面依法治国的领导,实现党的领导与依法治国有机统一的重要方针。2018年《宪法》修正,其在第1条中明确规定了中国共产党的领导是中国特色社会主义最本质的特征。全面依法治国作为我国"四个全面"战略布局之一,在其推进过程中坚持中国共产党的领导,是中国特色社会主义的应有之义。2020年11月,中央全面依法治国工作会议正式提出了以"十一个坚持"为主要内容的习近平法治思想。习近平法治思想作为我国推进全面依法治国的指导思想,对今后我国推进全面依法治国要重点抓好的工作提出了11个方面的要求,其中的首要要求就是要坚持中国共产党对全面依法治国的领导。在全面依法治国这一场国家治理深刻变革之中坚持党的领导,则应当"把党的领导贯彻到全面依法治国全过程和各方面"。[26] 自党的十五大提出"依法治国"以来,其与"党的领导"之间一直都并非对立或割裂的关系,而是一种有机统一的关系。这也被确立为中国特色社会主义民主政治的基本原则,该基本原则为协调统筹二者关系提供了明确的立场与方向。但社会总是在不断的发展与变化之中,党的领导与依法治国必须通过一系列的统一正确

---

〔26〕 习近平:《加强党对全面依法治国的领导》,载《求是》2019年第4期。

实施工作才能够确保两者处于有机统一的状态。对此，习近平总书记提出了坚持“党领导立法、保证执法、支持司法、带头守法”，强调通过人民代表大会将党的主张上升为国家意志和法律，通过政治、思想、组织领导以及党的各级政法委员会指导、协调、监督、检查执法部门严格执法，支持司法机关依法独立行使司法权，并由各级党组织、领导干部、党员严格遵守法律发挥模范作用。[27] 因此，党领导立法是实现党的领导与依法治国有机统一的重要方针之一，在海南自由贸易港多元化商事纠纷解决机制立法进程中，该理念同样应得到遵循。

五、解放思想、大胆创新

“解放思想、大胆创新”是中共中央、国务院《关于支持海南全面深化改革开放的指导意见》以及《海南自由贸易港建设总体方案》所提出的指导思想。这两个文件作为中央支持海南建设自由贸易港而作出的重要部署，海南自由贸易港商事纠纷解决机制立法若要彰显本土特色，自然应当遵循其中的指导思想。

解放思想以破除体制机制弊端、不断解放和发展社会生产力为目标，是海南全面深化改革开放的本质要求。纵观 40 多年来我国改革开放历程，不难发现，改革开放的过程就是思想解放的过程。40 多年来改革开放取得与实现的诸多成就与突破，其根源就是思想的解放。只有打破常规、创新突破，社会生产力才能得到进一步解放和发展，社会活力才能得到解放和增强，改革开放才能不断向前推进。

实际上，解放思想是一种开拓进取的精神状态，即从两极对立的思维方式、唯上唯书的钻研方式、刻板僵化的话语方式、无所作为的

---

〔27〕 陈柏峰：《习近平法治思想中的“党的领导”理论》，载《法商研究》2021 年第 3 期。

精神状态中解放出来。但这并不是脱离国情的异想天开,而是要在实事求是的基础上,对不符合实际的思想、观念进行主动变革,使现存的思想、观念与实际相符合,使主观和客观相符合,[28]脱离客观实际的解放思想只能是唯心主义的主观臆造。[29]

大胆创新是中央赋予海南更大改革自主权的应有之义,要以制度创新为核心,将制度集成创新摆在建设自由贸易港的突出位置。海南要先行先试,大胆探索,在各方面体制机制改革中形成可复制、可推广的经验,带动全国改革的步伐,作为全面深化改革开放的试验平台。之所以强调体制机制改革的价值,是因为制度变革已经成为新时期经济追求高质量发展的大背景下全面深化改革的主要内容,而推动经济高质量发展的根本动力则是制度动力。[30] 制度集成创新是一种改革方法论的创新。这种创新理念不仅追求单项制度的突破,还要把握各项制度之间的内在联系和辩证关系,统筹协调和推动各领域、各子项、各事项之间的制度创新。因而,与制度创新相比,制度集成创新具有系统性、整体性、协同性的特征。[31] 具体而言,海南自由贸易港建设中的制度集成创新需要吸取诸多改革开放以来的制度创新经验和教训,以问题、需求、结果、质效为工作导向,聚焦最突出、最重要、最紧迫的群众、社会和市场主体需要,配合顶层设计、总体规划、协同完成总目标,平衡把握群众、社会和市场主体需求导向和顶层设计导向之间的关系,整合优势资源要素,突破体制机制障

〔28〕 夏东民:《解放思想是推进改革开放和促进科学发展必须坚持的思想路线》,载《毛泽东邓小平理论研究》2008 年第 1 期。

〔29〕 倪素香、邓婕林:《论改革开放精神的核心要义》,载《学习与实践》2020 年第 8 期。

〔30〕 谢红星:《法治化营商环境的证成、评价与进路——从理论逻辑到制度展开》,载《学习与实践》2019 年第 11 期。

〔31〕 刘允明:《制度集成创新:内涵、特征及动力来源》,载《海南日报》2020 年 6 月 25 日,第 A05 版。

碍，实施跨领域、跨行业、跨部门、跨地区的系统性、整体性、协同性、穿透性的制度创新。[32]

第三节　海南自由贸易港多元化商事纠纷解决机制立法的主要原则

所谓立法原则，是指“在一国立法活动中起指导作用的思想和具有基础或本源意义的稳定的法律原理和准则”。[33] 立法原则作为立法理念在立法实践活动中的具体表现，其与立法理念在内容上具有较高的一致性，都能够为立法者的立法活动提供行为指引。但这种内容上的一致性根源于社会的主流意识形态，而非概念之间的同质性。立法原则相较于立法理念更为具体，因而对于立法实践活动而言，其还能够产生推动与规范作用。[34] 若将立法理念视为立法者的思想纲领，立法原则则是立法者的行动指南，前者为立法活动指明了行动方向，后者则为立法者确立了行为准则。因此，不应将二者混为一谈。

立法原则与法律原则也有所区别。法律原则是法律的基础性真理或原理，为其他规则提供基础性或本源性的综合性规则或原理，是法律行为、法律程序、法律决定的决定性规则。法律原则与法律概念、法律规则共同组成了法律。立法原则与法律原则的适用领域有所不同，法律原则主要是为法律规则和法律概念提供基础或出发点，

〔32〕 董涛、郭强等：《制度集成创新的原理与应用——来自海南自由贸易港的建设实践》，载《管理世界》2021 年第 5 期。

〔33〕 朱力宇、叶传星主编：《立法学》，中国人民大学出版社 2015 年版，第 50 页。

〔34〕 高中、廖卓：《立法原则体系的反思与重构》，载《北京行政学院学报》2017 年第 5 期。

而立法原则主要是为立法者的立法活动提供基本准绳。但立法原则与法律原则同为“原则”,在性质上都属于一种基础性的综合性规则或原理,二者有时在立法领域也存在交叉情形。例如,法律面前人人平等这一法律原则,立法者在制定法律的过程中也同样需要遵循,但其内容可能会为某一立法原则所吸纳。

一、宪法至上原则

在海南自由贸易港多元化商事纠纷解决机制立法过程中贯彻宪法至上原则是依法立法理念的核心要求。对于依法立法理念,不能机械地将其理解为依据《立法法》开展立法活动,而应结合这一理念的提出背景进行解读。早在“依法立法”理念提出之前,我国《立法法》即已施行,无论是国家还是地方的立法活动,都有了可以遵照执行的依据。但立法实践中却暴露出了保证宪法实施的监督机制和具体制度不健全的问题。在此背景之下,党的十八届三中全会提出了通过进一步健全宪法实施监督机制和程序以强化宪法实施的要求。因此,结合“依法立法”理念的提出背景,海南自由贸易港多元化商事纠纷解决机制的立法过程应当贯彻宪法至上原则。

宪法至上原则包含了对立法内容以及立法程序两个方面的要求。2023 年修订的《立法法》第 98 条规定,“宪法具有最高的法律效力,一切法律、行政法规、地方性法规、自治条例和单行条例、规章都不得同宪法相抵触”。据此规定,海南自由贸易港多元化商事纠纷解决机制立法,应当确保其立法内容不与《宪法》内容相抵触。但宪法至上原则的内涵并不仅限于地方性法规在内容上的“不抵触”,还包含了在立法程序上对法律法规进行合宪性审查,而这也是在立法活动中强化宪法实施的必然要求。合宪性审查具有树立宪法权威、维护国家法制统一、保障公民基本权利、提升国家治理能力以及维护中央权威和国家核心利益的功能，因而是一种宪法实施的保障机制。[35]《立法法》建立的备案审查制度不仅是合法性审查与合规性审查的重要制度形式，还为合宪性审查提供了制度基础。[36] 因而，推进自由贸易港商事纠纷解决机制立法的合宪性审查工作，应当充分发挥备案审查制度的作用。

在海南自由贸易港多元化商事纠纷解决机制立法过程中贯彻宪法至上原则，充分发挥备案审查制度的作用，与自由贸易港大胆创新的建设理念并不相悖。为支持海南"大胆试、大胆闯、自主改"，中央赋予海南建设自由贸易港极大的改革自主权。但任何权力的行使都会有一定的边界，海南所获得的改革自主权亦然。实际上，海南改革自主权的限制早已于中共中央、国务院《关于支持海南全面深化改革开放的指导意见》及《海南自由贸易港建设总体方案》的指导思想中说明。[37] 具体到构建海南自由贸易港法律法规体系方面，无论是海南自由贸易港立法权、经济特区立法权还是地方立法权的行使，都不应突破宪法的限制。首先，海南建设的自由贸易港有别于其他国家或地区的海关特殊监管区域，即中国特色自由贸易港。因而海南未来构建起的海南自由贸易港法律法规体系，虽会对我国现行法律法

---

〔35〕 韩大元：《关于推进合宪性审查工作的几点思考》，载《法律科学（西北政法大学学报）》2018 年第 2 期。

〔36〕 李少文：《合宪性审查的法理基础、制度模式与中国路径》，载《比较法研究》2018 年第 2 期。

〔37〕 《海南自由贸易港建设总体方案》强调，海南建设自由贸易港，应全面贯彻党的十九大和十九届二中、三中、四中全会精神，以习近平新时代中国特色社会主义思想为指导，坚持党的全面领导，坚持稳中求进工作总基调等。其中，党的十九大报告强调要"加强宪法实施和监督，推进合宪性审查工作，维护宪法权威"；党的十九届二中全会强调"宪法的生命在于实施，宪法的权威也在于实施。维护宪法权威，就是维护党和人民共同意志的权威；捍卫宪法尊严，就是捍卫党和人民共同意志的尊严；保证宪法实施，就是保证人民根本利益的实现"。由此不难看出，推进宪法实施是当前我国全面依法治国的重点工作。

规有所变通,但其本质上仍属中国特色社会主义法律体系的组成部分,同样需要突出宪法的核心地位。其次,海南建设自由贸易港应以“解放思想、大胆创新”为指导思想,但“解放思想”与“大胆创新”的目标在于进一步解放和发展社会生产力,在制度创新的过程中以问题、需求、结果、质效为工作导向,并平衡把握群众需求与顶层设计导向之间的关系,而非一味地追求无限制的改革创新。《宪法》作为我国的根本法,一切国家机关都需要以宪法为根本的活动准则,履行维护宪法尊严、保证宪法实施的职责。最后,在中央立法权高度下放的情况下,更有必要坚持底线思维,在地方立法工作中加强宪法实施,以确保海南自由贸易港建设的方向正确。总体而言,海南建设自由贸易港进程中开展的包括商事纠纷解决机制立法在内的多项法律法规制定工作,均应遵循宪法至上的立法原则,破除权力的运行有所限制即是扼杀大胆创新的固化思维。

二、程序科学原则

海南自由贸易港多元化商事纠纷解决机制立法,应当加强地方立法权运行体制的完善,这是科学立法这一立法理念在具体立法工作中的直接体现。就我国当前法律背景而言,随着2015年《立法法》的修改,我国中央层面的立法权限划分体制、立法权载体体制以及立法权运行体制已日趋成熟。与中央立法体制相比,地方立法权的权限划分体制以及立法权载体体制同样较为成熟,但地方立法权的运行体制的完善却未能与权限划分体制、载体体制的完善保持一致步调。因此,根据科学立法的理念,当前地方立法体制的完善应当以立法权运行体制的完善为重点内容。

程序科学合理原则是海南完善地方立法权运行体制的首要遵循。地方立法权的运行体制可划分为地方性法规的起草、论证、协调、审议、表决、公布等环节。程序科学原则旨在强调在这些具体的环节中,地方立法权的运行均应当遵循明确具体、科学合理的程序。而这也包含了两个层面的含义:一方面,地方性法规的起草、论证、审议等环节均应当有明确具体的、科学合理的程序为地方立法权的运行提供指引;另一方面,这些立法程序均需以规范的形式确立,对地方立法权的运行予以规制。目前,有学者过度解读了科学立法中的"科学"之意涵,将民主立法、依法立法、党领导立法等诸多立法理念之目标与价值均纳入科学立法的范畴,这样的解读无疑架空了科学立法自身的独立价值。强调科学立法就是期望通过这种方式获得"良法",并在"良法"的基础上实现"善治"。但科学立法理念不应承担过多的超越其自身承载能力的美好的价值,原则上,各种政治价值与立法目的作为一种形式性的目的可以为实体目的所填充。〔38〕因此,对于良法的实质性评价标准不应被冠以"科学"之名内嵌于科学立法的要求之中,科学立法的标准应当更多地体现于程序性、形式性要素。〔39〕当然,这些程序性、形式性要素的选定并不能脱离具体的实质性评价标准、政治价值或立法目的。程序的"科学性"并不存在统一且固定的标准,其会因目的的不同而有所差异。对此,程序科学原则不应在没有特定评价标准进行限定的语境下为具体的立法活动提供明确的流程,而应当在诸多价值、目的、理念的填充下,形成最有利于实现这些价值、目的以及理念的手段。

三、合法性原则

合法性原则,即要求立法者在制定地方性法规时应当遵守现行

〔38〕 裴洪辉:《合规律性与合目的性:科学立法原则的法理基础》,载《政治与法律》2018年第10期。

〔39〕 高中、廖卓:《立法原则体系的反思与重构》,载《北京行政学院学报》2017年第5期。

法律法规的规定，这是依法立法理念对海南自由贸易港多元化商事纠纷解决机制立法提出的另一层面的要求。虽然依法立法理念提出于加强宪法实施的时代背景下，但强调对《宪法》威严的维护，突出《宪法》在中国特色社会主义法律体系中的核心地位并不是依法立法理念的全部内容。或者说，《宪法》是所依之“法”中的关键，但并不是唯一要素。根据对“法”之含义或渊源的诠释，依法立法理念在具体立法实践中还能够体现为除宪法至上原则以外的其他内容。而我国“法”之渊源又可划分为正式渊源与非正式渊源，法的正式渊源包括宪法、法律、行政法规、地方性法规等以制定法为表现形式的规范性文件，法的非正式法源则主要是指习惯、政策以及判例。因此，根据依法立法的立法理念，在海南自由贸易港多元化商事纠纷解决机制的立法过程中，立法者还应当遵循除宪法之外的其他法的渊源。有学者提出，依法立法中所依之“法”是一个开放的概念，不应仅限于实证意义的法律体系，鉴于党的政策与国家法律之间的一致性，还应将党的意志、方针、政策等内容涵盖其中。〔40〕对此，笔者持不同意见。虽然法律与政策都建立在相同的经济基础、指导思想、基本精神以及历史使命之上，二者在整体上是协调统一的，但究其形态而言，政策与法律仍然是社会上层建筑中两种不同的现象，其表现形式、实施方式、调整社会关系的范围不尽相同，各有其特殊属性及作用。在我国，党的领导与依法治国在逻辑上是一种有机统一的关系，而非简单的包含与被包含关系。尽管法律的制定与实施都离不开政策的指导，但以引入法的非正式渊源，并借由依法立法理念的方式来强调党在立法活动中的领导地位，既不符合党的领导与依法治国之间的逻辑关系，又容易模糊党的政策与国家法律之间的区别，弱化党领导立

---

〔40〕　孙波：《论依法立法原则的实现》，载《社会科学战线》2018年第12期。

法作为一种立法理念的独立价值及其必要性。因此,根据依法立法的立法理念,海南自由贸易港多元化商事纠纷解决机制立法过程中所应遵循的合法性原则中的"法",应限于现行的法律法规。

依据合法性原则,海南自由贸易港多元化商事纠纷解决机制立法的程序应符合现行法律法规的规定。在海南自由贸易港多元化商事纠纷解决机制立法的过程中,有关立法草案的起草、提出、审议及公布等环节,均应当遵守有关法律法规的规定。之所以要强调立法程序的合法性,是为了以制度化、正当化程序来限制立法者的非正当化立法行为,确保立法活动自身的合法性,[41]通过合理、合法的立法程序,赋予地方性法规以"良法"的外观。我国现行《立法法》仅对全国人大及其常委会立法程序作出了明确规定,对于地方性法规案、自治条例和单行条例案的制定程序则是赋予了地方人大及其常委会较大的自主权。遗憾的是,海南目前并未制定专门的地方立法条例,这既意味着地方立法者在制定地方性法规时无法得到较为明确的行为指引,同时又意味着缺少对地方立法权的规范。[42] 而这无疑会为海南自由贸易港多元化商事纠纷解决机制立法对依法立法理念及合法性原则的贯彻落实造成较大的阻碍。对此,海南自由贸易港应当抓紧推进地方立法条例的制定工作,通过自由贸易港地方立法条例为地方性法规的制定程序提供明确的依据,规范地方立法活动。

依据合法性原则,海南自由贸易港多元化商事纠纷解决机制立法还应与上位法保持协调一致。一方面,语言表达需要与上位法保持协调一致。法律法规对社会主体所能产生的引导与规范作用是建立在社会主体对法律法规的理解之上的,地方性法规的语言表达上

〔41〕 冯玉军、王柏荣:《科学立法的科学性标准探析》,载《中国人民大学学报》2014年第1期。

〔42〕 截至2021年8月,我国已有25个省、自治区及直辖市制定了地方立法条例。

若未能与上位法保持协调一致，必然会为人们对其文本的解读造成困扰，进而影响地方性法规的功能发挥。因此，海南自由贸易港多元化商事纠纷解决机制立法的措辞以及表述逻辑需要与我国法律体系保持协调一致。另一方面，海南自由贸易港多元化商事纠纷解决机制立法的具体内容不得与法律、行政法规相抵触。然而，海南需要建立起适应自由贸易港建设的法律法规体系，未来将会出现部分海南自由贸易港法规的某些内容与我国法律法规体系存在出入甚至冲突的情形，有关商事纠纷解决机制的法规的内容也有可能会与我国法律法规存在出入。此时，对于合法性原则的理解与适用需要根据不同的情形进行区分。在海南未取得全国人大或全国人大常委会关于诉讼、仲裁等纠纷解决机制的立法授权的情况下，海南自由贸易港多元化商事纠纷解决机制立法的内容必须与《民事诉讼法》《仲裁法》等法律的内容相一致，不得与之相抵触。在海南取得有关立法授权的情况下，则应当确保自由贸易港商事纠纷解决机制法规根据授权对有关法律作出变通规定的内容不超出立法授权的范围，以及不与《海南自由贸易港法》相抵触。要确保海南自由贸易港多元化商事纠纷解决机制立法与上位法保持协调一致，则应当加强对地方性法规的备案审查工作，[43]海南省人大常委会办公厅应当严格依照《法规、司法解释备案审查工作办法》的规定将法规报送全国人大常委会进行备案。

四、公众参与原则

依据民主立法理念，海南自由贸易港多元化商事纠纷解决机制立法应贯彻公众参与原则，坚持人民的主体地位，完善社会公众广泛

---

〔43〕 陈俊：《依法立法的理念与制度设计》，载《政治与法律》2018 年第 12 期。

参与并充分表达意见的地方立法工作体制。民主立法理念包含了主体、程序、内容这三个方面。在主体方面强调立法主体民主化,就是要由人民行使国家立法权。由于我国立法权的行使主体是由民主选举产生的中央及地方各级人民代表大会及其常务委员会,有关立法主体民主化的问题实际已为我国的国家政权组织形式所吸纳。因而,地方立法活动对于民主立法理念的践行问题,关键在于如何实现程序的民主化以及内容的民主化,即如何让人民群众广泛参与到立法程序之中,以及如何使立法内容充分反映人民群众的意志。而公众参与原则可为海南自由贸易港多元化商事纠纷解决机制立法程序即内容民主化提供实现路径。公众参与原则可以分为公众的形式参与以及实质参与两个维度。所谓公众的形式参与,即通过多种途径与机制让人民群众进入地方立法程序的诸多环节之中。而公众的实质参与则是让人民群众在进入立法程序之后能够充分地表达他们的意见,并由立法者甄别、反馈与吸纳。公众的形式参与和实质参与相辅相成、密不可分,社会公众若无法在立法程序中充分的表达意见、立法者在立法活动中不对这些意见加以考量,即便社会公众能够进入到立法程序之中,这样的参与也只能流于表面,民主立法的理念也将面临被虚置的风险。但倘若缺少让人民群众进入地方立法程序的具体途径,则人民群众的意志与意愿将会面临求告无门的尴尬境地。因此,海南自由贸易港商事纠纷解决机制立法过程中应当贯彻公众参与原则,让社会公众能够通过多种途径进入立法程序并充分表达意见,同时立法者也应当对社会公众的意见进行回应。

完善海南自由贸易港地方立法公众参与机制,应当在地方立法项目立项、起草、审议、公布等诸多环节拓宽公众参与的途径,并对公众意见进行整理与反馈,提升社会公众参与地方立法的广度与深度。首先,在地方性法规的立项阶段,海南省人大常委会的法制工作机构应当向全省各国家机关、企事业单位、社会团体和其他组织及公民公开征集立法项目或立法建议。海南省人大常委会的法制工作机构应当在立法项目或立法建议征集工作的基础上，开展收集、调研和论证工作，并将通过前述工作整理所得的立法项目或立法建议数量、主要内容、公众关心的热点问题和难点问题等基本情况向社会公众公布，并及时印发立法工作计划。其次，有权起草法规草案的法规案提案人应当向全省公布海南自由贸易港商事纠纷解决机制立法草案起草工作的启动，允许其他主体向法规案提案人提出法规草案的建议稿，并提供相应的法规草案建议稿征集渠道及有关规范。起草过程中，提案人应当通过论证会、听证会、协商会等形式针对海南自由贸易港多元化商事纠纷解决机制相关问题进行调查研究。在完成法规文本起草工作之后，应当及时向社会公开法规案的草稿，并将征集所得的建议稿以及调查研究工作的基本情况一并公开，一同形成对社会公众意见的反馈。再次，海南省人大及其常委会在审议自由贸易港商事纠纷解决机制立法草案时，应当通过座谈会、论证会、听证会等多种形式听取包括专家、各部门、人民团体、基层和群体代表等在内的多方面的意见。最后，如无特殊情况，海南省人大常委会应当在法规案通过审议之后，向社会公布法规草案及其起草、修改的说明情况，征求意见，并将征求意见的情况向社会通报。

五、党领导立法原则

坚持党领导立法既是在立法工作中实现党的领导与全面依法治国有机统一的重要立法理念，又是一项能够为中央及地方立法工作提供具体指引的立法原则。中国共产党的领导作为中国特色社会主义最本质的特征，覆盖了我国全面依法治国工作的各个方面，贯穿于立法、执法、司法、守法等工作中的各个层级。因此，坚持党的领导在实施全面依法治国的各项工作中的各个环节均有其相应的要求与内涵。在海南自由贸易港商事纠纷解决机制立法过程中，立法者不仅要在理念上正确认识党的领导与依法治国之间的关系，还需在具体的立法工作机制中将党的领导的要求与内涵细化，使“党领导立法”能够为立法者提供具体的指引。

党领导立法原则是指通过我国的人民代表大会制度，使党的主张通过立法程序成为法律的组成部分，保证党的路线、方针及政策能够得到贯彻与执行。对此，2016 年印发的中共中央《关于加强党领导立法工作的意见》对立法工作方针的确定、立法建议的提出、重大项目及重大问题的请示报告等方面的内容提出了明确的要求。[44]海南自由贸易港多元化商事纠纷解决机制立法过程中，相关立法规划应当由海南省人大常委会党组报送同级党委审查批准。针对立法过程中出现的对上位法进行变通性规定、涉及重大政策内容调整等重大问题，同样需由海南省人大常委会党组报送海南省委审查，经海南省委批准后才能进入正式的立法议程。

六、集成创新原则

在海南自由贸易港多元化商事纠纷解决机制立法的过程中，贯彻“解放思想、大胆创新”立法理念的关键在于立足海南自由贸易港建设的实践，以市场需求为基础，以体制机制问题为导向，以集成创新为手段。解放思想的目标是在坚持实事求是的基础上对不符合实际的思想和观念进行变革，破除体制机制障碍，解放生产力。大胆创新则更加强调创新举措的系统性、整体性和协同性，以市场活动中暴露出的问题、市场主体的实际需求为导向，平衡把握市场需求导向和

〔44〕 陈柏峰：《习近平法治思想中的“党的领导”理论》，载《法商研究》2021 年第 3 期。

顶层设计导向之间的关系。立足于海南自由贸易港建设的实践,需要在准确把握顶层设计的前提下,对自由贸易港建设进展进行评估与规划。以市场需求为基础,则需对市场主体对于营商环境的需求进行考察。以体制机制问题为导向,应当将体制机制创新作为海南全面深化改革开放和自由贸易港建设的重点,着力破除与顶层设计及市场需求不相符合的体制机制弊端。以集成创新为手段,则应当系统推进各领域、各层次的体制机制改革工作,增强法律与法律、政策与政策以及政策与法律之间的集成和协同效应。[45] 对此,中共海南省委《关于贯彻落实〈海南自由贸易港建设总体方案〉的决定》以及《海南自由贸易港制度集成创新行动方案(2020—2022 年)》以针对自由贸易港如何实现制度集成创新提出了多方面的制度创新方向及重点改革任务,自由贸易港商事纠纷解决机制立法工作应以此为遵循。

一方面,自由贸易港商事纠纷解决机制立法应以《海南自由贸易港法》为核心,与国家法律体系相配套,与国际惯例相接轨,并与自由贸易港法律法规体系相适应。海南自由贸易港多元化商事纠纷解决机制立法,不仅要确保立法程序以及立法内容不与《海南自由贸易港法》的相关规定相抵触,还应当紧密围绕《海南自由贸易港法》提出的诸项目标与原则。同时,引进国际先进的商事纠纷解决理念,在程序设计上进一步提升纠纷解决效率,以在纠纷解决环节提高贸易活动的自由化、便利化程度,消除各类生产要素跨境流动的阻碍。

另一方面,自由贸易港商事纠纷解决机制立法应以世界银行营商环境评价指标体系为基础,实际考察商事主体的纠纷解决需求。《海南自由贸易港优化营商环境条例》第 33 条规定,立法者制定与市

---

〔45〕 沈晓明:《解放思想敢闯敢试大胆创新 蹄疾步稳推进海南自由贸易港建设》,载《学习时报》2021 年 1 月 27 日,第 1 版。

场主体生产经营活动密切相关法规,应当坚持市场主体需求导向。世界银行制定的营商环境评价指标体系中涉及商事纠纷化解的量化指标虽可为立法者借鉴,但该评价指标体系与法律法规一样,具有天然的滞后性。在自由贸易港商事纠纷解决机制立法过程中,立法者除以相关量化指标为参照之外,还应充分了解相关市场主体、行业协会以及商会对于现行自由贸易港商事纠纷解决体制机制提出的意见。立法时,应当立足于自由贸易港建设的实际情况,把握市场主体的实际需求,而非机械适用前述评价指标体系。

此外,海南自由贸易港多元化商事纠纷解决机制立法应充分利用《立法法》及《海南自由贸易港法》赋予海南省人大及其常委会的自由贸易港立法权、经济特区立法权及地方立法权,打造法治化、国际化、便利化的营商环境。

第四节　海南自由贸易港多元化商事纠纷解决机制立法的体例

立法一般是指"享有立法权的国家机关,在自己的职权范围内,依据法定程序,运用立法技术,制定、认可和变动法律规范的活动"。这是将"立法"作为动词使用时的解释。当"立法"一词作为名词进行使用时,则是指立法活动所产生的结果。[46] 随着中国特色社会主义法律体系的形成以及"法典化"浪潮的到来,环境保护、个人信息保护、公益诉讼等各部门法、各领域的学者开始结合自己的学科特点,针对名词意义上的"立法"开展研究。但立法学在我国各法学分支学

---

[46] 杨临宏:《立法学:原理、制度与技术》,中国社会科学出版社 2016 年版,第 8 页。

科中诞生较晚,同时我国立法学学者的关注点多集中于动态的立法活动,[47]而非名词意义上的“立法”——立法活动所产生的结果,导致有关基础概念在理论研究中未能形成统一的表述。因此,有必要在探讨海南自由贸易港多元化商事纠纷解决机制立法的形式之前,对有关表述进行区分。

一、立法模式与立法体例

被学者们用以描述某一领域立法结果的概念主要有“立法模式”“立法体例”。孙洪坤教授(2017 年)提出,从世界各国立法实践来看,环境公益诉讼的立法模式可分为由多部部门法中的某些条款规定、未针对环境公益诉讼专门立法的附属型立法,以及将环境公益诉讼作为一种特别诉讼进行立法的专门立法型;马忠法教授(2019 年)提出,世界各国商业秘密保护的立法模式可分为商业秘密的保护散见于各部法律之中的“非单独立法模式”与针对商业秘密进行单独立法的“单独立法模式”;柴荣教授(2016 年)认为,立法模式就相当于立法体例设计,世界各主要国家的文物保护立法可以划分为从单个文物要素或具体保护措施的角度出发专门立法的分别立法模式,由基本法与单行法相结合的综合立法模式,以及将文物保护事务法典化的统一立法模式;王娣教授(2014 年)认为,各国的强制执行法大致可以分为将强制执行法与其他相关法律混合在同一部法律文件之中的混合立法模式,以及单独制定强制执行法典的单独立法模式;王树义教授(2014 年)认为,立法模式实际上包含了立法体制和法体形

---

[47] 我国公开出版的立法学教材也多从动词意义上对“立法”进行介绍,将“立法”作为一个动态的过程,以此类活动过程的基本原理——立法基本原理、此类活动所要遵循制度安排——立法制度,以及此类活动能够使用的技术手段——立法技术作为立法学的基本框架。

式两个层次的内容,而所谓法体形式是指在立法体系内对某一领域法律的表述方式的选择,法国的法体形式与其他国家相比呈现出“在宪法规范层面形成宪法规范群”以及“实现高度法典化”这两大特征。

在上述表述中,使用“立法体例”描述立法活动之结果的多种样态更为妥当。“模式”一般指可以作为范本、模本的式样,可以在不同的学科中适用。从汉语的表述习惯来看,那些从过去的立法活动中提炼出的,能够为当下立法活动遵循的固定程式称为“立法模式”。在学界未达成共识的情况下,这样的使用方法似乎并无错误。但若将“立法模式”与立法活动之结果的多种样态视为同一关系,显然是一种将立法模式静态化的定义,与“模式”一词在汉语表述中所具有的极强包容性相抵牾。在立法学中,立法模式应当是一个外延十分广泛的基础概念,是一个国家创制法律的惯常套路、基本体制和运作程式等要素构成的有机整体,是一个国家在一定历史期内具有相对稳定性的创制法律的惯常风格。[48] 因此,立法模式与立法结果的多种样态之间应是包含关系,在未增加限定语来缩小立法模式外延范围的情况下,采用“立法模式”来描述立法活动的结果显然不合理。而“体例”一般指“纲领制度和内容细则”,或“编写作品的基本规定和格式”,具有较强的内部指向性。相应地,“立法体例”同样应用以描述立法活动的结果的内部结构。在把某一领域的立法活动的结果视为一个整体的情况下,立法体例也就包含了法典、单行法以及其他法规中的具体条文。在这样的情况下,将“立法体例”用以描述立法活动结果的样态是合适的。另外,“体例”一词本就不包含某一类动

---

〔48〕 江国华:《立法模式及其类型化研究》,载百度文库 2007 年 3 月 16 日,https://wenku.baidu.com/view/e1032c4588eb172ded630b1c59eef8c75fbf95fd.html。

态活动过程中的信息,“立法体例”[49]也自然只能用于形容静态化的立法结果。[50]

二、立法体例分类

根据《立法法》第 82 条的规定,省、自治区、直辖市的人大及其常委会可针对为执行法律、行政法规的规定,需要根据本行政区域的实际情况作具体规定的事项和属于地方性事务的事项,以及除中央事权外国家尚未制定法律或行政法规的事项制定地方性法规。在严格意义上,地方性法规应当是针对某一问题或事项而制定的法律规范,这些问题或事项往往较为明确,且有关规定不得与上位法产生冲突,所以地方立法活动一般不会面临如何统筹规划法律体系的难题。当前,我国研究立法体例的学者大多从全国人大及其常委会制定的法律以及国务院制定的行政法规的角度,研究某一领域的立法结果应当采用什么样的形式,鲜有学者探讨地方性法规的立法体例问题。与一般的地方立法活动不同的是,在自由贸易港建设背景下,海南省人大及其常委会获得了更高权限的地方立法权。而授予海南省人大及其常委会如此特殊的立法权的目的在于建立自由贸易港所特有的法律法规体系。若将海南自由贸易港法律法规体系视为中国特色社会主义法律体系中的特殊组成部分,则需要充分考虑自由贸易港法规体系的建构问题,以及不同的自由贸易港法规之间应当如何协调与衔接。因为法律以什么样的形式呈现在公众面前,会对法律在社

[49] 基于此,以下文中将采用“立法体例”的表述。

[50] 但在使用该表述时需要注意的是,当把某一具体部门法作限定语时,例如民事诉讼法立法体例,“立法体例”则是指该部门法中由若干要素组成的整体结构。因此,在使用“立法体例”时应加以区分。

会中被认可的程度和实施效果产生决定性的影响。[51] 因此,在海南自由贸易港多元化商事纠纷解决机制立法过程中,应当充分考虑立法体例的选择问题。

(一)集中型立法体例

所谓集中型立法体例,就是借鉴法典化的形式,制定一部吸纳所有商事纠纷解决机制,并对这些机制之间的关系进行整体性规定的法律法规,是一种高度整合化、“一站式”的立法体例。集中型立法体例的特点在于能够尽可能地覆盖某一问题或事项的全部要素,并尝试将多方面的要素进行系统地、综合地、有机地整合。[52] 但集中型立法体例是一种对法律法规内容已较为成熟的法律体系进行整合、改造的结果,是对特定领域法制发展更高阶段的追求,这也就意味着其对现行的法律基础以及立法技术提出了更高的要求。立法者需要在多种法律关系之中总结出能够包容各子领域的逻辑基础,并以某些统一的特征作为集中型立法体例的调整对象,[53] 否则该立法体例将仅是对现行法律法规的简单汇编,仅有立法者宣示立场的价值,而无推进法治建设的生命力。

(二)分立型立法体例

分立型立法体例是指针对特定领域中的某一问题或某一事项,例如商事纠纷解决机制中的诉讼、仲裁与调解,制定多部专门的法律法规。这是我国国家立法层面最常使用的立法体例。这种类型的立

---

〔51〕 王树义、周迪:《论法国环境立法模式的新发展——以法国〈综合环境政策与协商法〉的制定为例》,载《法制与社会发展》2015 年第 2 期。

〔52〕 秦齐、崔宏岩:《论德国法典化运动与中国民法体系构建——以萨维尼法典化思想为对照》,载《吉林师范大学学报(人文社会科学版)》2013 年第 5 期。

〔53〕 邓海峰、俞黎芳:《环境法法典化的内在逻辑基础》,载《中国人民大学学报》2019 年第 2 期。

法体例能够根据某些领域中的局部问题或细分领域的特点，作出更具有针对性的规定。其因以特定问题或事项为导向而在实践中具有较强的实践性与系统性，更有利于提炼出某一细分领域的价值理念与基本原则。在该立法体例下，多部法律法规之间的体系化程度会受立法规划与立法计划之合理性的影响。此外，由于有时多部专门法律法规的制定工作并非同步推进，多部专门法律法规的草案大多也不是出自同一编纂主体，可能会出现对于某一问题有多部法律法规重复规定，或是多部法律法规内容冲突的情形，徒增立法成本，为法律实施带来困难。

（三）分散型立法体例

分散型立法是指在某一领域中既无尝试整合全部要素的“法典化”的法律法规，又无针对某一事项制定的专门法律法规，而是由其他领域的法律法规中的章节、条款加以规定。这类立法体例大多出现于尚未得到国家足够重视的领域之中，一般缺少立法规划或立法计划的统筹协调，同时也存在立法时机不一致、草案编撰主体不统一的问题。这导致分散型立法体例的体系化程度低，在各个层面均缺少统领性的价值理念与基本原则，进而使法律法规重复规定、冲突规定的情形更为多见，进一步增加法律实施的难度。

（四）综合性立法体例

综合性立法体例是指在特定领域中制定一部整合较多元素的法律法规扮演“基本法”的角色，同时针对那些重要事项或新兴事项制定专门法律法规，或是由其他领域法律中的特定条款作为补充。这种立法体例是集中型立法体例与分立型立法体例、分散型立法体例的结合，能够通过“基本法”的形式确定特定领域中的价值理念与基本原则，并经由其他的专门法律法规或特定条款增强整体的可操作性，进而扩大立法的辐射范围。同时，在集中型立法结果的统领下，各专门法律法规与特定法律条款之间内容冲突的情形会更少，体系化程度也会更高。

三、海南自由贸易港多元化商事纠纷解决机制立法体例选择

不同的立法体例会对立法活动结果的被认可度以及实施效果产生直接影响，因此在选择立法体例时应当结合立法实践情况，综合考虑立法体例整体的体系化程度、法律法规实施效果以及立法成本。

海南自由贸易港多元化商事纠纷解决机制立法应以《海南省多元化解纠纷条例》为基础。为了完善多元化解纠纷机制，加强社会治理创新，进一步提升海南省化解纠纷工作水平，为人民群众提供高效便捷的化解纠纷渠道，海南省人大常委会于 2020 年 6 月审议通过了《海南省多元化解纠纷条例》（以下简称《解纷条例》）。与 2020 年以前其他省、市发布的纠纷解决条例相比，《解纷条例》有所创新。在多元化纠纷解决机制构建方面，《解纷条例》明确了“和解、调解优先，多方衔接联动”的多元化纠纷解决原则，明确人民法院应当作为多元化解纷工作的引领者、推动者和保障者。在商事纠纷化解方面，《解纷条例》明确了民办非企业单位可以依法成立商事调解组织，涉及投资、贸易、金融等商事纠纷可以向商事调解组织提出调解申请，进一步拓宽了商事调解组织的设立主体范围，以及明确了国际商事调解机构的设立主体、案件受理范围、调解适用规则等。整体而言，《解纷条例》为海南自由贸易港营造法治化营商环境奠定了法律基础。因此，无论是从降低立法成本的角度出发，还是从减少法律修改频率以维护法律安定性、权威性的立场来看，海南自由贸易港多元化商事纠纷解决机制立法都应当以《解纷条例》为基础。

《解纷条例》的发布与实施虽然在一定程度上有利于发挥法治对于自由贸易港商事纠纷化解的规范、引领和保障作用，但也需要意识

到现行的《解纷条例》仍存有一定的局限性，仅依靠《解纷条例》仍不足以在商事纠纷解决领域建立内容完备、架构合理的海南自由贸易港法规体系。一方面，从立法时机来看，《解纷条例》制定于《海南自由贸易港法》实施之前。彼时，海南省人大及其常委会虽享有经济特区立法权，但或许是因该立法权被较长时间搁置而被忽视，抑或是因对《立法法》与《第七届全国人民代表大会第一次会议关于建立海南经济特区的决议》的解读产生分歧而有所疑虑，《解纷条例》并没有在商事纠纷解决领域对我国现行法律作出变通规定。例如，在我国已签署但未批准《新加坡调解公约》的情况下，《解纷条例》并没有尝试变通我国法律的规定以实现与国际接轨。另一方面，《解纷条例》侧重于对国家机关的行为提供导向，在效力上缺少法律的强制性和可司法性，具有较明显的"软法"特性。在强调开放协商、多元参与的领域，软法相较于传统的"压制性"国家法而言，因不辅以义务和责任的行为导向模式而具有更强的适应性。[54] 但软法最大的缺陷同样来自于它独特的行为导向模式。由于软法是通过明确指导思想、目标、原则等方式来引导行为主体的，难免会陷入宣示性说明的尴尬境地。[55] 因此，目前，海南自由贸易港多元化商事纠纷解决机制立法虽已有集中型立法体例的立法结果，但仍有待完善。

海南自由贸易港多元化商事纠纷解决机制立法，不应采用分立型立法体例或分散型立法体例。目前，海南省人大及其常委会已经制定了《解纷条例》，可以说，海南自由贸易港多元化商事纠纷解决机制立法已经具备了集中型立法体例的雏形。《解纷条例》明确了多元化

---

〔54〕 王树义、周迪：《论法国环境立法模式的新发展——以法国〈综合环境政策与协商法〉的制定为例》，载《法制与社会发展》2015 年第 2 期。

〔55〕 赵小姣：《我国生态环境损害赔偿立法：模式与难点》，载《东北大学学报（社会科学版）》2020 年第 5 期。

解的指导思想、原则以及各部门的职责分工，在内容上已吸纳了大部分有关商事纠纷解决机制的要素。若将《解纷条例》中涉及商事纠纷解决机制的内容删去，采用分立型立法体例或分散型立法体例另行规定，不仅会破坏《解纷条例》的内部结构，还会不合理地增加立法成本，显然不妥。因此，海南自由贸易港多元化商事纠纷解决机制立法的体例应在集中型立法体例与综合型立法体例之间进行选择。

海南自由贸易港多元化商事纠纷解决机制立法应当采用综合性立法体例，以《解纷条例》为“基本法”，并以此为依托制定其他自由贸易港商事纠纷解决专门法规。首先，海南当前并不具备编纂一部系统的、综合的商事纠纷解决机制法规的基础条件。无论是注重内容完整、结构清晰、逻辑严密的狭义上的集中型立法体例，还是仅强调汇编、整合而不注重结构体系内在逻辑的广义上的集中型立法体例，〔56〕都需建立在已经较为成熟的法律法规体系之上。当前，我国虽已制定了以《民事诉讼法》《仲裁法》《人民调解法》等为代表的纠纷解决型法律，但无论是国家立法层面还是地方立法层面，均缺少有关临时仲裁、商事调解这两种国际“流行”纠纷解决机制的专门法律法规。从《海南自由贸易港建设总体方案》设定的诸项目标来看，海南自由贸易港未来有较大可能需要以立法的方式确立临时仲裁制度以及商事调解制度。在未经实践与立法的共同探索之前，贸然在集中型立法体例中规定这些制度，显然不符合我国长久以来“摸着石头过河”的改革经验以及“立法现行”“试点先行”的法治建设经验。因此，从与国际接轨的目标来看，我国有关商事纠纷解决的法律法规体系仍存有较大立法空白，未来还是需要通过制定专门法规或专门条款的方式进行探索。其次，短期内不宜对《解纷条例》进行大范围的

〔56〕 王灿发、陈世寅：《中国环境法法典化的证成与构想》，载《中国人民大学学报》2019 年第 2 期。

修改。海南自由贸易港多元化商事纠纷解决机制立法若要采用集中型立法体例,必然需要对《解纷条例》进行修改。因为《解纷条例》的结构与内容与《海南自由贸易港建设总体方案》提出的对标国际高水平经贸规则的总体要求,以及借鉴国际经验、符合海南定位、突出改革创新等基本原则存在一定的差距。但《解纷条例》实施至今仅一年多的时间,若在近年内对该条例进行大范围修改,必然会对该条例乃至自由贸易港法规体系的权威性造成影响。最后,从提升海南自由贸易港多元化商事纠纷解决机制立法结果体系化程度的角度来看,集中型立法体例并非实现法律法规体系化的充要条件。之所以在许多领域中,学者主张可通过集中型立法体例解决立法实践中的立法碎片化、立法冲突、立法重复等问题,并不是因为分立型立法体例自身存在体系化程度低的缺陷,而是因为在这些立法局限已经出现的情况下,实施一部集中型法律并废止其他相关法律所要耗费的立法成本以及立法难度要低于对已有分立型法律进行大范围的修改。实际上,集中型立法体例、综合型立法体例与分立型立法体例的体系化程度取决于立法技术的发展程度以及立法规划的合理程度。在立法规划合理、立法技术成熟的前提下,综合型立法体例与分立型立法体例同样能够实现法律法规的体系化。因此,当前海南自由贸易港多元化商事纠纷解决机制立法应以《解纷条例》为基础,采用集中型立法体例与分立型立法体例相结合的形式,即综合型立法体例。在未来海南自由贸易港多元化商事纠纷解决法规体系发展成熟时,再推动综合型立法体例向集中型立法体例转换。

第四章　海南自由贸易港商事纠纷诉讼解决机制

《法治海南建设规划(2021—2025年)》提出,到2025年时,自由贸易港内营商环境达到国内一流水平,到2035年跻身世界前列。法治是最好的营商环境,想要达到上述既定的目标,离不开良好法治环境的构建。健全的多元化商事纠纷解决机制是法治环境的重要组成部分之一,其对于保障当事人合法权益、吸引资本前来自由贸易港进行商事交易具有不可或缺的作用。诉讼作为解决纠纷的一项重要手段,是纠纷解决机制中重要的一环,为众多当事人所选择。以2022年为例,2022年民事诉讼一审案件数量达到1580万件。[1] 可见选择诉讼作为解决商事争议的人数之多。可以预见的是,随着自由贸易港的深入建设,其开放程度和国际化程度将进一步提高,国际间的经济交往将会更为密切,产生的涉外商事案件数量也将会有所提升,因而海南需要健全的诉讼解决机制来满足不断增长的涉外商事案件数量,这也对刚建立不久的自由贸易港涉外民商事法庭以及现有的涉外民商事诉讼程序制度提出了新的挑战与要求。基于此背景之下,本章所讨论的自由贸易港多元化商事纠纷解决机制将聚焦于自由贸易港涉外商事法庭制度和涉外商事诉讼程序制度两个方面,以

〔1〕《2022年全国法院统计公报》,载最高人民法院公报网,http://gongbao.court.gov.cn/Details/20587eaef248beb61ed6596018865c.html。

期为自由贸易港建设发展提供相应的诉讼保障，助力自由贸易港良好营商环境的建设。

第一节　海南自由贸易港涉外民商事法庭建设现状

最高人民法院《关于为海南全面深化改革开放提供司法服务和保障的意见》第17条规定，建立国际商事纠纷案件集中审判机制。集中优势资源，依法审理涉及自由贸易试验区和自由贸易港建设的国际商事纠纷案件，提高案件审判能力和水平。自由贸易港涉外商事法庭有利于国际商事纠纷案件的集中审理，提高国际商事纠纷案件审判的效率，可以更好地维护当事人的合法权益，帮助自由贸易港营造良好的营商环境。因而，建立相关的自由贸易港涉外商事法庭可以为自由贸易港建设提供有力的司法保障。

一、海南自由贸易港涉外商事法庭的创设

2019年9月26日，海南第一、第二涉外民商事法庭揭牌成立，海南第一涉外民商事法庭设在海口市中级人民法院，海南第二涉外民商事法庭设在三亚市中级人民法院。海南涉外民商事法庭是经最高人民法院批准的，全国首个省级跨区域集中管辖涉外民商事案件并实施"立审执"一体化运行的专门法庭，管辖诉讼标的额50亿元以下的第一审涉外、涉我国港澳台地区民商事案件。第一涉外民商事法庭管辖海南北部的海口市等11个市县和洋浦经济开发区，第二涉外民商事法庭管辖海南南部市县。2019年10月10日，第一涉外民商事法庭公开开庭审理了爱尔兰某飞机租赁公司诉某航空公司租赁合

同纠纷一案,敲响了第一涉外民商事法庭揭牌后的“第一槌”。海南涉外民商事法庭独具涉外审判“四专门”特色,即专门审理涉外民商事案件,专门负责与境内外审判机构对接,专门与海南涉外办事机构、企业对接,专门的国际化审判团队。海南以国际化、智能化的高标准着力打造民商事法庭,为法庭配备互动可视化大屏,通过对大数据的分析,精确反馈实施状态,让数据可视化、立体化地向公众展示法庭审判进展和工作成果。海南在全国范围内建立起第一个涉外民商事纠纷在线多元化解(ODR)平台,该平台可以提供在线咨询、评估、调解、仲裁、诉讼等多项服务,并建立起独特的递进式、漏斗形矛盾纠纷过滤化解模式,达到“一站式”解决纠纷的目的与效果。该平台能够汇聚多方资源、形成规范的运行机制、打破数据壁垒,实现与法院审判系统、移动微法院、网上立案平台以及人民调解平台间的信息互通、数据共享。

二、域内外自由贸易区涉外商事法院(法庭)建设实践

当前,许多国家、地区都建立了相关的法院(法庭)审理涉外民商事案件。虽然这些机构的称呼、制度、管辖范围等方面不尽相同,但都发挥着相似的职能,均以解决国际民商事纠纷为目的。此处列举域内外自由贸易区涉外民商事法庭的建设情况,是为了与海南第一、第二涉外民商事法庭比较,通过检视其他法院(法庭)的建设情况并结合当前自由贸易港的现实情况,以期为自由贸易港商事纠纷诉讼解决机制建设提供可行性建议。

(一)域内自由贸易区涉外商事(法院)法庭建设实践

截至目前,我国共设立自由贸易试验区 21 个,均设立有涉外商事法庭来解决涉外商事纠纷,在此不过多阐述。仅以深圳、上海、重庆、天津这几个市的自由贸易区涉外商事法庭为例,说明当前我国自

由贸易区涉外商事法庭的建设情况。深圳前海合作区人民法院(以下简称前海法院)成立于2014年12月,其管辖范围除区内第一审民商事案件外,还包括发生在前海、蛇口自由贸易区范围内的一般知识产权案件,诉讼标的额在5000万元内的深圳市涉外、涉港澳台地区商事案件。在审判人员方面,前海法院实行港籍陪审员制度,截至2019年9月,前海法院共选任32名港籍陪审员,其中专家陪审员20名,涉及多个专业领域。在纠纷化解机制上,除普通诉讼机制解决纠纷外,前海法院还专门成立了多元纠纷解决中心,为跨境纠纷中的当事人指定我国港澳台地区调解员参与调解。这些调解员主要由律师、其他具有专业调解知识的人及内地(大陆)从事金融、国际贸易等的知名人士担任。截至2020年7月,前海法院在册的我国港澳台地区调解员和外籍调解员共有74名。前海法院受理的案件主要涉及借款合同纠纷、股权纠纷、新类型金融纠纷、国际买卖合同纠纷、运输类合同纠纷等案件。此外,前海法院着力推进智慧法院(法庭)建设,并取得显著的成效。

上海浦东法院自由贸易区法庭(以下简称上海自由贸易区法庭)成立于2013年11月,作为上海浦东法院的派出法庭,其受理、审理由上海浦东法院管辖的与上海自由贸易试验区相关联的投资、贸易、金融等商事案件和知识产权民事、刑事、行政案件和与浦东新区开放型经济相关联的民商事案件和知识产权民事、刑事、行政案件,实行动态调整管辖,根据上海自由贸易区区域发展情况适时调整法庭受案范围。在纠纷解决机制方面,上海自由贸易区法庭推行“一站式”纠纷解决机制,在商事纠纷解决领域供需对比不平衡的现状中,打通诉讼、仲裁、调解三种不同程序之间的隔阂和障碍,寻找这三种程序之间的最大公约数,使它们的不同优势得以充分利用,当事人可以依据纠纷的实际情况在三种程序之间进行选择与转换,进而打造起审判、仲裁与调解三种纠纷解决方式相互协调、衔接流畅、形成完善的共同运行机制，实现各类商事纠纷"能调则调、适仲则仲、当判则判"的良好效果，为国际商事纠纷的解决提供更加高效、便利、快捷、低成本的方案。为推行上海自由贸易区商事纠纷非诉讼专业调解，由具有调解职能的商事调解组织、行业协会、商会建立自由贸易区商事纠纷特邀调解组织名册，为纠纷当事人提供多元、灵活、经济的纠纷解决方式，实现涉外商事纠纷处理的高效益和高效率，从而实现"合和共赢"。此外，上海自由贸易区法庭目前已建成网上数字法庭，可实现网上立案、举证、质证、庭审等在线诉讼功能，便于全球当事人通过线上方式及时解决民商事纠纷。在上海自由贸易区法庭网上数字法庭的数据系统中，有关一审民商事案件涉及的 16 大类 32 项重要诉讼事项都设有标准模板，输入基本数据信息后，系统将自动生成格式规范的申请文书，并即时送达承办人员，无须邮寄，规范快捷，为当事人提起或者应对诉讼提供了极大了便利。

重庆两江新区人民法院（以下简称两江新区法院）于 2018 年成立了涉外商事审判庭，依法审理全市涉外一审商事案件，依法审理管辖权异议案件，依法办理证据保全、行为保全案件，以及负责相关审判调研工作。在法庭制度建设方面，两江新区法院积极推进"一站式"国际商事纠纷解决机制，通过与多方机构签署协议，将机构的国内外仲裁员、调解员引入纠纷解决，开展涉外商事纠纷解决机制建设，并积极推动线上诉讼活动进行，建设智慧法院，为当事人提供了极大的便利。

天津市滨海新区人民法院国际商事法庭于 2022 年成立，集中审理辖区所有涉外民商事案件，承担着天津市 80% 涉外案件的审查任务，是我国首家基层法院下辖的国际商事审判庭。天津市滨海新区人民法院通过探索建立健全的域外法律查明与适用机制、积极探索国际商事纠纷"一站式"多元解纷机制、加强涉外法官培养等方式来完善国际商事法庭的建设。

(二)域外国际商事法院(法庭)建设实践

《海南自由贸易港建设总体方案》提到,在坚持借鉴国际经验的基本原则下,坚持高起点谋划、高标准建设,主动适应国际经贸规则重构新趋势,建立起完善的国际商事纠纷集中审判解决机制。其中,借鉴世界先进自由贸易港涉外商事法庭的建设经验也在借鉴国际经验的范畴中,可以为推进自由贸易港国际商事纠纷解决机制提供参考。例如,英国伦敦商事法院、迪拜国际金融中心法院、新加坡国际商事法庭、荷兰商事法庭等。

19 世纪时,英国是当时世界的金融中心,许多国际商事往来在英国进行,并由此产生了较多的国际商事争议,而这对当时英国的经济发展产生了一定的影响。为有效解决国际商事经济,英国于 1895 年在伦敦建立了商事法院。英国伦敦商事法院隶属于高等法院下的王座分庭。经过长期的发展,英国伦敦商事法院逐渐积累了丰富的国际商事纠纷解决经验并在实践中逐步建立起了较为完善的国际商事纠纷解决机制,这使英国伦敦商事法院在世界范围内具有较高的声誉和影响力,受到众多当事人的欢迎和认可,伦敦成为双方当事人解决国际商事纠纷的首选地之一。“The City UK”发布的 2015 年英国法律服务报告数据显示,英国伦敦商事法院 2013 年审理的 1198 件案件中,80% 的案件当事人一方来自英格兰和威尔士以外的地区。世界范围内 320 个司法管辖机关中,约有 27% 的国家或者地区选择适用英国普通法。2019 年,英国伦敦商事法院受理的 75% 的案件具有国际性因素。2017 年 6 月,为提高法院对于国际商事案件的审理效率,英国对商事法院进行了改革,将英格兰和威尔士高等法院下的各专门法院集结为一个共同的新名称——英格兰和威尔士商事与财产法院,其审理范围包括英格兰和威尔士的商事案件以及国际商事案件。英格兰和威尔士商事与财产法院项下的专门法院具体包括高等法院下的三类专门审理法院：商事法院、海事法院和商业法院；技术与建筑法院；大法官分庭下的各专门法院（包括金融法院、知识产权法院、反不正当竞争法院、破产法院等）。[2]

英国伦敦商事法院之所以在世界范围内受到如此青睐，究其原因可以分为以下几点：第一，具有足够数量的经验丰富的专业法官。当前，英国伦敦商事法院一般由8名专业法官组成，另外还有拥有7名替补法官，替补法官在获得相关授权之后可以在商事法院审理案件，能担任商事法院法官的人许多都是著名的英国大法官，如阿特金勋爵、德福林勋爵。[3] 此外，英国伦敦商事法院还实行跨庭调任法官制度，即英国伦敦商事法院的法官可以被委派到大法官庭下的某个专门法院审理案件，通过这种方式，商事法院的法官综合素质得以提高。[4] 第二，英国伦敦商事法院积极利用信息技术开展商事诉讼程序。2007年英国伦敦商事法院开始运用电子系统登记案件，并在近年来运用了一套全新的电子司法系统——在线司法以加快法官适用大型电子数据库的速度。诉讼当事人须通过电子系统提起诉讼、提交诉讼文件，当事人所提交的文件将自动储存为电子案件档案。[5] 2019年，英国伦敦商事法庭进一步开发升级了立案系统，当事人可以向伦敦以外的7个中心提起电子诉讼，这些中心的建立有利于加强伦敦以外的商事法庭与伦敦之间的联系，给予当事人极大的便利。[6] 第三，英国伦敦商事法院通过专业性强的法官及功能完

---

〔2〕 何其生主编：《国际商事法院研究》，法律出版社2019年版，第40页。

〔3〕 王涛：《英国商事法院的司法实践》，载《人民法院报》2017年12月8日，第8版。

〔4〕 何其生主编：《国际商事法院研究》，法律出版社2019年版，第41页。

〔5〕 何其生主编：《国际商事法院研究》，法律出版社2019年版，第42～45页。

〔6〕 ［英］伯内特勋爵：《英国法院系统2019年年度报告》，黄斌、徐文文译，载《人民法院报》2020年3月27日，第8版。

善的法院制度使当事人在主观上相信英国伦敦商事法院能提供公正的普通法程序来解决国际商事纠纷案件。

迪拜国际金融中心法院以英国伦敦商事法院为蓝本成立于2004年。对迪拜国际金融中心法院建立和运行影响较大的两部法律是《关于迪拜国际金融中心的第9号法律》《关于金融自由区的联邦第8号法律》,前者为迪拜国际金融中心法院体系的建立提供了参考,标志着迪拜国际金融中心法院的建立;后者则确立了迪拜国际金融中心法院在解决商事纠纷上的独立性。在此基础上,迪拜、迪拜国际金融中心管理局以及迪拜国际金融中心法院制定了适用于迪拜国际金融中心法院的各类商事实体法和程序法。[7] 2008年,迪拜国际金融中心法院开始全面运行。

迪拜国际金融中心法院分为初审法院和上诉法院,初审法院采取独任制方式审理案件,上诉法院采取合议制的方式审理案件,合议庭由3名以上的法官组成,其中,合议庭的审判长由该法院的首席法官或最资深的法官担任。当事人不服初审法院裁判的,可以向上诉法院提出上诉,无须再去其他法院申请上诉,上诉法院的裁判为终审裁判。[8] 这为当事人提供了极大的便利。

迪拜国际金融中心法院的制度创新主要包括:第一,实行法官任期制。每届任期为3年,年龄未满75岁者可连选连任,若某位法官最后任期结束之日的年龄超过75周岁,其在这一最后任期不能担任法官一职。但如果某个案件的起始之日在上述情况发生之前,则该法官可以继续以法官的身份审理该案。[9] 第二,法官专业素养高,

---

〔7〕 何其生主编:《国际商事法院研究》,法律出版社2019年版,第54~55页。

〔8〕 丁冬:《金融审判竞争视野下的司法供给——迪拜国际金融中心法院建设的启示》,载《金融理论与实践》2019年第7期。

〔9〕 丁冬:《金融审判竞争视野下的司法供给——迪拜国际金融中心法院建设的启示》,载《金融理论与实践》2019年第7期。

具有丰富的国际商事争议解决经验和国际化背景。当前，迪拜国际金融中心法院的12位法官分别来自5个国家，这种人员构成有效地保证了国际商事争议解决的专业性。第三，通过有效的繁简分流制度提高争议解决效率。主要包括替代性纠纷解决制度、当事人和解制度等。第四，以电子化为代表的信息化制度建设对诉讼程序的推进起到了积极作用。迪拜国际金融中心法院信息化建设包括文件提交的电子化、案件审理的电子化、文书送达的电子化等。

新加坡国际商事法庭成立于2015年1月。与中国国际商事法庭的性质一样，新加坡国际商事法庭属于新加坡最高法院的一个内设法庭，是法律特别授权的专门审理国际商事纠纷的专门法庭。其制度创新主要体现在：第一，法官的国际化。除本国籍的法官外，新加坡国际商事法庭还可以从其他国家的优秀法官或者已退休的法官中招录国际法官。目前，新加坡国际商事法庭共有15位国际法官，既有来自普通法系的，又有来自大陆法系国家的法官，他们都是享誉国际的外籍法官。新加坡以修改宪法的方式来创设国际法官制度，律政部门于2014年提出修改宪法议案，建议增设国际法官，并将国际法官的案件承办范围限定于国际案件，具体由最高人民法院首席大法官任命。〔10〕 第二，新加坡国际商事法庭开设了电子诉讼系统，基本可以实现文件提交和获取的电子化。在庭审过程中，新加坡国际商事法庭支持使用远程会议等在线形式的信息化技术措施以推动诉讼的进行，为当事人、法官审理案件提供便利。〔11〕

荷兰商事法庭成立于2019年1月，由阿姆斯特丹地方法院商事法庭、商事上诉法庭、商事简易诉讼法庭共同组成。对于阿姆斯特丹

〔10〕 赵蕾、葛黄斌：《新加坡国际商事法庭的运行与发展》，载《人民法院报》2017年7月7日，第8版。

〔11〕 何其生主编：《国际商事法院研究》，法律出版社2019年版，第52～53页。

地方法院商事法庭及简易程序法庭作出的判决，当事人可以上诉至阿姆斯特丹上诉法院商事法庭，而对于后者作出的判决，当事人可以上诉至荷兰最高人民法院。[12] 荷兰商事法庭的法官是从所有法院具有专业经验和流利英语水平的法官中选拔产生的。荷兰商事法庭的制度创新在于，庭审以英文为诉讼程序语言并用英文作出判决。当然，荷兰商事法庭也允许当事人一致选择荷兰语作为诉讼语言。

三、海南自由贸易港涉外商事法庭制度创新

（一）法庭制度的创新

最高人民法院《关于为海南全面深化改革开放提供司法服务和保障的意见》提出了建立国际商事纠纷案件集中审判机制的要求。基于此要求，海南自由贸易港涉外商事法庭在案件管辖范围方面做出了创新，其受理的案件不局限于涉外商事案件，也包括涉外民事案件。在辖区范围方面，海南第一、第二涉外民商事法庭采取跨区集中管辖制度，是全国首个也是唯一一个省级跨区域集中管辖涉外民商事案件并实施“立审执”一体化运行的专门法庭，管辖诉讼标的额50亿元以下的第一审涉外、涉港澳台地区民商事案件。海南自由贸易港涉外商事法庭以人民法院建制为模板，设立独立的编制及办公场所，级别上属于中级人民法院。通过“立审执”机制，法庭可独立完成涉外民商事案件的立案、审判和执行。海南自由贸易港涉外商事法庭建立了立案、审理、执行内部衔接的工作机制，不断提高案件审判效率，使涉外民商事案件的审理周期平均缩短至57天，大幅度提高了审理效率，为当事人提供了极大的便利。

在职责方面，海南第一、第二涉外民商事法庭除集中审理涉外民

---

〔12〕 何其生主编：《国际商事法院研究》，法律出版社2019年版，第69～70页。

商事案件之外,还负责与海南省内外法院审判机构对接、海南涉外办事机构企业对接。此外,海南第一涉外民商事法庭积极探索离岸管辖模式,其于2021年起草的《海南第一涉外民商事法庭协议管辖示范条款》获得了海南省第一中级人民法院审判委员会的通过。在该条款下,即使是双方当事人与我国司法辖区并无实际联系,在双方达成合意且不违反级别管辖的情况下,亦可选择海南第一涉外民商事法庭进行管辖,此举是对我国当前涉外民商事案件管辖规定的一个创新尝试。

(二)诉讼模式的创新

随着电子信息技术的发展,在线诉讼逐渐走入公众的视野中。我国法律法规、政策对在线诉讼提供了足够的支持和便利。2016年,"智慧法院"建设被纳入国家整体发展战略。最高人民法院《关于深化人民法院司法体制综合配套改革的意见——人民法院第五个五年改革纲要(2019——2023)》提出要全面推进智慧法院的建设,运用远程庭审等科技创新手段,健全与人民需求相适应、科技发展相配的诉讼制度。对此,海南第一、第二涉外民商事法庭积极响应,推动在线诉讼制度的建设,并对程序做出一定的简化,便于当事人起诉。同时,海南第一、第二涉外民商事法庭扎根基层,在辖区内设置多个司法服务工作站、服务点及巡回审判点,为当事人提供相关的诉讼服务。

(三)法院队伍的国际化创新

习近平总书记指出,自由贸易港是当今世界最高水平的开放形态。[13] 这意味着今后的自由贸易港与国际社会的联系将相当密切,海南自由贸易港在具备高度的国际化特征的同时,也将产生更多的

---

〔13〕 习近平:《在庆祝海南建省办经济特区30周年大会上的讲话》,载《人民日报》2018年4月14日,第2版。

涉外商事纠纷。为更好审理涉外商事纠纷，海南第一、第二涉外民商事法庭与海南国际仲裁院、国际调解中心等组织机构建立了合作关系，以帮助法官解决一些与外国法相关事项的困扰，并邀请外籍调解员、国际志愿者来协助法官进行翻译、咨询、调解等工作，使法庭工作队伍更加国际化，减少因法官对外国文化、传统不够了解而导致的问题，便于维护当事人的合法权益。

（四）诉讼纠纷解决机制与非诉讼纠纷解决机制衔接的创新

虽然诉讼机制与非诉讼机制的原理、理念相异，但两者却紧密相连。第一，诉讼程序与非诉讼程序间可以相互转换。双方当事人在诉讼中达成一致意见决定采取仲裁、和解等非诉讼手段解决的，可以选择申请撤诉，此时纠纷便从诉讼程序转进至非诉讼程序。当事人选择通过仲裁、和解等手段解决纠纷且出具有仲裁裁决、和解协议的，当事人可以选择向法院申请执行，法院对于仲裁裁决不予执行的，当事人可以选择起诉，此时纠纷的解决又从非诉讼程序转化为诉讼程序。第二，非诉讼程序需要诉讼程序的监督与协助。在立法与实践中，这样的情形并不少见。如我国《仲裁法》就规定了法院对于仲裁协议的审查。仲裁协议的效力直接影响到仲裁裁决的执行。我国《民事诉讼法》规定，仲裁协议无效的情况下，法院可以不予执行仲裁裁决。又如，仲裁制度中关于临时措施的申请与执行，也是依靠我国人民法院进行的。需要在此说明的是，强调诉讼纠纷解决机制与非诉讼纠纷解决机制间的关系并非想比较两者之间的优劣，而是想说明两者间存在紧密的联系，加强这两个机制间的衔接可以促进两者的完善，以便更好解决涉外商事纠纷，为健全自由贸易港多元纠纷解决机制作出贡献。

当前，海南法院正不断推进国际商事纠纷“三位一体”多元化解决机制，将诉讼、仲裁、调解三种纠纷解决方式无缝对接。第一，将涉外民商事法庭作为平台，通过建立集中的审判机制，将涉外商事、仲裁临时措施的申请和执行、司法确认等案件集中至涉外民商事法庭审理，为非诉讼纠纷解决手段提供相应的司法协助与保障，从而将诉讼、调解、仲裁等多元解纷方式有机衔接。第二，在全国范围内首先建立调解前置制度。发生纠纷尚未立案的，经双方当事人同意，将纠纷转入诉前调解程序，调解工作由法官或者由调解机构负责，充分尊重当事人的意思自治，对于在此阶段达成和解协议的，免除当事人案件费用。第三，推进涉外商事纠纷的线下多元化解决。海南涉外民商事法庭在全国范围内首先建立起涉外民商事在线纠纷调解平台，有效实现了诉调对接。基于对两种纠纷解决机制间衔接的不断探索，海南近年来在涉外民商事纠纷的解决中取得了丰硕的成果：截至2021年10月，海南通过"三位一体"机制调解国内外案件共328件，调解成功104件，调解前置成功案件37件，大幅度缩短了诉讼案件与执行案件的时间。

四、海南自由贸易港涉外民商事法庭当前面临的困境

当前，自由贸易港商事纠纷具有纠纷领域涉及广泛、纠纷类型多元且新型、纠纷性质涉外因素增多三个特点，这对刚成立不久的海南涉外民商事法庭及法官提出了新的挑战和要求。从世界上较为成熟的国际商事法庭建设情况及当前海南涉外民商事法庭的建设情况来看，笔者认为当前海南自由贸易港涉外民商事法庭面临以下困境。

（一）法庭组织架构有待完善

当前，海南自由贸易港涉外民商事法庭的级别为中级人民法院。实践中由于集中管辖的要求，涉外民商事案件的当事人只能选择海南涉外民商事法庭作为一审法院，如果其不服一审判决提起上诉，那么二审法院将会是海南省高级人民法院。在这种情况下就会出现一

个相对矛盾的情况:如果当事人之间的诉讼标的额不大,且事实认定清楚、权利义务关系明确、争议不大,而其一审法院为中级人民法院,二审法院为高级人民法院,这显然不符合我国当前对于级别管辖的规定,且由于中级人民法院一审案件采取合议制,在审理这样的涉外商事案件时,由涉外民商事法庭作为一审法院,无疑存在司法资源浪费之嫌疑。从上述例子中可以感受到,虽然集中管辖涉外商事案件有助于提高纠纷诉讼解决的效率,涉外民商事法庭作为一审法院可以保障案件审理的公平公正,现阶段而言也许这样的安排是具备合理性的。但依照当前自由贸易港商事纠纷数量正在不断增多的趋势,将来会有大量的涉外商事案件一审集中由海南第一、第二涉外民商事法庭审理,上诉案件由海南省高院进行审理,这在无形中加重了这两级法院的负担,且不符合当前我国案件审理的实践。

(二)法官队伍建设仍需加强

当前,海南第一、第二涉外民商事法庭法官队伍建设面临法官数量不足、国际化程度不足的困境。根据海南省高级人民法院官网公开的信息,两个涉外民商事法庭现共有法官 15 名,由于两个法庭采取“立审执”一体化机制,负责立案、审判、执行工作均由法官领导负责。相较于我国其他自由贸易区相应的法庭而言,海南第一、第二涉外民商事法庭的法官人数相对较少,且部分法官还需要负责其他工作,这导致专职审判的法官人数更为稀少。随着海南自由贸易港建设的不断深入,海南涉外商事往来将会越来越频繁,产生的纠纷数量也会增多,这无疑将增加法官的工作量,影响案件审理的效率。

目前,海南自由贸易港正处于高速发展阶段,其商事纠纷表现出纠纷性质涉外因素不断增多的特点,这就要求海南第一、第二涉外民商事法庭的法官要适应这一特点,在知识储备、行为方式上与国际接轨,更具国际化。在国际化程度上,由于当前我国《法官法》规定,担任法官者必须拥有中国国籍,这杜绝了外国人成为法官的可能性,海南第一、第二涉外民商事法庭的法官均为中国人。不可否认的是,在海南第一、第二涉外民商事法庭任职的法官的专业素养、实务经验都很丰富,但因中国与外国间语言、文化、习俗等差异,这些法官对外国法的了解、适用规则等缺乏了解,导致其在审理涉外商事案件时可能会在外国法查明等方面遇到困难。虽然海南第一、第二涉外民商事法庭邀请了一批外国调解员、志愿者提供翻译、鉴定等工作,但这些人不是职业法官,给出的意见是否被采纳很大程度上受到承办法官主观意志的影响,从而影响案件的审判。同时,国际化程度不足也会影响涉外商事纠纷的当事人是否选择由海南管辖纠纷。

第二节　海南自由贸易港涉外商事法庭诉讼程序制度

一、海南自由贸易港司法中冲突规范的确定

冲突规范是指处理涉外民事关系时,在有两个或两个以上的国家的民法根据有关的联结因素都可以适用于该民事关系(或均对该民事关系主张“立法管辖权”)的情况下,指定适用其中哪一国法律作为准据法的规范。[14] 冲突规范分为强制性冲突法、任意性冲突法。强制性冲突法理论指一般情况下,冲突规范具有强制性,即法官在处理涉外商事纠纷时必须先以职权按照国内冲突规范确定应当将哪个国家的法律作为裁判的依据,当事人没有选择准据法的权利。

---

〔14〕 李双元、欧福永主编:《国际私法》(第5版),北京大学出版社2018年版,第79页。

如荷兰、奥地利等国家适用的就是强制性冲突规范。根据我国《涉外民事关系法律适用法》第2条的规定,我国在准据法的选择上亦实行强制性冲突规范,但允许在特殊情况下适用其他法律。任意性冲突法理论认为法官没有义务依职权适用冲突法,只有当至少一方当事人要求按照法院的冲突规范适用外国法时,法官才有义务根据冲突规范确定案件的准据法。〔15〕 换言之,无要求的情况下适用法院地相关规范。如英国、美国民事诉讼中往往将外国法视为诉讼中的事实,法官不负有查明外国法的义务,当事人如果请求适用外国法,则应当负举证责任,通常以外国专家意见的形式证明外国法的内容。我国香港、澳门特别行政区的准据法适用采取的是任意性冲突法理论。

二、海南自由贸易港商事司法程序中的域外证据调查

域外证据调查是民事诉讼程序进行的必经程序,指在跨国商事诉讼活动中,为获取用于该诉讼程序的证据或证据信息,由当事人及其律师,或者由诉讼所在国法院委派的人员或者该国外交、领事人员,依照当事人所在国的国内法或者有关条约的规定,在外国或者外国法域调查、搜寻与诉讼相关的证据,或者由诉讼所在地的法院请求外国或者外法域的法院协助调查与获取证据的行为。〔16〕 由于当事人主义国家与职权主义国家有关调查取证的方式存在较大的差异及世界各国在国际民事诉讼中的调查取证程序的不统一,域外证据调查尚没有一个统一的程序规范。为进一步解决各国之间在域外取证

---

〔15〕 秦瑞亭:《强制性冲突法和任意性冲突法理论初探》,载《南开学报(哲学社会科学版)》2007年第4期。

〔16〕 熊大胜:《民商事域外取证法律制度比较研究》,经济科学出版社2011年版,第63页。

方面的法律冲突，推动域外调查取证的国际合作，1970 年海牙国际私法会议正式通过了《关于从国外获取民事或商事证据的公约》，该公约又称《海牙取证公约》。该公约对于协调两大法系国家之间域外调查取证的冲突具有重要的意义。中国于 1998 年加入《海牙取证公约》。依据《海牙取证公约》，中国可以与缔约国进行依照规定采取除保留声明外的手段进行域外证据收集。除此之外，中国还与法国、意大利等国签订了有关商事司法协助的双边条约。《海牙取证公约》及一系列双边条约的签订，为海南自由贸易港涉外商事案件相关域外证据的收集提供了极大的便利。

我国《民事诉讼法》第 293 条第 1 款规定，根据中华人民共和国缔结或者参加的国际条约，或者按照互惠原则，人民法院和外国法院可以相互请求，代为送达文书、调查取证以及进行其他诉讼行为。从上述规定看，中国法院审理涉外商事案件需要在域外调查取证的，主要有三种途径：一是如果受委托国为《海牙取证公约》成员国，并且对中国加入公约递交了接受声明书，则应该按照《海牙取证公约》以及有关规定进行办理。二是如果受委托国与中国签订了有关司法协助条约，可以按照司法协助条约的规定进行域外调查取证。三是如果受委托国既非《海牙取证公约》成员国，双方又未签订双边司法协助协定，则按外交途径处理。

虽然我国《民事诉讼法》和《海牙取证公约》及部分双边条约对中国域外证据调查作出了规定，但是缺乏体系性和统一性，这给自由贸易港涉外商事法庭司法适用造成了一定的困难。有学者认为，在域外取证的国际法制方面，中国虽然参加了《海牙取证公约》，但其有许多规定不明确的地方，如适用范围、证据范围等。类似的问题在中国与外国签订的司法协助条约中也有体现。此外，中国在加入《海牙取证公约》之后，公约内容与国内实际存在有衔接不畅的情况，使我国司法实践中出现了一些混乱的现象。[17] 在海南自由贸易港司法制度建设的过程中,海南法院应当重视上述域外取证存在的问题。

三、海南自由贸易港商事司法程序中的外国法查明与适用

在海南自由贸易港建设中,作出符合国际社会规则、国际商事主体认可的司法裁判是提升中国司法话语权和司法竞争力的重要衡量标准,因此在海南自由贸易港司法裁判的过程中,不可避免地要根据国际法准则和中国特色自由贸易港司法制度适用外国法,而这一前提是查明外国法并正确适用外国法。同时,作出符合国际商事规则的司法裁判也能够增强国际商事主体对裁判结果的可预期性,优化海南自由贸易港的法治化营商环境。因此,在海南自由贸易港建设中,应当进一步明确外国法查明的主体、程序及其例外,从而为作出符合国际规则的司法裁判提供制度基础。

(一)外国法查明的主体

外国法查明主体责任分配在世界范围内尚未存在统一的做法。例如,英国倾向于由当事人查明外国法,主要以专家证人的方式查明,而德国则倾向于由法院查明外国法,除法院自主查明外,还通过指定专家出具意见查明、根据当事人提供的外国法证明资料查明等。

从中国司法制度中有关外国法查明的主体看,我国经历了从主体模糊到相对明确的过程。我国司法制度中最早对外国法查明予以规定的是最高人民法院《关于贯彻执行〈中华人民共和国民法通则〉若干问题的意见(试行)》(已失效)第193条,该条规定由法院、当事人作为外国法查明主体,但该规定较为模糊。由于外国法查明主体

---

〔17〕 乔雄兵:《域外取证的国际合作研究——以〈海牙取证公约〉为视角》,武汉大学出版社2010年版,第229页。

的模糊性，最高人民法院于 2005 年发布了《第二次全国涉外商事海事审判工作会议纪要》（以下简称《二次涉外会议纪要》），其第 51 条对外国法查明主体作出了更明确的规定，明确了由当事人承担查明外国法的主体责任且处于优先地位，法院一般不主动查明外国法，除非当事人因提供外国法存在困难而提出申请。2007 年，最高人民法院公布《关于审理涉外民事或商事合同纠纷案件法律适用若干问题的规定》（已失效），其第 9 条进一步细化了当事人和法院外国法查明的主体责任，基本保持在《二次涉外会议纪要》的范围之内，将外国法查明的主体责任通过司法解释的形式进一步明确。2011 年全国人大常委会颁布的《涉外民事关系适用法》进一步扩大了外国法查明的主体范围，即除了当事人和法院之外，还增加了仲裁机构、行政机关。这可能是基于涉外民事关系调整方式的不同而作出的规定，增加非诉讼纠纷解决机关查明外国法的责任，对于涉外民事纠纷多元化解具有一定的积极意义。通过对中国司法制度中有关外国法查明主体法律规范的梳理可以发现，中国司法制度中当事人查明外国法处于优先地位，在当事人查明外国法存在困难时，其可以申请由法院查明外国法，同时仲裁机构、行政机关也具有查明外国法的主体责任。

从中国有关外国法查明的规定看，外国法并不同于内国法，外国法的查明不完全是法院的职责，而内国法完全是由法院查明。之所以将外国法特殊对待，其理论基础在于外国法应当作为事实对待还是法律对待，由此形成了外国法性质的“法律说”和“事实说”。简单地讲，“法律说”认为外国法也是一种法律，与内国法一样应当由法院依职权查明；“事实说”认为法院对外国法并不了解，应当作为一种事实由当事人按照证据规则查明。德国主要奉行“法律说”，《德国民事诉讼法典》第 293 条规定，在处理外国法查明的问题上，法院处于主导地位，其可以通过命令的方式查明外国法。英国是“事实说”的起源地，在处理外国法查明问题时，英国往往由当事人通过专家证人的方式查明外国法，在初始阶段，专家证人还必须出庭接受法庭关于外国法查明的询问。但无论是“法律说”还是“事实说”，二者都在实践中遇到了一定障碍。比如，完全由法院以职权查明外国法或完全由当事人提供外国法都造成外国法查明的程序繁琐的后果，影响诉讼效率，不利于国际商事纠纷的高效解决，因此大多数国家采用“折中说”，即当事人和法官共同完成外国法的查明任务。因此，中国采用当事人查明外国法的主体责任倾向于“事实说”，而在当事人查明外国法存在困难时，法院依申请查明外国法也体现了“法律说”，毕竟当事人在查明外国法时具有优先地位。可以认为我国的外国法查明以“事实说”理论为基础，辅之以“法律说”理论基础。

通过对中国司法制度中外国法查明规范的梳理及其理论分析，海南自由贸易港确立外国法查明的主体是当事人，辅之以法院具有一定的合理性，但问题在于中国司法制度中有关外国法查明的规定较为分散，且位阶较低。因此在海南自由贸易港建设的过程中，海南法院应当重新整合外国法查明的制度规范，明确外国法查明的主体是当事人，但在当事人查明外国法存在困难时，其可以申请由法院查明外国法。

（二）外国法查明的类型

根据我国《涉外民事法律关系适用法》及其司法解释的相关规定，当前我国外国法查明的途径主要为三种：当事人直接提供、人民法院查明、中外法律专家提供。

第一，当事人直接提供外国法。如果将外国法作为“事实”看待，那么由当事人提供外国法是当事人的证明责任。当事人可以通过从法律信息官方网站下载法律文本、国际条约文本、近期国际司法判例、双方当事人协议约定的法律文本，也可以提供相关法学著作，从而尽最大可能提供应当适用的外国法。但由于当事人之间利益的对抗性,当事人提供的外国法可能是经过筛选的外国法,并将不利于自身利益的外国法排除在外,由此当事人提供的外国法可能是过时的、错误的,容易给案件的审理带来不必要的麻烦,甚至可能导致产生错误的审判结果。因此,应当对当事人直接提供外国法这一方式作出更详细的规定。

第二,法院直接查明外国法。法院直接查明外国法主要有两种途径:一是和当事人查明外国法一样,从网络、图书中查找官方、权威的外国法文本;二是从中央机关、中国使领馆、外国驻中国使领馆处获取外国法文本。但需要注意的是,法院无论采用哪种方式查明外国法,都应当在庭前告知双方当事人并允许当事人提出质证意见,结合当事人意见确定是否已经查明了外国法。

第三,当前通过中外法律专家查明外国法这一方式更多地体现为委托外国法查明机构查明外国法。该方式可以减轻法院和当事人查明外国法的难度,从而让法院直接适用外国法查明机构出具的外国法文本。因此,委托外国法查明机构进行查明的方式在实践中较为常见。目前,一些大学或研究机构建立了外国法查明中心,这对于涉外商事审判具有一定的积极意义。但因尚未形成成熟的程序规则,委托外国法查明机构查明外国法仍然存在一些问题。例如,外国法查明机构的资质该如何确定、当事人是否可以委托外国法查明机构查明外国法、当事人可否随机选择外国法查明机构查明外国法,这些问题还需要在司法实践中进一步完善。在委托外国法查明机构查明外国法程序尚不完善的当下,法院应当将外国法查明机构出具的法律意见书作为一项证据,允许当事人发表质证意见,从而最终决定是否裁定采纳法律意见书。

《涉外民事法律关系适用法》虽明确了外国法查明的类型,但并未对这几种方式作出更详细的规定。由于海南自由贸易港建设必然增加外国法的适用频度,有必要建立更加具体的外国法查明程序,从而完善涉外商事司法程序。

（三）外国法适用的例外

已查明的外国法并不当然在法院地适用,还受到国际私法公共秩序保留的限制,这是主权国家普遍奉行的基本原则。最高人民法院发布的《二次涉外会议纪要》第54条规定,适用外国法律违反中华人民共和国法律的基本原则和社会公共利益的,该外国法律不予适用,而应适用中华人民共和国的法律。也就是说,查明的外国法不能与中国法律的基本原则和社会公共利益相违背,否则应当排除已查明的外国法的适用,而适用中国法。国际公共秩序保留是国家主权原则的具体体现,但如何判断已查明的外国法是否与中国法律的基本原则和社会公共利益相冲突并非易事。因为法律基本原则和社会公共利益具有较大的抽象性,具体到个案中很难判断。在我国的司法实践中,通过查明外国法并适用外国法的案例并不多见,而笼统地认为外国法与中国社会共同利益相冲突而适用中国法的情形较为常见。究其原因:一是由于上文提到的社会公共利益和法律基本原则具有较大的抽象性,法官难以把握,在法官难以把握的情况下,其通过自由裁量权选择适用中国法;二是中国法官对外国法的文本和解释不够熟悉,以外国法无法查明和公共秩序保留为由适用中国法则相对熟悉;三是作为中国法官,其认为中国法律更有利于中国当事人,因而更倾向于适用中国法。

不认清公共秩序保留的标准,单纯利用自由裁量权选择适用中国法必然造成以下问题:一是国际商事主体对中国法官的司法公信度评价不高。国际商事主体毕竟是私人之间的商事纠纷的主体,如果过多强调国家的主权因素,无疑不利于国际商事主体之间的纠纷的解决,如果法官仅利用自由裁量权选择中国法，则其作出的裁判很难被国际认可，进而降低中国法院的司法影响力。二是外国法查明与适用制度无法发挥应有的作用。因而，认清公共秩序保留的标准势在必行。

四、海南自由贸易港涉外商事判决的承认与执行

判决得以执行是诉讼程序的终点，涉外商事判决根据作出裁判的法院所在地可以分为国内涉外商事判决与国外商事判决。针对涉外商事判决的承认与执行，根据我国现行相关规定，如果判决属于国内判决且被执行人财产在我国领域范围内，可以直接执行。如果被执行人的财产不在我国领域内或者判决由外国法院作出，根据《民事诉讼法》第 297 ~ 299 条的相关规定，应当由当事人或者外国法院凭借两国共同缔结的国际条约、协议或互惠原则向具备管辖的中级人民法院提交申请，我国法院在收到申请后依据相关的条约、协议及两国间的互惠关系组成合议庭对相关的判决进行司法审查，决定是否承认与执行。人民法院在审查之后认为该判决不违背我国法律基本原则或国家安全、公共利益的，承认其效力，如需执行，发布相关执行命令。如承认和执行的申请被裁定驳回的，当事人可以向法院提起诉讼。我国人民法院对可以申请的情形、条件做出了严格的限制，不符合上述要求的涉外商事案件，人民法院拒绝承认与执行。

第三节　海南自由贸易港商事纠纷诉讼解决机制的优化路径

一、建立符合海南自由贸易港特点的涉外商事法院

当前，海南第一、第二涉外民商事法庭依照人民法院制度为模板

设立，具备“立审执”功能，内设立案组、审判组、执行组，除负责常规的立案、审判、执行工作外，还负责与海南省内外法院审判机构、海南涉外办事机构企业的对接。从职责方面来看，海南涉外民商事法庭具备人民法院的职能，在内设机构的配置上也与人民法院无太多差别，但由于其归属于中级人民法院，并非独立的机构，这使其在人员规模、判决执行等方面具有一定的限制。同时，其法庭组织架构方面面临的困境也会影响海南涉外商事纠纷解决的效率，降低海南涉外民商事法庭的吸引力。基于此，可以考虑将海南第一、第二涉外民商事法庭独立出来，建立自由贸易港法院，以解决当前的困境。当前，域内域外均有设立自由贸易区涉外商事法院的实践，且都取得了不错的成效，可以用来借鉴。同时，当前海南自由贸易港商事纠纷呈现出纠纷类型多元且新型、纠纷领域涉及广泛、纠纷性质涉外因素增多这三个特点。因此，在建立海南自由贸易港涉外商事法院的过程中，要考虑到当前海南自由贸易港商事纠纷所呈现的特点及海南自由贸易港开放性的特点，贴近其当前发展的重点领域。结合海南自由贸易港当前已有的制度创新，打造具备海南自由贸易港特点的涉外商事法院，提升涉外商事法院的吸引力，让更多当事人选择适用中国的法律。

从域外自由贸易港法院建设实践看，不同国家的自由贸易港法院在该国法院体系中的级别和审级也不同，总的来看，可分为两类：一类是以英国伦敦商事法院和新加坡国际商事法庭为代表的级别较高的国际商事法院；另一类是以迪拜国际金融中心法院为代表的分级设立的商事法院。以新加坡国际商事法庭为例，其隶属于新加坡最高法院内设的高等法庭，其作出的判决与最高法院作出的判决效力等同，与我国最高人民法院设立的国际商事法庭类似。而迪拜国际金融中心法院则是一个完整的法院体系，下设初审法院和上诉法院，且初审法院和上诉法院还设有多个巡回法庭。除此之外，迪拜国际金融中心法院还有受理小额案件的小额诉讼法庭。对照自由贸易港法院的实际，海南对自由贸易港涉外商事法院的架构可以借鉴迪拜国际金融中心法院的组织架构。关于海南自由贸易港涉外商事法院的建设，本节主要从自由贸易港涉外商事法院的组织架构、法官队伍建设、管辖制度三个方面进行论述。

（一）海南自由贸易港涉外商事法院建设的组织架构

第一，关于海南自由贸易港涉外商事法院的体系设置。中国的法院共分为四级，海南自由贸易港涉外商事法院体系的设置也要遵循这一制度，即海南自由贸易港涉外商事法院体系可以分为四级建立。这样一方面可以确保海南自由贸易港涉外商事法院体系设置符合现行法律规定，另一方面又契合外国人对中国法院体系设置的一贯认识，如此设置较为宜行，阻力不会太大。海南自由贸易港涉外商事法院从高到低依次可以设置为最高人民法院国际商事法庭、海南高级自由贸易港涉外商事法院、海南中级自由贸易港涉外商事法院、海南基层自由贸易港涉外商事法院。四级法院实行垂直监督与被监督的关系，自成体系，与一般法院、其他专门法院脱钩。例如，海南高级自由贸易港涉外商事法院与该省高级人民法院级别等同，互不隶属。具体到海南自由贸易港涉外商事法院的名称，可根据海南自由贸易港地区的实际需要命名，例如，海南基层自由贸易港涉外商事法院可以由涉外知识产权法庭、涉外旅游法庭、涉外金融法庭等组成，对外统称为海南自由贸易港涉外商事法院，级别相当于基层法院，当事人对基层自由贸易港涉外商事法院判决不服的，可以上诉至海南中级自由贸易港涉外商事法院。

第二，关于海南自由贸易港涉外商事法院的审级制度。法院审级制度的设置主要在于追求公正与效率诉讼价值的协调。一般来说,审级越多,公正性就越高,但诉讼效率越低;审级越少,公正性可能不高,但诉讼效率越高。从世界范围内的自由贸易港涉外商事法院来看,自由贸易港涉外商事法院的审级设置多与该国一般法院审级保持一致。有的国家实行两审终审制,有的国家实行三审终审制,有的国家针对小额案件实行一审终审制。海南自由贸易港涉外商事法院是采用"两审终审制"还是"三审终审制"应当结合海南自由贸易港建设的实际考量,因海南自由贸易港涉外商事法庭多受理涉外案件,与一般法院受理的案件相较属于较为重大的案件,为提高中国司法影响力,可以建立"三审终审制"。首先,"三审终审制"是一些普通法系国家的司法审级制度,虽然中国司法与大陆法系国家具有一定的亲缘性,但在海南自由贸易港发生的纠纷可能涉及大量的来自普通法系国家的人员的情况下,实行"三审终审制"符合普通法系国家人员的一般诉讼观念。其次,"三审终审制"虽然可能会拉长诉讼期限,但我国诉讼程序具有一定的期限规定,一定程度上可以缓解"三审终审制"造成的诉讼延宕。再次,"三审终审制"有利于追求诉讼的公正价值,有利于提高中国司法国际影响力和中国司法话语权。最后,我国在成立初期也曾实行"三审终审制",但后来因中国幅员辽阔、交通尚不便利又改为了"两审终审制",由此说明中国实行"三审终审制"具有一定的实践基础。而且,在自由贸易港实行"三审终审制"并不存在国家成立初期面临的困难,相反海南自由贸易港属于地区性的,交通便利,实行"三审终审制"不存在实际困难。

需要说明的是,虽然建议海南自由贸易港涉外商事法院实行"三审终审制",但并不代表将所有自由贸易港涉外商事案件的审理都设定为"三审终审制",首先应当根据案件类型作出例外规定,其次应当明确各级法院的受案标准。一是小额案件实行"一审终审制",例如海南基层自由贸易港涉外商事法院内设专门法庭受理的小额案件可以一审终审，具体小额的标准可以参照一般法院小额诉讼案件的确定数额来设置。此类案件一般事实简单、法律适用明确，为提高海南自由贸易港快速纠纷解决水平，可以实行一审终审，在追求诉讼效率价值的同时，也不忽视诉讼公正价值。二是一般重大案件应当由海南中级自由贸易港涉外商事法院一审，海南高级自由贸易港涉外商事法院二审，最高人民法院国际商事法院三审。如此设置的原因如下：第一，按照我国现行诉讼程序规范，重大涉外案件应当由中级人民法院管辖，一般中级人民法院对应海南中级自由贸易港涉外商事法院，由海南中级自由贸易港涉外商事法院受理一审案件有利于提高自由贸易港纠纷解决的专业性和公正性。第二，最高人民法院国际商事法庭受理的三审案件应当限定为法律审，即如果当事人不服海南中级自由贸易港涉外商事法院判决结果上诉至海南高级自由贸易港涉外商事法院，又不服海南高级自由贸易港涉外商事法院判决上诉至最高人民法院国际商事法庭，则最高人民法院国际商事法庭不对事实进行审理，只就法律适用方面的问题进行审理。由此以来，即使实行“三审终审制”，也不会对诉讼效率造成太大影响，因为法律审不一定需要开庭审理，最高人民法院国际商事法庭可以直接进行书面审。第三，大量自由贸易港案件进入最高人民法院国际商事法庭，有利于从国家和世界的整体利益保护自由贸易港当事人的合法权益，从而提高中国特色自由贸易港营商环境水平和国际司法影响力。

（二）海南自由贸易港涉外商事法院人才队伍建设

针对海南自由贸易港当前商事案件涉外因素增多、纠纷类型多元且新型的情况，建设专业能力强、英语水平高的法官人才队伍是海南法院应对上述情况的良好对策。

第一，海南自由贸易港涉外商事法院在选任、聘任法官时应当设置比一般法院更加严格的任职条件，以更严格的要求进行法官的选任。从上文提到的域外国际商事法院法官选任来源看，均是由对于国内、国际法均精通的具有丰富实务经验的法官担任，例如迪拜国际金融中心法院的法官源于现阶段或者曾经在阿联酋认可的法域内执掌相关高级司法机关的人员；新加坡国际商事法庭法官由新加坡最高法院首席大法官从最高法院的法官中任命，包括上诉庭法官、高级法官、高等法庭法官。我国最高人民法院国际商事法庭作为最高人民法院的内设机构，其法官的选任亦不例外，侧重于从具有丰富国际商事审判工作经验的法官中选任。从已任命的法官来看，相关人员多来自最高人民法院民事审判庭。

当前，海南自由贸易港第一、第二涉外民商事法庭和法官主要从海南省法院系统中具有一定专业能力和英语水平的法官中遴选产生。具有较强的英语能力可以使法官更轻松地胜任解决涉外商事纠纷这一职责，具备较强的专业素质可以使法官在面临法律关系复杂、涉及领域陌生的纠纷时，可以凭借自己的专业能力进行妥善的处理。例如，在选任条件中限定大学英语四级以上的法官才能报名参加遴选，在面试时需要 3 名参加遴选的法官用英语合议一个国际商事案件，评委根据参加遴选法官的专业知识和英语水平进行打分，经过资格审查、无领导小组讨论、英语合议等选任环节共选任 30 名自由贸易港法官。在海南自由贸易港涉外商事法院建设的过程中，海南自由贸易港法院法官只有具备上述条件，才能从事自由贸易港涉外商事法院审判执行工作。具体而言，海南自由贸易港涉外商事法院法官应当从一般法院员额法官中选任，但必须具有 3 年以上涉外商事审判执行工作经验，同时还应当通过大学英语六级，具有一定的英语听说读写能力，特别是法律英语的应用能力。因此，担任海南自由贸易港涉外商事法庭的法官除满足《法官法》规定的条件外，还要满足具有 3 年以上涉外商事审判执行工作经验、通过大学英语六级且具有一定的英语听说读写能力的条件。

第二,引入国际法官来应对不断增多的涉外商事案件。有学者提出,可以借鉴世界范围内自由贸易港涉外商事法庭的做法——引入国际法官。引入国际法官是自由贸易港涉外商事法庭提高自身服务质量的应有之义,是提高自身司法公信力与竞争力的必经之径,是推动司法文明互鉴,向外传递中国法治声音的重要举措。[18] 域外自由贸易港涉外商事法庭的法官往往由内国法官和国际法官组成,有的域外自由贸易港涉外商事法庭中的国际法官的数量甚至超过了内国法官。例如,迪拜国际金融中心法院的12名法官分别来自新加坡、英国、澳大利亚、马来西亚及阿联酋5个国家;新加坡国际商事法庭一共有15名国际法官,其中有2位来自日本和法国,其余均来自普通法系国家或地区,包括澳大利亚、美国、英国和中国香港特别行政区。从域外自由贸易港涉外商事法庭国际法官的来源看,既有来自普通法系国家的国际法官,也有来自大陆法系国家的国际法官,呈现两大法系的协同司法态势。

不可否认的是,现阶段下海南自由贸易港涉外商事法院引入国际法官的最大阻碍来自我国相关的法律规定。按照我国《公务员法》《法官法》《民事诉讼法》的规定,我国法官的选任条件之一是必须具有中国国籍,而引入国际法官则是对相关法律的违背,如果非要选任国际法官,则必须修改法律。面对这一困境,有人认为,自由贸易港涉外商事法院法官队伍建设应当坚持循序渐进的路径,“苦练内功”,强化现有国际商事法庭法官的审判业务能力和夯实本土法官队伍的人才储备,“近水楼台”,先行尝试遴选我国港澳台地区部分商贸精英人士担任国际商事法庭的陪审员,积极创新充分利用“一国两制”的

---

〔18〕 陈斌彬、马琳琳:《论我国国际商事法庭引入国际法官的必要性与实现路径》,载《海峡法学》2020年第1期。

政策优势，转变思路通过特别立法为自由贸易港涉外商事法院引入国际法官提供立法依据。[19] 可以将引入国际法官作为一个远期目标，具体而言可分为三个阶段逐步引进国际法官：第一阶段是先聘任我国港澳台地区国际商事纠纷解决的专业人才为陪审员、专家委员会委员；第二阶段是聘任大陆法系国家和普通法系国家的律师、仲裁员、退休法官等具有国际商事纠纷解决经验的专业人员为自由贸易港涉外商事法庭法官；第三阶段是在全球范围内选任自由贸易港涉外商事法庭的法官。这也符合海南自由贸易港分步骤、分阶段建设的政策要求。

正如前文所述，海南自由贸易港涉外商事法院可以先从我国港澳台地区聘任自由贸易港涉外商事法庭陪审员。《人民陪审员法》第5条规定，公民担任人民陪审员应当具备下列条件：拥护中华人民共和国宪法；年满28周岁；遵纪守法、品行良好、公道正派；具有正常履行职责的身体条件；一般应当具有高中以上文化程度。从上述规定看，从我国港澳台地区聘任自由贸易港涉外商事法庭陪审员并不存在法律上的障碍。实践中，前海法院选任了32名来自我国香港特别行政区陪审员，其中包含20名专家型陪审员，按照金融、贸易、财会、股权、知识产权等类别分为5个组。截至2020年7月，我国香港特别行政区陪审员共参审案件423件，提升了参审案件的专业化水平，消除了域外当事人因制度理念和生活环境差异对司法公信力的疑虑。虽然从我国港澳台地区聘任陪审员无论是从法律角度还是实践角度都具有一定的可行性，但这里也存在一个问题：陪审员多是兼职，如果将前海法院的做法移植到海南自由贸易港，则存在地理区位因素的障碍。因为深圳和我国香港特别行政区地理位置相邻，前海法院

---

〔19〕 陈斌彬、马琳琳：《论我国国际商事法庭引入国际法官的必要性与实现路径》，载《海峡法学》2020年第1期。

从我国香港特别行政区聘任陪审员不会存在陪审员工作不便的情况;而海南自由贸易港涉外商事法庭如果从我国香港特别行政区聘任陪审员,可能造成陪审员工作不便利的情况,即使从我国澳门特别行政区聘任陪审员也存在同样的问题,从我国台湾地区聘任陪审员的问题就更加突出。就海南自由贸易港涉外商事法庭而言,其只能聘任来自我国港澳台地区且在海南常驻的陪审员,而符合这一条件的陪审员数量有限。因此海南自由贸易港涉外商事法庭虽然可以从我国港澳台地区聘任陪审员,但存在一定的困难。为解决这一问题,海南自由贸易港涉外商事法院可以借鉴最高人民法院国际商事法庭的做法,聘任我国港澳台地区的专业人员为专家委员会委员,在遇到相关案件需要听取专家委员的意见时,可以通过视频连线的方式集体讨论案情,从而避免我国港澳台地区的陪审员跨地区参审的问题。需要注意的是,专家委员提供的咨询意见只能供合议庭参考,其不像陪审员那样依法享有参加审判活动、独立发表意见、获得履职保障等权利。尽管从我国港澳台地区聘任陪审员和专家委员会委员仍存一定的困难或问题,但在不"修法"的情况下,其可以作为海南自由贸易港涉外商事法院制度创新的一个权宜之计。

虽然海南自由贸易港涉外商事法院现阶段暂时还不能聘用国际法官,但在此进行选聘条件的讨论仍存在一定的意义。从大陆法系国家和普通法系国家聘任自由贸易港涉外商事法庭法官,可以适当放宽聘任条件。在从我国港澳台地区聘任陪审员和专家委员的实践基础上,在第二阶段可以尝试从国外聘任国际法官。之所以聘任而不是选任,主要是考虑到聘任具有一定的灵活性,聘任合同内容可以协商确定,在聘任过程中出现的问题可以及时解决,从而为后续的选任国际法官积累经验。与聘任陪审员、专家委员会委员一样,聘任的国际法官属于编外法官,其可以与国内法官一同参与自由贸易港商事纠纷解决，主要发挥两个角色作用：一是参与诉前或诉中调解，二是参加合议庭参与涉外商事案件审理并作出裁判。聘任国际法官参与诉前或诉中调解并不存在法律上的障碍，而聘任国际法官参与案件审理则缺乏法律依据。在自由贸易港涉外商事法庭可以先行先试，法律上的障碍可通过全国人大常委会授权立法和制定单独的"自由贸易港法官法"，赋予聘任国际法官一定的审理权和裁判权予以解决。但应注意，既然是聘任的国际法官，就不能赋予其与国内法官一样的审理权和裁判权，应当作出一定的限制，比如聘任国际法官只能作为普通的合议庭成员参与涉外商事案件的审理和裁判，而不能担任审判长，同时也不能由聘任国际法官独任审理涉外商事案件。尽管在聘任国际法官阶段可以适当放宽聘任条件，但这只是与选任国际法官的条件相比而言的。从对英国、迪拜、新加坡等自由贸易港涉外商事法庭法官的考察可以看出，自由贸易港法官具有国际性和专业性的特征，在自由贸易港涉外商事法庭建设的过程中聘任国际法官体现了自由贸易港法官国际化的一面，同时在聘任的过程中还应注重自由贸易港法官专业性的一面，即聘任的自由贸易港国际法官应当具有一定的商事纠纷解决的专业素质，一方面聘任的国际法官应当具有涉外商事法律学习或培训的背景，另一方面应当具有一定的涉外商事纠纷解决经验。除此之外，还应当在聘任国际法官的年龄、国籍及所属法系、诚信记录等多个方面做出限定，所有条件设定的目的都在于服务自由贸易港建设。

从全球范围内选任自由贸易港涉外商事法院法官，其选任条件应当更加严格。关于是否能够在全球范围内选任自由贸易港涉外商事法庭法官，理论上存在两种截然不同的观点。有学者认为，允许外籍法官担任自由贸易港涉外商事法庭法官能够提高整个自由贸易港司法的专业程度和国际影响力，有助于拓展业务范围和增强国际竞争力，不会对我国的法官制度产生太大冲击，因为这是特定类别和非常小范围的。[20] 也有学者认为，应当持审慎态度，不宜吸收我国港澳台地区户籍以外的外籍法官来担任国际法官，可以通过培育优秀的本国法官、吸收港澳台地区户籍法官担任任期制法官及建立专家委员会等方式来有效弥补这一不足。[21] 自由贸易港可以从内、外两个方面加强法官队伍建设，选任国际法官则是从外部提升自由贸易港法官队伍建设的一个重要方面。对于自由贸易港而言，在全球范围内选任国际法官具有以下重要意义：一是有利于国际社会经济新秩序和人类命运共同体的构建。随着中国综合国力水平的提升，中国在全球治理方面应当发挥更大的作用，同时习近平总书记多次就构建人类命运共同体提出中国主张，倡导世界各国加强合作交流。而在自由贸易港选任国际法官可以提升中国参与全球治理的能力，以自由贸易港为更大的开放窗口通过商贸、金融、旅游等方式紧密世界各国的联系，推动形成人类命运共同体。二是有利于提高服务自由贸易港建设的质量，增强中国在全球的司法话语权和司法竞争力。虽然在自由贸易港建设的过程中，自由贸易港本土法官应当"苦练内功"，不断提升服务自由贸易港建设的需求，但仅依靠自由贸易港本土法官难以得到全球商事主体的认可，选任国际法官可以展示自由贸易港的开放程度和水平，吸引世界范围内的商事主体与中国人民一道投入自由贸易港建设。自由贸易港司法服务保障能力的提升必然伴随中国在全球范围内司法话语权的增强，同时也会吸引世界范围内的商事主体选择到自由贸易港解决纠纷。三是有利于强化司法

〔20〕 蔡伟：《国际商事法庭：制度比较、规则冲突与构建路径》，载《环球法律评论》2018 年第 5 期。

〔21〕 何其生课题组、刘桂强等：《当代国际商事法院的发展——兼与中国国际商事法庭比较》，载《经贸法律评论》2019 年第 2 期。

调解和审判的专业性。在涉外商事纠纷的解决中,效率和公正是自由贸易港涉外商事法庭的价值追求。之所以将效率置于公正前面,是因为两者相较,效率更加优先,这也是涉外商事主体的内在要求。在商场中,“时间就是金钱”的理念更加突出,有时涉外商事主体并不刻意追求“定分”,因为在国际贸易中当事人不愿花太多的时间和成本处理一个纠纷,而是更愿意尽早“止争”,此时由国际法官在诉前或者诉中调解更加契合商事主体的意愿,调解的结果也能够更好地得到商事主体的认同并自动履行法律义务。由国际法官参与审判并作出裁判具有一定的专业性是不言而喻的。例如,涉外商事审判中经常遇到的外国法的查明,这不是国内法官的专长,而如果该国的国际法官能参与案件审理,则能很好地以职权查明该国法律,同时国际法官对于该国法律的理解和适用能力也优于国内法官。正是在此意义上,国际法官可以弥补国内法官的能力不足。从全球范围内选任自由贸易港涉外商事法院法官同样面临法律上的障碍,同样需要全国人大常委会立法授权或者为自由贸易港单独立法,与聘任国际法官不同的是,应当赋予选任国际法官完全的审理权和裁判权,即选任的国际法官可以在审理中担任审判长,也可以独任审理案件,只是选任条件应当更加严格。

在世界自由贸易港涉外商事法院(法庭)中,一般都针对选任国际法官限定了一定的条件,从而能够满足自由贸易港建设和发展的要求。具体而言,自由贸易港涉外商事法庭在全球范围内选任国际法官应当符合以下条件:一是拥护中华人民共和国宪法,拥护中国共产党领导和中国特色社会主义制度。拥护中华人民共和国宪法、党的领导和中国特色社会主义制度,体现了自由贸易港涉外商事法庭法官的“特色”之处。《海南自由贸易港建设总体方案》提出,要体现中国特色,坚持党的集中统一领导,坚持中国特色社会主义道路,坚持以人民为中心,践行社会主义核心价值观,确保自由贸易港建设正确方向。自由贸易港涉外商事法庭国际法官的选任必须坚持这一条件,并在向全球发布的国际法官选任公告中明确这一条件。但问题是选任的国际法官能否严格遵守这一条件,建议建立国际法官任前宣誓制度,即所有选定的自由贸易港国际法官应当对宪法进行公开宣誓。二是具有良好的业务素质。自由贸易港国际法官应当具有一定的专业性,对国际条约、商业惯例等应当非常熟悉并能够应用,拟参加选任的国际法官应当提供其曾经处理过的与国际私法有关的典型案例。三是从事解决国际商事纠纷工作满10年。这一条件主要是对自由贸易港国际法官设定的经验条件,自由贸易港涉外商事法庭法官建设应当对标世界一流,高标准高起点选任具有一定解决国际商事纠纷经验的法官,其可能来自法官、律师或仲裁员。拟参加选任的国际法官应当提供曾经从事相关工作及年限的证明材料,如法官、律师或仲裁员资格证书等。四是具有良好的职业道德。自由贸易港国际法官应当具有良好的职业品行,解决涉外商事纠纷公道正派,在长期的工作实践中未出现不诚信、徇私枉法、贪污受贿等违反职业道德甚至犯罪的行为。自由贸易港涉外商事法庭应当通过多种途径了解拟选任国际法官的职业背景,确保选任的职业法官没有污点。此外,国际法官还应当具有正常履行职责的时间、身体条件,从而确保能够在中国自由贸易港常态化开展工作。

第三,增设专家委员会,聘请精通域外法律、国际法的域外法律专家组成国际商事纠纷委员会。设置严格的自由贸易港法官选任条件在一定程度上保障自由贸易港法官的专业素质和能力,虽然这些法官具备较高的能力,但在审理涉外商事纠纷诉讼中涉及域外法的查明、理解与适用等方面,其可能会存在一些困扰。为解决这些困扰,海南第一、第二涉外民商事法庭与中国国际贸易促进委员会海南省委员会、我国港澳台地区和其他国内外调解机构、国际仲裁机构等建立合作关系,加强涉外、涉港澳台地区民商事案件诉讼与调解、仲裁的线上线下对接。虽然通过合作的方式可以在一定程度上解决这些困扰,但在合作过程中也会出现效率不高、流程复杂的情形。从为当事人提供公正、高效的司法服务的角度出发,聘请域外法律专家组成专家委员会,可以在当事人选择外国法作为准据法时帮助法官在一定程度上解决其因对外国法不了解产生的困扰。组建国际商事专家委员会是我国的首创之举,其自成立至今在国际商事纠纷调解、域外法律查明和适用提供咨询意见等方面上发挥了重要作用,有效地提高了我国解决国际商事纠纷的效率,提高了我国司法的公信力、影响力、吸引力。海南自由贸易港涉外商事法庭亦可借鉴我国最高人民法院的做法,组建专门的国际商事纠纷委员会来应对因自由贸易港发展而增多的国际商事纠纷案件。除聘请精通法律的律师外,海南自由贸易港涉外商事法院还可以聘请各个行业的专家加入专家委员会,避免由于法官因对某些领域了解不足而对纠纷的解决产生负面影响。

(三)海南自由贸易港涉外商事法院的管辖制度建设

确立自由贸易港涉外商事法庭的管辖权是国家推动建设特色自由贸易港的基础,"管辖权是法院运行的前提与基础,同时也是国家司法主权的直接体现,其在司法竞争力和国际司法话语权的争夺中扮演着关键角色"〔22〕。海南自由贸易港涉外商事法庭管辖规则的确立至少有两个方面的意义:一是做到全方位的服务自由贸易港建设,为自由贸易港建设提供全面司法保障;二是依托自由贸易港涉外商事法庭管辖范围提升中国司法在国际上的影响力,因此自由贸易港

〔22〕 何其生主编:《国际商事法院研究》,法律出版社2019年版,第95页。

涉外商事法庭管辖范围的确定具有一定国家战略意义。

第一,管辖对象体现自由贸易港的定位。就我国目前唯一的中国特色自由贸易港——海南自由贸易港而言,《海南自由贸易港建设总体方案》提出,海南自由贸易港建设要符合海南定位,紧紧围绕国家赋予海南建设全面深化改革开放试验区、国际旅游消费中心和国家重大战略服务保障区的战略定位,充分发挥海南自然资源丰富、地理区位独特以及背靠超大规模国内市场和腹地经济等优势,抢抓全球新一轮科技革命和产业变革重要机遇,聚焦发展旅游业、现代服务业和高新技术产业,加快培育具有海南特色的合作竞争新优势。由此可见,海南自由贸易港建设的重点是发展旅游业、现代服务业和高新技术产业,与此同时,海南自由贸易港涉外商事法庭的管辖对象即案件类型,应当以旅游、现代服务、高新技术等领域的纠纷为主,同时涵盖服务海南自由贸易港建设的其他相关纠纷。就海南自由贸易港涉外商事法庭的现状看,海南第一、第二涉外民商事法庭的管辖对象还存在一定的漏洞。目前而言,海南第一、第二涉外民商事法庭受理案件的范围较为宽泛,尚不能体现海南自由贸易港涉外民商事法庭的特色,而海南自由贸易港知识产权法院受理案件类型较为单一。海南自由贸易港涉外商事法庭的管辖对象应当与海南自由贸易港的定位相匹配。

为解决海南自由贸易港涉外商事法庭管辖对象与海南自由贸易港定位不匹配的问题,海南可以借鉴国际较为出名的自由贸易港涉外商事法庭的相关经验,结合中国实际,确定具有中国特色的管辖对象。英国《民事诉讼规则》第58.1条规定,英国伦敦商事法院主要管辖下列案件:(1)商事文书和合同;(2)货物的进口与出口;(3)货物的陆路运输、海运、空运或者管道运输;(4)油田、天然气田或者其他自然资源的开发;(5)保险和再保险;(6)银行和金融服务;(7)市场的运作和交流;(8)大宗商品的买卖;(9)船舶建造;(10)商业代理;(11)仲裁。英国伦敦商事法院管辖案件的类型犹如其名,只是有关商事的案件。《新加坡法院规则》第110号法令第1(2)(b)条规定,新加坡国际商事法院主要管辖以下案件:(1)提供或者交换商品或者服务的任何贸易;经销协议;商事代理;保理和租赁;建筑工程;咨询服务、管理服务以及许可证交易;投资、金融、银行业务或者保险业务;资源开发协议;合营企业或者其他形式的工业或者商业合作关系;公司合并与收购;航空、航运、铁路和公路货物和旅客运输。(2)对人的知识产权争议。(3)双方当事人明确同意争议标的具有商业性。新加坡国际商事法院的管辖案件的类型也基本上以商事为主,同时包含对人的知识产权案件。对照海南自由贸易港涉外商事法庭,海南第一、第二涉外民商事法庭的管辖案件的类型基本与英国伦敦商事法院的管辖案件类型大体相同,只是增加了涉外民事案件。结合海南自由贸易港的定位,海南自由贸易港涉外商事法庭的管辖对象可以确定为以旅游、现代服务、高新技术等领域的商事纠纷为主的涉外商事案件(含涉外知识产权案件),具体可根据最高人民法院确定案由和案情确定海南自由贸易港涉外商事法庭管辖对象,从而使海南自由贸易港的管辖对象符合海南自由贸易港的建设定位。

第二,对涉及旅游、现代服务、高新技术等领域的涉外商事案件进行集中管辖。自由贸易港涉外商事法院管辖对象的确定能够解决哪些类型案件归属自由贸易港涉外商事法庭管辖的问题,但涉及旅游、现代服务、高新技术等领域的涉外商事纠纷可能与自由贸易港地区内的一般法院发生管辖权冲突,因此需要对涉及旅游、现代服务、高新技术等领域的涉外商事纠纷实行集中管辖,从而排除一般法院对该类案件的管辖权,厘清自由贸易港涉外商事法院与一般法院的管辖范围,建立自由贸易港涉外商事法院与一般法院移送管辖的良性互动，实现自由贸易港涉外商事法院与一般法院各司其职、各归其位、良性运转的效果。以海南自由贸易港为例，海南自由贸易港知识产权法院集中管辖海南省所有的知识产权案件，而海南第一涉外民商事法庭管辖海南北部的海口市等在内的 11 个市县和洋浦经济开发区的案件，第二涉外民商事法庭管辖海南南部的三亚市等 8 个市县的案件。两个法庭的管辖范围基本涵盖了海南自由贸易港的全部行政区域，即海南自由贸易港涉外民商事法庭集中管辖海南自由贸易港涉外民商事案件和知识产权案件。同样，迪拜国际金融中心法院、新加坡国际商事法院等也都实行集中管辖制度。在明确了集中管辖的范围后，可以尽量避免积极管辖冲突出现平行诉讼或者消极管辖冲突出现相互推脱管辖的问题，提高纠纷解决的效率。

域外较为成熟的涉外商事集中管辖的经验为海南自由贸易港涉外商事法院建设提供了有益经验，一定程度上可以防止海南自由贸易港涉外商事法院出现管辖权冲突的问题。在新加坡，新加坡高等法院与新加坡国际商事法院也存在案件管辖冲突或者将案件移送对方管辖更合适的情形。新加坡相关法律对此作出规定，明确了案件移送管辖的程序。《新加坡法院规则》第 110 号法令第 12(5)条规定，新加坡高等法院移送案件的条件为：高等法院具有案件管辖权且案件由新加坡国际商事法院管辖更为合适。当事人主动申请移送管辖时，若当事人之间存在指定新加坡高等法院为管辖法院的非排他性管辖协议，该管辖协议被推定为当事人同意移送。若当事人指定新加坡高等法院为排他性管辖法院，则仅满足以下条件时才能移送至新加坡国际商事法院：一是新加坡高等法院认为案件属于国际商事案件，且当事人非申请任何形式的救济命令和特权命令；二是在全体当事人同意的情况下，法院自行移送或者一方当事人申请移送。在海南自由贸易港涉外商事法院建设的过程中，同样需要理顺自由贸易港涉外商事法院与一般法院之间案件移送关系，不能为了增加自由贸易港涉外商事法院的案件数量就把自由贸易港涉外商事法院作为一个“大箩筐”，什么案件都往里面扔。如果当事人将一个纯国内诉讼或者虽然涉外但不属于自由贸易港涉外商事法院管辖的案件起诉至自由贸易港涉外商事法庭，自由贸易港涉外商事法庭应当依照自身管辖对象进行审查，对于不属于自由贸易港涉外商事法院管辖的案件，应当告知当事人到有管辖权的法院起诉，如果是在立案后发现不属于自由贸易港涉外商事法庭管辖，应当及时将案件移送有管辖权的法院并通知当事人。反之，如果一般法院受理了原本属于自由贸易港涉外商事法院管辖的案件，也应当及时将案件移送自由贸易港涉外商事法庭。只有建立完善的案件移送机制，才能充分发挥一般法院和自由贸易港涉外商事法院的功能。

除了注意区分自由贸易港涉外商事法院与一般法院管辖冲突的问题外，还应当注意自由贸易港涉外商事法庭与其他专门法院管辖冲突的问题。以涉外海事纠纷为例，尽管有些涉外海事纠纷存在商事关系，理论上可由自由贸易港涉外商事法院进行管辖，但还是应当选择专门的海事法院进行管辖，理由如下：一是海口海事法院的管辖范围已经包含自由贸易港全区，且海口海事法院已经积累了足够的经验处理海商事纠纷，如果此类纠纷交由刚成立的自由贸易港涉外商事法庭处理，未必能得到快速高效的处理；二是法律已经确定了海事法院受理的案件类型，如果将此类案件移交自由贸易港涉外商事法院办理，必然面临海事诉讼等法律的修改。海事法院主要受理海事侵权纠纷、海商合同纠纷、海洋及通海可航水域开发利用与环境保护相关纠纷、其他海事海商纠纷、海事执行案件和海事特别程序案件。

二、海南自由贸易港商事纠纷诉讼程序制度优化的发展思路

(一)赋予当事人一定的准据法选择权

近年来,准据法适用理论除传统的强制性理论与任意性理论外,还出现了一种折中的观点,主张这种观点的人认为在涉及身份权等不允许当事人意定准据法的领域应当适用强制性冲突规范,在涉及合同、侵权等金钱给付类案件中应当允许当事人意定准据法。德国、瑞典等国家的民事诉讼以折中观点作为准据法选择的理论基础。我国学者提出的"冲突规则的候补强制性"观点其实也是折中观点的一种,即当事人的选法合意一般性地由于传统硬性冲突规则是除了合同这一法律明文允许当事人选法的领域之外,对于物权、侵权、婚姻、家庭和继承等对法律适用没有规定或者另有硬性规定的,当事人均有在达成合意的情况下选择适用准据法的权利,在这种情况下,当事人的选择优于法律明文规定。[23] 还有学者提出更为具体的观点——在适度限制程序问题上适用法院地法,在仲裁协议的合法性与效力认定,以及在普通程序中,法律保护形式的要件等方面应适用实体法律关系的准据法所属国的程序规则,而不宜用法院地法的程序规则。[24]

在自由贸易港区域内,是否需要突破准据法选择的强制性是一个值得研究的问题。笔者认为采取折中观点更具有合理性,理由如下:第一,在民事诉讼效率价值层面,赋予当事人一定的准据法意定选择权有利于促进涉外商事纠纷的高效解决。按照我国当下准据法的确定规则,法官应当依职权查明外国法,但外国法的查明是一个极

[23] 徐锦堂、曾二秀:《论冲突规则的候补强制性》,载《学术研究》2010 年第 4 期。

[24] 李双元、邓杰、熊之才:《国际社会本位的理念与法院地法适用的合理限制》,载《武汉大学学报(社会科学版)》2001 年第 5 期。

其费时的过程,而在一定范围内允许当事人意定选择外国法并向法院证明该外国法的内容则有利于提高法官“找法”的效率,从而高效解决涉外商事纠纷。第二,在自由贸易港涉外商事法庭法官素质层面,将准据法的确定职责全部交由法官承担,法官的素质可能难以胜任。如果准据法是国内法律,法官尚能容易地确定具体应当适用的实体法,但如果准据法是外国法,法官可能会“找错”法律,难以保证涉外商事纠纷得到公正处理。第三,在民事诉讼模式层面,当事人主义与职权主义的逐渐融合趋同为赋予当事人意定选择准据法提供了理论基础。如果将我国实行强制性冲突规范的原因归于长期的职权主义诉讼模式,那么当事人主义诉讼模式的引入就为当事人意定选择准据法提供了理论支撑,当事人请求适用外国法,在不违反国家公共利益和公序良俗的前提下,应当得到法院支持。第四,在当事人程序主体性地位层面,赋予当事人一定的准据法意定选择权是私法自治和当事人处分原则的基本要求。与一般商事纠纷一样,涉外商事纠纷也是一种私权之争,在处理该纠纷时,法院同样应当尊重当事人的意思自治。

(二)扩展域外取证的方式

随着自由贸易港建设的不断推进,越来越多的涉外商事纠纷必然会被引发,而在处理涉外商事纠纷的诉讼程序中,首先应当查清案件事实,这是司法裁判的逻辑前提。并不是说所有的涉外商事案件都要通过域外取证方式取得,如果当事人能够提供证据且提供的证据足以认定相关事实,那么也就无须通过域外取证查清案件事实。此处我们需要考虑的是在当事人无法提供相关证据,而自由贸易港涉外商事法院又必须采用域外调查取证方式的情况下,自由贸易港司法制度如何更好地帮助法院进行域外取证,保障国际商事诉讼顺利进行。扩展海南自由贸易港涉外商事法院域外取证方式的思路有以下两种:一是借鉴《海牙取证公约》,制定与国际接轨的取证方式和程序;二是国家以自由贸易港地区为实施范围,与世界国家签署更加开放的域外取证公约。上述两种途径均可实现建立健全自由贸易港涉外商事法庭域外取证程序规范的目的,如果两者取其一,笔者更加倾向于采用第一种方式,即移植《海牙取证公约》相关规定,制定与国际接轨的海南自由贸易港涉外商事法庭域外取证程序规定。理由在于:通过这种方式建立自由贸易港涉外商事法庭域外取证程序规范的难度较小。中国已经加入了《海牙取证公约》,因此中国享有《海牙取证公约》的相关权利,也有义务履行《海牙取证公约》相关责任。移植并不是改造,更多的是重整或重述《海牙取证公约》,为自由贸易港涉外商事法庭建立体系化的域外取证程序规范。

第一,从形式上,以制定《海南自由贸易港法》相关法为契机,全面规定自由贸易港涉外商事法庭域外取证程序规范。将《海牙取证公约》的部分内容进行重整,为自由贸易港涉外商事法庭法官或者当事人提供一个相对集中的程序指引,避免法院或者当事人不知道如何进行域外取证。

第二,从内容上,在已有的取证方式的基础上适当扩大海南自由贸易港涉外商事法院域外取证的方式。海南自由贸易港可以适当放开特派员取证的限制,允许外国律师或者其他人员在海南自由贸易港直接取证,以体现海南自由贸易港的国际化。中国虽然在《海牙取证公约》中保留了特派员制度,但中国法律并未明确禁止特派员取证制度。因此,立法可以作出特殊规定,在海南自由贸易港的范围内允许外国律师或者其他人员调查取证。在海南自由贸易港允许特派员调查取证的目的一方面在于与世界多数国家,特别是英美法系国家保持一致;另一方面基于对等原则,在自由贸易港诉讼的当事人的律师可以在外国进行直接调查取证,从而服务于自由贸易港诉讼纠纷解决。关于涉外商事诉讼中请求书的传递问题,可以进一步扩大指定范围,即允许海南自由贸易港涉外商事法庭直接向外国机关传递请求书,提高域外调查的效率。

(三)优化外国法查明的思考

当前,海南自由贸易港面临外国法查明类型规定不够详细、外国法适用中对于公共秩序保留的认定标准有待明晰的困境。

关于自由贸易港外国法查明中有关当事人提供外国法的程序问题,笔者认为最核心的是要确保当事人提供的外国法是生效的、可行的法律。因此,应当从以下三个方面规制当事人直接提供外国法的基本程序。一是规范当事人直接提供外国法的来源,二是建立法院对当事人直接提供的外国法的审查机制,三是完善当事人对对方当事人直接提供外国法的质证程序。具体而言,当事人直接提供的外国法应当具有官方性、权威性。当事人直接提供的外国法应当来自官方或国际合法组织,只有官方或国际合法组织发布的法律文本才具有法律效力,基于英美法系国家实行判例法制度,此处的法律文本也包括判例。当事人提供的相关法学著作中的学者观点应当具有一定的权威性,该观点需得到理论界和实务界的认可。此外,当事人提供的外国法还应当翻译为法院地国语言文本。法院应当对当事人直接提供的外国法进行审查,主要从该外国法是否来自官方、是否具有一定的权威性,以及翻译是否准确等方面进行审查。把当事人直接提供的外国法作为“事实”,在庭前应当送达对方当事人允许对方当事人提出答辩意见,在庭审中应当对当事人直接提供的外国法进行质证,法院结合全案事实作出认证。

关于公共秩序保留认定标准,有学者提出树立国际社会本位,即在国际私法中应当从国际利益本位向国际社会本位发展,在司法中既要考虑本国利益,又要考虑国际社会利益。[25] 在自由贸易港司法中,应当站在国际社会本位推进涉外商事纠纷解决,有效化解自由贸易港商事纠纷,同时吸引更多的国际商事主体到自由贸易港解决纠纷,提升中国司法竞争力。

第一,坚持国际社会本位应当以中国特色社会主义政治制度、司法制度为前提。坚持国际社会本位应当符合中国特色社会主义政治制度、司法制度。坚持中国共产党的领导,自由贸易港的司法机关也不例外。外国法的适用同样应当符合党和国家的政策,如果外国法的适用可能与中国特色社会主义政治制度、司法制度相违背,则运用公共秩序保留排除外国法的适用。

第二,坚持国际社会本位应当扩大外国法的适用。在坚持中国特色社会主义政治制度、司法制度的前提下,对于国际商事私法主体不应过多地通过公权力进行干涉,应当把重点放在国际商事纠纷的实质化解上。如果国际商事主体已经通过协议明确约定了适用的外国法,该约定不违反国际强制性规定,自由贸易港涉外商事法庭应当尊重当事人的意思自治,运用当事人约定的外国法裁判有利于当事人自觉接受裁判结果,有利于判决的自动履行。如果当事人没有约定应当适用的外国法或者约定不明确时,自由贸易港涉外商事法庭在查明适用外国法时应当选择对当事人纠纷化解有利的外国法,而不是"一刀切"式的采用法院地法。当然,自由贸易港涉外商事法庭应当对当事人协议选择的外国法进行审查,审查其是否存在损害其他当事人的利益的情形。

---

〔25〕 李双元、李赞:《构建国际和谐社会的法学新视野——全球化进程中的国际社会本位理念论析》,载《法制与社会发展》2005 年第 5 期。

第五章 海南自由贸易港商事纠纷仲裁解决机制

健全和完善社会矛盾纠纷多元化解机制是实现国家治理体系和治理能力现代化的必经之路，为此，党的十八届四中全会提出完善我国仲裁制度，提高我国仲裁公信力的要求。仲裁作为我国法律规定的纠纷解决制度和国际通行的纠纷解决方式，具有的效率高、保密性强、专业性强、一裁终局等诸多优势，契合了自由贸易港建设中商事纠纷高度专业化、案件保密要求高、对纠纷解决效率高等要求，仲裁解决机制对自由贸易港商事纠纷具有原生的适应性。因此，在自由贸易港建设过程中，应当在充分发挥仲裁制度优势的基础上对其进行优化改良，按照习近平总书记“4·13”重要讲话和中央有关文件精神，推动海南仲裁国际化进程，为海南自由贸易港创造一流的营商环境提供有力的法治保障，同时使其与国际接轨，提高我国仲裁机构在国际上的知名度和竞争力。

第一节 海南自由贸易港商事纠纷仲裁解决机制新要求

一、强化对当事人意思自治的尊重

仲裁起源于当事人意思自治。在公元前6世纪古罗马、古希腊时代,地中海沿线简单商品经济发达,商事纠纷和海事纠纷不断增多。为了便捷高效地解决这些纠纷,商人们自发地采用了请中间人裁决的方式,双方在自愿协商的基础上,共同委托彼此信赖、办事公道、素有声望、熟悉情况的第三人对纠纷居中作出裁决,并承诺自觉遵守裁决。〔1〕因此,仲裁之所以能够作为一种非诉讼化的纠纷解决方式,源于当事人自愿将纠纷交由第三者居中裁决。

意思自治是仲裁机制最主要的优点。尽管仲裁有诸多的优点,如程序简便、处理公正迅速等,但其中最主要的优点是能够充分体现当事人的自由意志。〔2〕不同于诉讼制度,当事人可以自主选择仲裁的机构、地点、规则,指定仲裁员,决定案件是否公开审理等。仲裁庭和当事人之间不是指导与被指导、决定与服从的关系,而是协调配合的关系。意思自治使当事人对仲裁有了一种控制感、亲近感和公正感。这也成为在仲裁起源之后,更多的商事主体选择仲裁、使用仲裁的根本原因。

意思自治是仲裁活动的灵魂,尊重当事人自治是仲裁制度的首要原则。《仲裁法》在历次修改的过程中不断强化对当事人意思自治的尊重。如2004年《仲裁法》在修改时,通过严格限制有关仲裁协议失效的具体情形来尊重和保障当事人的意思自治。〔3〕在判断仲裁协议是否具备法律效力时,凡当事人经合意而自愿达成的具备可执行性的仲裁协议,一般应当确认该仲裁协议的效力。

自由贸易港的商事纠纷仲裁解决机制应更加尊重当事人的意思

〔1〕谢进:《中国自贸试验区多元化纠纷解决机制研究》,鹭江出版社2019年版,第12页。

〔2〕毛利奇:《仲裁与当事人意思自治》,载《法学杂志》1996年第4期。

〔3〕马占军、邹世发等:《尊重当事人意思自治鼓励和支持仲裁发展——解读最高人民法院〈关于适用《中华人民共和国仲裁法》若干问题的解释(征求意见稿)〉》,载《仲裁研究》2004年第1期。

自治。自由贸易港商事主体的涉外性、商业性、独立性决定了其对仲裁纠纷解决机制有不同的需求,如商事主体为了防止仲裁规则的严格适用造成实质性不公而约定的友好仲裁制度,为了节约成本提高效率而约定的临时仲裁制度、约定仲裁员的资格、对仲裁员的国籍种族作出规定等。这些约定可能突破了现有《仲裁法》及仲裁机构仲裁规则的规定。但在自由贸易港建设背景下,其仲裁纠纷解决机制应该适当地进行改革,满足当事人因纠纷产生的对于仲裁的要求。这既体现了对当事人意思自治的尊重,向外表达自由贸易港是一个开放自由的地区,又是海南自由贸易港吸引更多当事人选择海南作为仲裁地的一种有效的手段。在实现海南自由贸易港仲裁规则国际化的道路上,尊重当事人意思自治是不可或缺的原则。[4] 只有充分地尊重当事人意思自治,才能实现仲裁规则的国际化。

二、建立国际仲裁中心

仲裁附着于经济基础之上,经济结构决定了仲裁的发展方向。习近平总书记"4·13"重要讲话对自由贸易港做出了"三区一中心"的定位。经济结构的外向性决定了仲裁发展的国际化。在海南自由贸易港建设过程中,越来越多国际商事活动的展开必然对仲裁解决机制提出国际化的要求。中共中央、国务院印发的《关于支持海南全面深化改革开放的指导意见》明确提出"支持建立国际经济贸易仲裁机构和国际争端调解机构等多元纠纷解决机构"。而打造国际商事仲裁中心是形成法治化、国际化、便利化营商环境的重要组成部分。国际商事仲裁中心的打造要求:

---

〔4〕 崔善红:《推动海南仲裁国际化进程　服务保障海南自贸区优质营商环境——海南自由贸易试验区(港)国际仲裁高端论坛发言摘要》,载《人民法院报》2018年6月27日,第7版。

加强仲裁机构的中立化、国际化建设，消除仲裁机构行政化色彩。我国的仲裁制度属于典型的法律移植，具有“政府”推动的特点。[5] 政府在仲裁制度演进过程中发挥了不可替代的作用，同时也使得商事仲裁难以回归其“民间性”的特点。在国际商事仲裁中心打造背景下，政府必须主动退出商事法律服务市场，承担起相应的监管和扶持责任。

加强仲裁队伍的国际化建设。在仲裁争议解决过程中，仲裁员扮演着非常重要的角色。打造一支国际化的、高水平的仲裁员队伍，有助于外资企业或涉外商事主体将纠纷提交仲裁机构仲裁。仲裁机构应通过各种方式吸引国际商事仲裁界知名的仲裁员并将其纳入仲裁员名册，从而提高外籍仲裁员在仲裁员名册中的比例。

加强仲裁规则的国际化水平。仲裁规则的国际化是仲裁机构具备国际化的最重要标志和衡量标准，自由贸易港商事纠纷中的各方当事人可能属于不同的国家和不同的法域，这导致了他们平常选择的仲裁规则与自由贸易港的规则不尽相同。仲裁规则的国际化有助于提高当事人对仲裁机构的信赖程度，有助于减少当事人在理解和适用仲裁规则之间的困难。自由贸易港仲裁机构可以吸收借鉴联合国国际贸易法委员会以及域外知名仲裁机构所制定的仲裁规则中有关制度安排，进而推动仲裁立法更贴合实际，形成仲裁立法和实践的良性互动。

三、打造专业化仲裁队伍

仲裁员的水平直接影响到仲裁的好与坏。仲裁员是真正仲裁制度的践行者，仲裁员的公正独立、专业化程度、职业化水平决定了仲

---

〔5〕 刘丹冰：《试论中国商事仲裁法律制度演进中的政府作用与修正——基于仲裁行政化的考察》，载《广东社会科学》2014 年第 1 期。

裁裁决的质量和仲裁制度的公信力。因此，打造一支专业化的仲裁队伍是自由贸易港商事案件专业化程度高、新类型案件不断涌现的必然要求，也是缓解司法机关办案压力，共建多元化纠纷解决机制的当然之举。

自由贸易港商事案件专业化程度高。自由贸易港今后发展的产业集中在金融、航运、高新技术、知识产权等领域，该领域内的纠纷具有高度的专业性。以知识产权为例，知识产权纠纷所涉及的领域宽广，涉及多个学科领域。纠纷的背后体现的不仅是法律问题，还涉及专业技术问题。世界知识产权组织 WIPO 针对知识产权专业化程度高的特点设置了专家裁决机制，双方当事人通过约定的方式将纠纷提交至一名或者多名专家处，由专家就纠纷作出裁定，除双方另有约定外，该裁定具有最终的约束力。[6] 专家裁决机制的存在印证了知识产权纠纷对裁决人员专业化的要求。与知识产权纠纷类似，高新技术、航运、金融等领域的纠纷同样需要专业人士作出仲裁，才能确保仲裁裁决的公正性，达到定分止争的效果。

在自由贸易港先行先试的政策红利下，即将涌现出一批新型案件。习近平总书记“4·13”重要讲话中指出“发展是第一要务，创新是第一动力，是建设现代化经济体系的战略支撑”。[7] 自由贸易港在创新发展的同时，势必会出现诸如商业保理、各类金融衍生品种交易等新型领域的纠纷，法律的滞后性可能导致纠纷解决“无法可依”

---

〔6〕 WIPO 对专家裁决（Expert Determination）作出的解释为：Expert determination is a procedure in which a dispute or a difference between the parties is submitted, by agreement of the parties, to one [or more] experts who make a determination on the matter referred to it [them]. The determination is binding, unless the parties agreed otherwise, https://www.wipo.int/amc/en/expert-determination/what-is-exp.html。

〔7〕 习近平：《在庆祝海南建省办经济特区 30 周年大会上的讲话》，载《人民日报》2018 年 4 月 14 日，第 2 版。

局面的出现。[8] 就像法官不得因法律没有规定而拒绝裁判一样，仲裁庭也不得因法律没有规定而拒绝裁决。此时，专业化的仲裁员可以通过国际习惯、行业习惯，依据公平合理的原则作出裁决，在确保纠纷解决的同时，促进商业的繁荣和立法的改革。

专业化的仲裁队伍有助于实现案件诉讼外分流，将案件引流至仲裁，缓解司法机关的压力。当前，我国司法机关面临案多人少、专业技能人员配备不足的压力。应自由贸易港商事纠纷的特性，构建专业化的仲裁队伍，可以将专业性强的商事纠纷引流至仲裁，使司法机关能够集中精力办理更加关切民生的案件，减轻司法机关因专业人员配备不足带来的办案压力，实现案件的分流、诉讼和非诉讼纠纷解决机制的衔接。

四、仲裁机制快捷高效

商事纠纷解决的价值理念不同于传统的民事案件。商事行为存在明显的营利性和营业性，与传统的民事纠纷解决看重公平正义相比，商事主体更追求安全和效率。纠纷的久拖不决影响商事主体营业活动的正常开展和资金资本的流动。2013 年 9 月召开的全国法院商事审判工作座谈会议强调，要进一步深化有关商事纠纷审判理念，对于商事审判与传统民事审判在理念、价值追求等方面的差异有清晰的理解和认识，以便更好地从事商事审判工作，并指出商事审判则侧重于鼓励交易，增进财富，以交易的安全和快捷为目的。同样，商事仲裁亦应该遵循相同的理念。

商事纠纷追求快捷高效的理念应该落实到仲裁机制中。作为世界顶尖的国际商事仲裁机构，ICC 在长期的仲裁实践中意识到了当

---

〔8〕 包蕾：《涉自贸试验区民商事纠纷趋势预判及应对思考》，载《法律适用》2014 年第 5 期。

事人对速度效率的追求。因此,其在2011年的仲裁规则中引入了程序快捷与公正原则,并在2017年的仲裁规则中确立了快速仲裁程序,以此来积极回应当事人对仲裁纠纷解决机制的期待。[9] 自由贸易港商事纠纷仲裁机制构建中,可以通过设置快速程序、设立紧急仲裁员等多种方式实现商事主体的合理期待。

自由贸易港内的商事纠纷与自由贸易港外的商事纠纷存在一定的差异。自由贸易港内存在很多区内注册、区外经营的商事主体。此类商事主体发生纠纷选择在自由贸易港仲裁时,面临空间距离远、送达出庭难等问题。运用现代网络技术科技、区块链存证技术、网上仲裁等方式,可以为当事人参与仲裁程序提供便利。因此,便捷高效的仲裁机制除了体现在仲裁规则的制定上,还体现在配套基础建设的完备上。

第二节　海南自由贸易港商事纠纷仲裁解决机制制度创新

在自由贸易港建设背景下,海南本土仲裁机构为使其仲裁规则率先走在全国前列,为海南自由贸易港营造国际化、法治化、便利化营商环境,进行了一系列的改革。首先,将"海南仲裁委员会"更名为"海南国际仲裁院"(以下简称海国仲),实现机构名称的国际化。其次,施行以理事会为核心的法人治理结构,明确机构的法人性质,建立一套高效运行的治理机制。再次,通过《海南国际仲裁院(海南仲裁委员会)管理办法》,结束了仲裁机构有法无规的现状,使其成为仲

---

〔9〕 金鑫:《论法国国际商事仲裁程序快捷与公正原则——兼及中国法的适用》,载《青海社会科学》2019年第6期。

裁机构依法依规管理的新起点。最后,修订《海南国际仲裁院仲裁规则(2017 年版)》(以下简称《仲裁规则 2017》),形成了《海南国际仲裁院仲裁规则(2020 年版)》(以下简称《仲裁规则 2020》)。《仲裁规则 2020》是自由贸易港仲裁法制建设的全新的起点。

一、尊重当事人意思自治方面的创新

《仲裁规则 2020》在尊重当事人意思自治方面进行了以下革新。

(一)当事人可以对仲裁语言等进行约定

《仲裁规则 2020》共出现 10 处允许“当事人对……约定的,从其约定”的表述,这意味着《仲裁规则 2020》允许当事人对仲裁语言、仲裁地、仲裁员的资质、证据规则、送达方式、临时仲裁规则等事项进行约定,只要当事人的约定不属于“但约定无法实施或与仲裁程序适用法律的强制性规定相抵触者除外”的例外情形,仲裁委员会或仲裁庭就应当按照当事人的约定。“从其约定”简单的四个字背后体现了当事人中心主义。《仲裁规则 2020》通过拓宽仲裁程序中当事人意思自治的事项和范围,更加充分尊重当事人的意思自治,充分考虑不同当事人的不同需求,为当事人提供方便。

(二)当事人可以对本规则进行变更

《仲裁规则 2020》第 3 条第 3 款赋予当事人对于仲裁规则选择的权利,尊重当事人的自由意志。在当事人同意由海南国际仲裁院进行仲裁,但又达成合意选择适用其他仲裁规则或者对《仲裁规则 2020》内容进行变更的情况下,依照当事人之间的约定,但其约定无法实施或与仲裁程序适用法律的强制性规定相抵触的除外。与《仲裁规则 2017》第 2 条第 1 项有关规定相比,新的规则明确了当事人可以对“本规则”有关内容进行变更。

(三)开放仲裁员名册

《仲裁规则2020》第23条规定,当事人可从海南国际仲裁院提供的仲裁员名册中选择仲裁员,也可从仲裁员名册外选择仲裁员。当事人在仲裁员名册外选择仲裁员的,应当向海南国际仲裁院提供该人选的专业简历和联系方式,经海南国际仲裁院确认后可以担任仲裁员。开放仲裁员名册的制度体现了"天下人才为我所用""不唯仲裁员名册是论"的智慧。仲裁员名册可以纳入的仲裁员始终是有限的,其应是当事人选择仲裁员时的参考和辅助,而不应成为限制和障碍。允许当事人在名册之外选择仲裁员,既避免了当事人因其心仪、信赖的权威人士不在名册之内拒绝选择海南国际仲裁院作出纠纷解决机构的问题,又提高了海南国际仲裁院对当事人的吸引力。由当事人自由选择其认为最适合解决该纠纷的本国或者世界各地仲裁员,可以提高裁决对当事人的说服力,有助于裁决的执行。

二、国际化方面的创新

海南国际仲裁院在国际化运行方面进行了以下的革新。

(一)深化机构改革,实现仲裁机构国际化

首先,机构名称国际化。《海南自由贸易港进一步优化营商环境行动方案(2022—2025年)》明确要健全多元化纠纷解决机制,充分发挥仲裁机制的作用,构建法治化、国际化的营商环境。但法治化、国际化的营商环境离不开国际化的纠纷解决机制和机构。2018年,经海南省人民政府批复同意和司法部同意,海南仲裁委员会更名为海南国际仲裁院。鉴于我国《仲裁法》对仲裁机构的法定称谓为"仲裁委员会",因此在《仲裁法》未修改前,仍保留"海南仲裁委员会"与海南国际仲裁院实行"一套人马、两块牌子"的运行机制。海南国际仲裁院的仲裁改革走在全国前列,为海南自由贸易港建设提供了优质高效的仲裁法律保障。

其次,机构性质中立化。为改变长期以来仲裁机构附属于行政体制的现象,《海南国际仲裁院章程》将海南国际仲裁院定位为社会公益性法定机构,作为非营利法人独立运作,不再登记为事业法人。《仲裁规则 2020》第 1 条规定,海南国际仲裁院属于在中国海南依法组建登记的解决平等主体之间发生的合同争议和其他财产权益争议的社会公益性常设仲裁机构。机构性质的中立化保障了仲裁机构的独立性和公正性,避免了仲裁受到行政机关的干扰。

最后,实行以理事会为核心的法人治理结构,建立行之有效的治理机制,实现决策、执行、监督的相互分离和制约。理事会的理事由法律界、工商界及其他领域的境内外知名人士担任,其中境外人士不少于总数的 1/3,境外加省外人士占总数的一半以上,重大决策实行理事会票决制。理事会决定仲裁院的重大事项,但不干预具体仲裁案件。实行自收自支、依法纳税的财务管理体制。由理事会参照国际惯例和同行业市场水平制定仲裁员报酬和工作人员绩效考核制度、激励和惩戒方案。公开财务预决算报告,并接受社会监督。理事会的权威性、国际性位列全国前列。

(二)选任大量境外仲裁员,实行仲裁队伍国际化

2018 年 12 月,海南国际仲裁院进行了首批仲裁员遴选工作。根据 2022 年 10 月公布的仲裁员名册,目前海南国际仲裁院仲裁员名册中共有仲裁员 1180 名,其中中国内地(大陆)仲裁员 894 名,中国香港特别行政区、澳门特别行政区、台湾地区仲裁员 100 名,外籍仲裁员 195 名。境外仲裁员分布的国家和地区由 8 个增加到 40 个,涉及我国港澳台地区以及英美法意日韩新马泰等国家。境外仲裁员既有国际商事仲裁领域的,又有国际投资仲裁领域的;既有独立仲裁员、知名仲裁机构的主席,又有执业律师、法学教授、企业高管等。境

外仲裁员领域专长涉及建设工程、能源、知识产权、合资并购、海运、医疗、体育等领域，极大程度上满足了自由贸易港新型产业纠纷的处理，既解决了我国当下某些产业仲裁员数量不足的问题，又方便了外国当事人选择与其教育文化背景相似的仲裁员。

（三）引入国际仲裁规则，实现仲裁规则国际化

《仲裁规则2020》参照ICC、SIAC、HKIAC、CIETAC、SCIA等国内外著名仲裁机构的仲裁规则，采取更加开放的姿态，结合中国国情与海南仲裁实践，最大限度吸收先进的制度理念。

第一，新增仲裁庭权力清单。仲裁权是仲裁庭的一种手段，用于保证当事人将会遵循仲裁庭的指引。[10] 仲裁庭的权力来自仲裁法律的规定和当事人的授权。清晰明确的仲裁权力清单是仲裁庭高效、妥善推动仲裁程序的关键。《仲裁规则2020》参考LIAC和SIAC的做法，在其第31条规定"在审理程序中，仲裁庭可以根据需要或一方当事人的申请，对包括但不限于下列事项作出决定……"。该条通过列出仲裁庭权力清单的方式，标明仲裁庭权力的内涵和外延，既便于当事人了解仲裁庭权限，又可避免仲裁庭作出的裁决被当事人以仲裁庭不具有相关权力而拒绝执行。仲裁庭作为仲裁程序的推进者，理应拥有广泛的仲裁权力。但长期以来，仲裁庭的"权力清单"既不明确又不透明，给仲裁员和当事人带来了不便和困惑。透明公开的仲裁庭"权力清单"既可以帮助仲裁庭确定自己所享有的仲裁权力，又可帮助当事人确认仲裁庭作出的裁决是否超出了其权力范围。

第二，国际商事仲裁允许第三方资助。《仲裁规则2020》借鉴了CIETAC的规定，在其第72条规定，在不违反仲裁程序适用法律的情

---

〔10〕 Mustill, *Boyd*: *The Law and Practice of Commercial Aribitration in England*, London & Edinburgh Betterworths, 1989, p. 291.

况下,任何一方当事人均可以与当事人以外的第三方签署资助全部或部分仲裁费用的协议。获得第三方资助的当事人应立即将第三方资助的情况、第三方的住址和名称以书面的形式告知对方、仲裁庭及海南国际仲裁院。仲裁庭也有权责令获得第三方资助的当事人披露相关情况。仲裁员与提供资助的第三方有利害关系的,应当回避。仲裁庭在就仲裁费用及其他费用方面作出仲裁裁决时,可以考虑是否存在第三方资助的情形。

过去十年,第三方资助(Third Party Funding)在澳大利亚、英国、美国等国家和地区迅速发展。第三方资助指的是与案件实体争议无关的第三方通过向一方当事人提供资金或者其他实质性支持,以求在受资助者胜诉后分割一定比例的争议解决金。在国际重大商事仲裁中使用第三方资助已成为一种趋势。新加坡于2017年通过民法修正案,明文允许第三方可以在诉讼、仲裁和调解中进行出资行为;同年,我国香港特别行政区也通过了《香港仲裁及调解法例(第三方出资)》,允许第三方资助的行为在我国香港特别行政区的仲裁、调解活动中出现。CIETAC也在其2017年施行的《国际投资争端仲裁规则(施行)》第27条规定了第三方资助。尽管我国《仲裁法》中没有关于第三方资助的规定,但可以推断出我国立法机关、最高人民法院对于这一制度持欢迎的态度:CIETAC在制定其仲裁规则时曾征求过两者的意见,如果两者对第三方资助持有否定的态度,有关第三方资助的规定很可能就不会出现其中。第三方资助被喻为“灵丹妙药”和“瘟疫”。这一制度帮助缺乏必要资金的当事人以寻求正义、获得救济的机会,保障其救济权,有助于实现公平正义,避免了仲裁沦为富人的游戏。[11] 通过第三方资助者的尽职调查,受资助者对即将进

〔11〕 汤霞:《第三方资助国际投资仲裁费用担保的必要性标准研究》,载《国际经济法学刊》2019年第3期。

行的索赔有了客观理性的认识,降低了滥诉的可能。自由贸易港仲裁机制中第三方资助的引入,解决了当事人因资金缺乏无法诉诸仲裁的问题,有助于提升海南自由贸易港仲裁制度的吸引力,同时也是我国第三方资助制度试行的前沿阵地。

第三,创设仲裁院"协助进行临时仲裁"专章,为临时仲裁预留接口。《仲裁规则 2020》第九章专章规定"协助进行临时仲裁"。临时仲裁是"机构仲裁之母",是国际上普遍适用的商事纠纷手段。与机构仲裁不同,临时仲裁中的仲裁程序完全取决于当事人的意思自治。当事人合意之下的临时仲裁中的仲裁程序、仲裁员都由双方自行决定,无须依赖仲裁机构展开仲裁。相较于机构仲裁,临时仲裁更为灵活、便利,成本更低,个案针对性更强,具有更高的仲裁效率。我国在20 世纪 90 年代制定《仲裁法》时,受当时的政治、经济、外交等方面的客观条件所限,只规定了机构仲裁。〔12〕这导致临时仲裁无法在中国适用,但外国临时仲裁庭在中国境外作出的仲裁裁决却可以按照《纽约公约》的规定在中国得以承认和执行。

随着中国对外经济的发展和"一带一路"建设的不断推进,中国有必要引入临时仲裁制度,为国内外当事人提供更加快捷高效的仲裁机制。2016 年,最高人民法院印发的《关于为自由贸易试验区建设提供司法保障的意见》规定,"在自贸试验区内注册的企业相互之间约定在内地特定地点、按照特定仲裁规则、由特定人员对有关争议进行仲裁的,可以认定该仲裁协议有效"。这一规定突破了以前对于临时仲裁制度的限制,为海南自由贸易港建立临时仲裁制度提供了良好的契机。海南国际仲裁院在仲裁规则修改时,应积极回应现实需求,凭借自由贸易港的区位优势,在仲裁规则中引入临时仲裁机制。

---

〔12〕 高菲、徐国建:《中国临时仲裁实务指南》,法律出版社 2017 年版,第 1 页。

临时仲裁,因程序管理工作主要由仲裁员自己进行,时常面临仲裁庭如何组成以及仲裁员回避如何决定等重要问题,往往需要借助外部力量。为此,我国香港特别行政区、新加坡采取由仲裁机构为临时仲裁提供协助服务的方式来解决上述问题。[13]《仲裁规则 2020》意识到了临时仲裁存在的问题,并为此规定海南国际仲裁院为临时仲裁提供仲裁员指定、仲裁费用预收、秘书服务等协助,规定临时仲裁和机构仲裁的衔接,减少当事人因在仲裁员、仲裁地点等方面意见不合而导致的延误。这些条文不仅为临时仲裁在海南落地提供基础,还使仲裁院协助下的临时仲裁变得切实可行。如此细致的规定在国际仲裁机构仲裁规则中应属首创,具有一定的新颖性和前瞻性。海南国际仲裁院依托海南自由贸易港这一块改革开放的"试验田",将临时仲裁制度加入多元纠纷解决机制中,这既是对海南自由贸易港仲裁制度的完善,增强海南自由贸易港仲裁的吸引力,对优化海南营商环境,让更多人前来投资起到良好的促进作用,又可以为我国商事纠纷解决机制创新提供鲜活的实践经验。

第四,仲裁庭有权作出临时措施决定。在商事仲裁中,当事人可能采取通过转移财产、销毁证据等行为阻碍仲裁程序的顺利进行或者逃避裁决确定的义务。为防止此类行为的发生,保障另一方当事人在仲裁程序中的合法权益以及仲裁裁决的顺利执行,世界上多数国家的仲裁法律和仲裁规则均规定了临时措施,即在符合一定条件下,一方当事人可以向仲裁庭或者法院申请,要求仲裁庭或法院对另一方当事人的财产、行为采取一定的措施。[14] 我国与"临时措施"相

---

〔13〕 曹晓路、王崇敏:《海南建设自由贸易港的临时仲裁机制创新研究》,载《海南大学学报(人文社会科学版)》2018 年第 3 期。

〔14〕 李彦龙:《论境外仲裁临时措施在中国承认与执行的法律困境与完善方向》,载《上海法学研究》2019 年第 17 卷。

对应的概念是“保全措施”，主要规定在《仲裁法》第 28 条〔15〕,《民事诉讼法》第 84 条〔16〕、第 103 条〔17〕、第 104 条〔18〕当中。

根据以上规定，可以发现我国仲裁临时措施的裁决权在法院，属于法院专属决定的单轨制模式，在这种模式下，仲裁委员会只是起到传递和转交作用。显而易见的是，单轨制模式与仲裁便捷、高效及中立的特点不相符。由法院单独享有临时措施的裁决权，必然意味着当事人必须直接或者间接通过仲裁委员会向法院提起保全申请。但由于法院不了解案情，无法在接受申请后的短时间内作出裁决，影响仲裁的效率，从而造成司法资源的浪费。对于国际商事仲裁而言，当

〔15〕《仲裁法》第 28 条:“一方当事人因另一方当事人的行为或者其他原因，可能使裁决不能执行或者难以执行的，可以申请财产保全。当事人申请财产保全的，仲裁委员会应当将当事人的申请依照民事诉讼法的有关规定提交人民法院。申请有错误的，申请人应当赔偿被申请人因财产保全所遭受的损失。”

〔16〕《民事诉讼法》第 84 条:“在证据可能灭失或者以后难以取得的情况下，当事人可以在诉讼过程中向人民法院申请保全证据，人民法院也可以主动采取保全措施。因情况紧急，在证据可能灭失或者以后难以取得的情况下，利害关系人可以在提起诉讼或者申请仲裁前向证据所在地、被申请人住所地或者对案件有管辖权的人民法院申请保全证据。证据保全的其他程序，参照适用本法第九章保全的有关规定。”

〔17〕《民事诉讼法》第 103 条:“人民法院对于可能因当事人一方的行为或者其他原因，使判决难以执行或者造成当事人其他损害的案件，根据对方当事人的申请，可以裁定对其财产进行保全、责令其作出一定行为或者禁止其作出一定行为;当事人没有提出申请的，人民法院在必要时也可以裁定采取保全措施。人民法院采取保全措施，可以责令申请人提供担保，申请人不提供担保的，裁定驳回申请。人民法院接受申请后，对情况紧急的，必须在四十八小时内作出裁定;裁定采取保全措施的，应当立即开始执行。”

〔18〕《民事诉讼法》第 104 条:“利害关系人因情况紧急，不立即申请保全将会使其合法权益受到难以弥补的损害的，可以在提起诉讼或者申请仲裁前向被保全财产所在地、被申请人住所地或者对案件有管辖权的人民法院申请采取保全措施。申请人应当提供担保，不提供担保的，裁定驳回申请。人民法院接受申请后，必须在四十八小时内作出裁定;裁定采取保全措施的，应当立即开始执行。申请人在人民法院采取保全措施后三十日内不依法提起诉讼或者申请仲裁的，人民法院应当解除保全。”

事人之所以选择仲裁作为纠纷解决的手段,原因之一是不想和一方当事人当地的法院打交道。而单轨制模式使仲裁当事人不得不与当地的法院打交道,聘请当地的律师,违背当事人的初衷意愿。综观世界各国的立法司法以及仲裁规则,仲裁庭享有临时措施裁决权的不在少数,主要表现为规定仲裁庭单独享有或者与法院同时享有临时措施裁决权,如瑞士、德国的立法司法实践,以及《国际商会仲裁规则》《联合国国际贸易法委员会国际商事仲裁示范法》等规则都规定仲裁庭作出临时措施决定的同时,也允许法院为仲裁庭或当事人提供保全措施方面的协助。

在完善自由贸易港仲裁机制的过程中,为提高仲裁的吸引力,建设友好仲裁地,使更多人选择自由贸易港仲裁机构进行仲裁,可以赋予海南自由贸易港仲裁委员会临时措施裁决权。在实践中,CIETAC和上海国际仲裁中心均在其仲裁规则中规定仲裁庭可以决定采取其认为必要或适当的临时措施,并有权要求当事人提供担保。这些规定无疑是对当前立法的一种突破,扩大了仲裁庭的部分权力,体现了国际商事仲裁的发展趋势,即赋予仲裁庭更多的权力,提高仲裁庭的吸引力。《仲裁规则 2020》第 69 条第 2 款中亦有相同的规定,在当事人向仲裁庭提出申请后,仲裁庭可以依照适用的程序性法律及当事人间的约定,决定采取认为适当的临时仲裁措施,采取临时措施的决定可以仲裁庭决定、中间裁决或有关法律认可的其他方式作出。确有必要的,仲裁庭有权要求申请临时措施的当事人提供适当的担保。

三、专业化方面的创新

自由贸易港仲裁纠纷解决机制在专业化运行方面进行了以下的革新。

（一）设立专业化的仲裁中心

为了适应现代服务业的发展，及时高效解决金融、海事、旅游等现代服务业发展过程中产生的纠纷，提高仲裁机制的专业化程度，海南国际仲裁院设立了金融仲裁中心、海事仲裁中心、旅游仲裁中心三个分支机构。

金融仲裁中心旨在适应海南自由贸易港离岸金融服务的发展。自由贸易港最核心的内容是贸易自由，而贸易自由需要金融自由，离岸金融业务可以实现金融自由。综观世界上成熟发达的自由贸易港，如我国香港特别行政区、新加坡、迪拜等，均有与货物、服务、金融、人员自由流动相配套的离岸金融中心。海南良好的地理位置、政策、产业、自然资源与营商环境、人才等优势，决定了离岸金融业务会得到长足的发展。[19] 金融仲裁中心的设立能够高效化解金融纠纷，防控金融风险，积极探索与自贸区、自由贸易港相适应的国际金融制度，为海南自贸区建设乃至国际金融中心提供法治保障。

海事仲裁中心旨在适应海南自由贸易港海事海商航运业务的发展。海南是我国最大的海洋省份，拥有漫长的海岸线和诸多优质的海湾、港口。这一独特的区位优势也是海南自由贸易港在海事海商领域内业务繁荣的主要原因。海南国际仲裁院通过设立海事仲裁中心，受理海洋开发利用、海域使用、海洋生态环境保护、港口、船舶等各类海事海商仲裁案件，仲裁管辖权不受当事人所在国籍、地域以及纠纷发生地、合同履行地、财产所在地的限制。海事仲裁中心的设立突出了海南海洋特色，凸显了海南国际仲裁院在海洋、港口、船舶、岛礁建设等海事海商领域纠纷解决的专业特色，便于相关企业、人员就近咨询相关知识，选择公正、高效、低成本的仲裁方式解决纠纷，为当

[19] 徐文彬：《海南自贸区离岸金融中心构建设想》，载《开放导报》2019 年第 5 期。

事人提供优质的仲裁服务，为海南自由贸易港营造世界一流的营商环境作出贡献。

旅游仲裁中心旨在适应海南国际旅游消费中心的发展。依法妥善处理旅游纠纷，提升旅游消费服务质量，是促进海南国际旅游中心建立和发展的保障。海南国际仲裁院与海南省旅游和文化广电体育厅联合设立了旅游仲裁中心。海南旅游仲裁中心主要受理当事人约定由海南国际仲裁院受理的各类旅游消费、项目投资、项目建设和与旅游产业相关的各类商事争议。旅游仲裁中心的设立可以提高旅游类纠纷解决的专业性，提升旅游纠纷解决的速度，有助于共商建立旅游业纠纷仲裁解决机制，共同维护海南旅游消费和投资环境。

（二）发挥行业专业人才优势成立仲裁调解中心

行业调解除了具备与人民调解共同的优势外，还具有专业性的特征。随着现代社会行业产业分工的日益细化，普通民众和裁判人员可能难以及时掌握行业内部的发展状况、政策要旨、行业规则。因此，我国行政机关、司法机关在处理具备较强专业性的纠纷时，一般通过委托行业协会以调解的方式处理纠纷。[20] 行业专业人才的优势可以在行业调解中充分展现，让专业人调处专业事。行业内专家和从业人员所具备的优势在于他们对于本行业的行业背景、知识、规则等方面十分了解，可以在面对复杂的纠纷时找到纠纷的本质问题，发现纠纷产生的原因，充分利用行业规则解决纠纷，并提出有效可行的解决策略；具有丰富行业管理经验的调解员，对于行业纠纷中的焦点问题更能从法律和技术角度厘清双方的权利义务关系。

2019 年，海南国际仲裁院与和海南省商业总会、省知识产权局、省投资协会联合成立了海南国际仲裁院省企业联合会仲裁调解中

〔20〕 熊跃敏、周杨：《我国行业调解的困境及其突破》，载《政法论丛》2016 年第 3 期。

心、海南自贸区知识产权仲裁调解中心、海南国际仲裁院省投资协会仲裁调解中心。上述调解中心负责宣传推广海南国际仲裁院仲裁制度和仲裁案件的收案、调解工作，为企业在商事活动中遇到的法律实务问题提供帮助，协助他们解决问题；保持与各企业法律部门的顺畅沟通，做好企业优先选择仲裁方式解决纠纷的指引工作，确保将仲裁方式写入合同争议解决条款合法合规。调解中心的设立将工作前移至行业协会，使纠纷尽可能在仲裁前通过专业的行业从业人员得以调解化解，是海南自由贸易港建设中应对纠纷专业化程度高的重要举措。

（三）引入专家报告制度

与法官相比，仲裁员因是当事人挑选的，因此通常会是某一领域内从业时间较长、对某方面专业知识相对精通的人员。但随着科学技术的不断发展和社会分工的急剧加速，产生纠纷的领域可能处于科学技术金字塔的顶端，是某一专业中最前沿、最尖端的技术问题，即使是熟悉该领域的仲裁员也对专业性极强的争议问题无能为力。此时就需要借助专家的意见。在航运、贸易等纠纷频发的领域，为数不少的专家因历次担任专家证人而熟悉了仲裁程序，积累了丰富的经验，并把担任专家证人作为自己的职业，成为“专职专家证人”。[21] LCIA 每年审理的案件中，绝大多数案件均会聘请专家，专家就农业、生物技术、工程以及经济学和会计学等众多领域提供专家意见证据（Expert Opinion Ecvidence）。[22]

自由贸易港在深化供给侧结构性改革，积极发展信息技术产业

〔21〕 齐树洁、程翔：《仲裁程序中的专家证人制度述评》，载《仲裁研究》2007 年第 2 期。

〔22〕 Gary Slapper and David Kelly, *The English Legal System*, Gavendish Publishing Limited, 2004, p. 308.

和数字经济，打造空间科技创新战略高地等过程中难免会产生一些纠纷，在这类纠纷中难免会遇到高精尖技术问题，此时就需要专家证人的介入。《仲裁规则2020》第41条规定，当事人可以自行聘请具有相应资质的专家就案件的事实问题或法律问题提出专家报告。仲裁庭有权要求双方当事人各自指定的专家在开庭前共同举行专家会议，就达成一致的事项、未达成一致的事项及相应的原因提交书面报告。任何一方当事人均可要求对方当事人指定的专家就其提交的报告到庭作出说明和解释。

四、便捷高效化方面的创新

自由贸易港仲裁纠纷解决机制在便捷高效化方面进行了以下革新。

（一）仲裁第三人制度

随着社会分工的不断深化，商事交易中出现了多方当事人且交易之间存在牵连，一项争议的仲裁解决会涉及仲裁双方当事人之外的第三人，即所谓的仲裁第三人问题。“仲裁第三人”属于新兴的专业术语，对于其内涵和外延学界暂无定论，观点也并不统一。[23]《中国（上海）自由贸易试验区仲裁规则》（以下简称《上海自贸区仲裁规

---

〔23〕一种观点认为，仲裁第三人指整个仲裁过程中出现的第三人，包括仲裁协议第三人、仲裁程序第三人以及仲裁裁决执行第三人，参见屈广清、周清华等：《论仲裁第三人制度》，载《中国海商法年刊》2000年第11期；另一种观点认为，仲裁第三人的概念可参照民事诉讼中的第三人概念，指对当事人之间争议的标的有独立请求权，或者虽无独立请求权但案件的处理结果与其有法律上的利害关系为保护自身的合法权益而参加到仲裁中的人，参见谭兵主编：《中国仲裁制度的改革与完善》，人民出版社2005年版，第211页；还有观点认为，仲裁第三人指仲裁程序开始后，与仲裁案件处理结果有实质法上的牵连关系而互动或者被动加入仲裁程序中的非原仲裁协议当事人，参见萧凯、罗骁：《仲裁第三人的法理基础与规则制定》，载《法学评论》2006年第5期。

则》)第37条、第38条将仲裁第三人分为了两种类型,一种是同一仲裁协议下的其他协议方,因在仲裁一开始未加入仲裁程序;另一种是非仲裁协议的表面签订者,即案外人因与申请人、被申请人存在实体法权益的关联,申请加入仲裁程序。

仲裁第三人制度下的仲裁突破了传统仲裁程序中仅有两方当事人的构造,出现了多方当事人。实际上,若严格按照《仲裁法》第4条的规定〔24〕,非仲裁协议的表面签订者是不能加入仲裁的。最高人民法院于2004年发布的《关于适用〈中华人民共和国仲裁法〉若干问题的解释征求意见稿》中关于仲裁第三人制度的规定提到,"订立仲裁协议的当事人因合并、分立、终止、撤销等发生变更的,仲裁协议对其权利义务的继受者有效。订立仲裁协议的当事人死亡的,仲裁协议对其继承人有效。第三人行使订立仲裁协议的一方在仲裁事项中的权利的,仲裁协议对第三人有效"。但2006年生效的最高人民法院《关于适用〈中华人民共和国仲裁法〉若干问题的解释》(已修改)仅规定了在当事人合并、分立、死亡以及债权债务部分或全部转让的情形下,仲裁协议对继受人有效,这说明当时立法界对仲裁第三人制度持审慎的态度。

现阶段国际商事贸易往来越来越频繁,随着多方当事人、集团公司、代理人与代表人等复杂法律现象的不断出现和愈演愈烈,仲裁实践中对于第三人制度的需求更显突出。〔25〕近年来,各大国际仲裁机构在仲裁规则修订时均对这一问题作出了回应。2019年,《全国法院民商事审判工作会议纪要》"八、关于财产保险合同纠纷案件的审

〔24〕《仲裁法》第4条:"当事人采取仲裁方式解决纠纷,应当双方自愿,达成仲裁协议。没有仲裁协议,一方申请仲裁的,仲裁委员会不予受理。"

〔25〕石育斌:《国际商事仲裁第三人制度比较研究——兼论中国〈仲裁法〉修改中的第三人问题》,华东政法大学2007年博士学位论文。

理”中规定,“被保险人和第三者在保险事故发生前达成的仲裁协议,对保险人具有约束力……”,这说明司法界对仲裁第三人制度的接纳。

在仲裁中引入第三人制度,可以防止虚假仲裁、矛盾仲裁的出现,提高纠纷解决的效率和公正。[26] 海南国际仲裁院在修订仲裁规则时敏锐地察觉到了自由贸易港建设中第三人制度的重要性,并在《仲裁规则2020》第19条做出了有关第三人制度的规定。

(二)诚信善意仲裁和费用制裁

2012年《民事诉讼法》修改时增加的第13条第1款规定:“民事诉讼应当遵循诚实信用原则”。诚实信用原则的确立对规范民事诉讼参与人的诉讼行为,促进司法公正、提高诉讼效率有重要的现实意义。[27] 作为多元化纠纷争端解决机制中的“一员”,仲裁中并无此项规定。随着仲裁的不断发展,当事人虚假仲裁、伪造证据、滥用管辖权异议等违反诚实信用原则的行为开始涌现。这些行为损害了案外人的权益,造成了仲裁程序的拖延,不利于纠纷的快速解决。为了应对仲裁程序当中不诚信的行为,上海、广州等多地的仲裁规则中明确仲裁当事人应遵循诚实信用原则,天津等少数地区的仲裁规则还提及当事人提交的纠纷属于虚构事实、恶意串通等情形,企图通过仲裁侵害国家、集体或者他人合法权益的,仲裁委员会应当驳回仲裁申请。但目前的仲裁规则关于虚假仲裁方面的规定仍不够清楚,其具体认定标准、惩罚机制都暂未制定。这对仲裁机构在仲裁程序中避

---

〔26〕 萧凯、罗骁:《仲裁第三人的法理基础与规则制定》,载《法学评论》2006年第5期。

〔27〕 王琦:《民事诉讼诚实信用原则的司法适用》,载《中国法学》2014年第4期。

免虚假仲裁造成了一定的困难。[28]

海南国际仲裁院在其《仲裁规则 2020》在第一章总则部分第 6 条规定了仲裁诚实信用原则。为防止当事人通过仲裁中的虚假调解损害国家、集体和第三人的利益,《仲裁规则 2020》第 48 条第 8 项增加了仲裁庭对和解协议的审查权,规定了调解达成协议的内容超出仲裁请求范围的,应当允许,但不得侵害国家、集体或第三人利益。仲裁庭经过审查,认为和解协议内容侵害国家、集体或第三人利益的且当事人拒绝变更的,仲裁庭可以驳回当事人关于按照和解协议内容制作调解书或裁决书的请求;并在第 55 条第 3 项再次重申了违背诚实信用原则承担增加费用的这一制度,规定"一方当事人违反本规则规定的诚信仲裁原则或仲裁庭提出的举证要求等致使仲裁费用增加的,仲裁庭有权根据当事人的行为确定合理的承担比例"。此规则反映了 ICC、LCIA、SIAC、AAA 等国际仲裁机构仲裁规则的最新发展趋势。

(三)紧急仲裁员制度

仲裁庭的成立耗时较长,导致临时措施决定的作出具有一定的滞后性。尽管在众多的法域,仲裁庭有权作出临时措施决定,但在有些仲裁案件中,当事人基于案情的特殊性需要在仲裁庭成立之前对对方当事人的财产、行为及案件的证据采取保全。为此,众多国家借鉴《联合国国际贸易法委员会国际商事仲裁示范法》(UNCITRAL Model Law on International Commercial Arbitration)的规定,明确当事人可以在仲裁庭成立之前向有管辖权的法院提出临时仲裁措施申

---

〔28〕 董暖、杨弘磊:《虚假仲裁案外人权利的司法救济研究》,载《法律适用》2017 年第 2 期。

请,由法院作出临时措施决定。[29] 这种规定违背了当事人订立仲裁协议就是不愿将案件诉诸法院的初衷,同时法院受理临时措施申请也违背了当事人案件保密的意愿。为解决该问题,SCC、SIAC、ICC等国际知名仲裁机构引入了紧急仲裁员制度,规定在仲裁庭成立之前,当事人可以请求仲裁委员会指定紧急仲裁员对其的临时措施申请进行审查,并作出相关决定、指令和裁决。

紧急仲裁员制度的设立,解决了特殊情形下当事人十分迫切希望采取临时措施但又不想向法院申请的需求。因此,紧急仲裁员的指定、紧急仲裁员对申请的审查,以及当事人就有关决定、指令和裁决的异议提出必须符合严格的时限要求。海南国际仲裁院在其《仲裁规则2020》第71条第4、7、8款中规定,理事长应该在当事人预缴仲裁费用后2日内指定紧急仲裁员,紧急仲裁员应在指定之日起15日内作出相关决定、指令和裁决,当事人对紧急仲裁员作出的相关决定、指令和裁决有意义的,应在收到之日起3日内提出修改、中止或撤销申请。当前这一制度面临的两个关键问题为:一是紧急仲裁员是否为传统意义上的"仲裁员",二是紧急仲裁员作出的裁令能否得到有效的执行。

关于紧急仲裁员是否属于传统意义上的"仲裁员"有两种观点:一种观点认为,紧急仲裁员属于传统意义上的仲裁员,紧急仲裁员在名称上被贴上了仲裁员的标签,紧急仲裁员制度被纳入了仲裁规则当中,紧急仲裁员作出的裁令具有司法的性质;另一种观点认为,紧急仲裁员不属于传统意义上的仲裁员,名称的标签化和制度的纳入并不能为紧急仲裁员属于仲裁员背书,关键还在于紧急仲裁员作出

---

〔29〕 傅攀峰:《论ICC仲裁规则中的紧急仲裁员制度》,载《北京仲裁》2015年第1期。

的裁令是否具有终局性。[30] 按照ICC仲裁规则第29条第3款[31]、《上海自贸区仲裁规则》第23条第3款[32]等的规定，紧急仲裁员作出的裁令不具有终局性，之后成立的仲裁庭可以对紧急仲裁员作出的裁令进行修改、终止或者撤销。如果紧急仲裁员属于仲裁员，那么其与之后成立的仲裁庭在地位上是平等的，仲裁庭最多可以对紧急仲裁员作出的裁令进行技术或者细节上的修改，而不能终止或者撤销。

与紧急仲裁员是否属于传统意义上的"仲裁员"、作出的裁令是否具有终局性理论问题密切相关的问题是：如何确保紧急仲裁员作出的裁令得到顺利的执行。法国最高法院在SNPC v. Total Fina案中对仲裁裁决进行了界定，认为仲裁裁决是全部或部分地终局性解决关于案情实质、管辖权或任何程序的根本争议的仲裁庭决定，并能够使仲裁庭终止程序。根据该定义，仲裁裁决的特征包括：(1)由仲裁员作出；(2)终局性地；(3)对争议中的问题；(4)全部或部分地解决；(5)导致仲裁程序结束。显然，紧急仲裁员作出的裁令不符合仲裁裁决的构成要件，不属于仲裁裁决。俄罗斯、瑞典、芬兰等国家与法国一样，认为紧急仲裁员作出的临时裁令因不具有终局性，所以不被视为可被执行的裁决。[33] 紧急仲裁裁令不可强制执行导致了裁

---

〔30〕 Baruch Baigel, *The Emergency Arbitrator Procedure under the* 2012 *ICC Rules: A Juridical Analysis*, Journal of International Arbitration, (2014) 31 Issue 1, p. 17.

〔31〕 ICC仲裁规则第29条第3款规定，紧急仲裁员裁令中认定的任何问题、事宜或争议，对仲裁庭不具有约束力，仲裁庭可以修改、终止或撤销紧急仲裁员所作出的裁令或对裁令的任何修改。

〔32〕《上海自贸区仲裁规则》第23条第3款："紧急仲裁庭或仲裁庭可自行决定是否修改、中止、撤销临时措施决定。仲裁庭亦可自行决定是否修改、中止、撤销此前由紧急仲裁庭作出的临时措施决定。"

〔33〕 环中仲裁团队：《他山之石：紧急仲裁员作出决定的可执行问题》，载搜狐网2018年6月22日，https://www.sohu.com/a/237444919_650578。

令只能依附于当事人的自觉履行，在当事人拒绝履行的情况下，当事人及仲裁机构束手无策，从而使紧急仲裁员制度的价值大打折扣。为了改变这一状况，以新加坡为代表的国家在修订仲裁法律时将“紧急仲裁员”纳入了“仲裁庭”的含义之中，以荷兰为代表的国家在修订仲裁法时规定“临时裁决”属于“仲裁裁决”，以玻利维亚为代表的国家在修订仲裁调解法时规定紧急仲裁员可以请求法院进行司法协助，由法官作出临时措施命令。以上做法殊途同归，目的都是使紧急仲裁员作出的决定与仲裁庭的裁决一样可以申请法院的强制执行。虽然紧急仲裁员制度因出现时间较短而在运行中存在这样或者那样的问题，但正如美国知名仲裁员 Charles N. Brower 所言，紧急仲裁员制度有着强大的现实需求，不违背仲裁制度的基本价值理念，代表了仲裁发展的新方向，在未来实践中将得到普遍的运用。我国《仲裁法》在日后的修改过程中，应对紧急仲裁员的地位和紧急仲裁裁令的效力作出明确规定，以规避执行风险。

第三节　海南自由贸易港商事纠纷仲裁解决机制的优化策略

一、允许当事人选择性复裁

我国仲裁实行“一裁终局”的制度。《仲裁法》第 9 条第 1 款规定，“仲裁实行一裁终局的制度。裁决作出后，当事人就同一纠纷再申请仲裁或者向人民法院起诉的，仲裁委员会或者人民法院不予受理”。这一制度使仲裁裁决一经作出便具有即判力，确保了纠纷的高效解决。但随着国际贸易和对外投资的日益增长，仲裁当事人因争议金额巨大、案情复杂而担心陷入一裁终局、有错难纠的困境。“一裁终局”制度引起了当事人对公正的担忧。在实践中,仲裁裁决有误的情况并不少见,在“一裁终局”制度下,当事人往往难以得到救济。基于这个原因,一些市场主体弃用仲裁来解决纠纷。就像学者 Thomas JK 所言的那样,“只有当你赢了争议时,快捷性和终局性才是仲裁的优点。如果仲裁员犯有重大错误,快捷性和终局性就不再是优点”。

然而,“一裁终局”制度并非仲裁的最大优势。2018 年伦敦大学玛丽皇后学院《2018 年国际仲裁调查:国际仲裁的改革》报告表明:对国际仲裁最具价值的三项特点的调查显示,64% 的受访者认为国际仲裁最具价值的特点是裁决的可执行性(Enforceability of awards),60% 的受访者认为是不必受制于当地法院或特定法律体系(Avoiding specific legal systems/national courts),40% 的受访者认为是灵活性(Flexibility),仅有 12% 的受访者认为终局性(Finality)是国际仲裁最具价值的特点。[34] 对国际仲裁最糟糕的三项特点的调查显示,位列前三的分别是:费用(cost),受访者占比 67%;仲裁过程中缺乏有效的制裁措施(Lack of effective sanctions during the arbitral process),受访者占比 45%;缺乏第三方的权力(Lack of power in relation to third parties),受访者占比 39%,其中缺乏对案件事实的上诉机制(Lack of appeal mechanism on the merits)的受访者占比 14%。[35] 认为缺乏上诉机制是国际仲裁最糟糕的缺点的受访者的占

---

〔34〕 2018 International Arbitration Survey: The Evolution of International Arbitration, http://arbitration. qmul. ac. uk/media/arbitration/docs/2018 – International – Arbitration – Survey—The – Evolution – of – International – Arbitration – (2). PDF,最后访问时间:2020 年 4 月 3 日。

〔35〕 2018 International Arbitration Survey: The Evolution of International Arbitration, http://arbitration. qmul. ac. uk/media/arbitration/docs/2018 – International – Arbitration – Survey – – – The – Evolution – of – International – Arbitration – (2). PDF,最后访问时间:2020 年 4 月 3 日。

比较认为终局性是国际仲裁最具价值的特点的占比多2%。之所以有受访者将“一裁终局”制度认为是国际仲裁最糟糕的特点，是因为在国际仲裁中无论是国际商事仲裁案件还是国际投资仲裁案件，案情往往较为复杂、争议标的额也较高，当事人对实体公正的价值追求高于对速度效率的追求。

为使当事人合法权利获得救济的机会，伦敦、新加坡、纽约、中国香港特别行政区等仲裁地的法律允许当事人在对仲裁结果不满意的情况下，就实体问题向法院或者仲裁机构上诉。其中采取法院上诉机制的国家和地区主要有英国、新加坡、中国香港特别行政区。英国采用“选择性排除”(opt－out)的方式〔36〕，英国1996年《仲裁法》第69条第1款规定：“除非当事各方另有约定，否则一方当事人可就仲裁裁决中法律问题向法院提起上诉。”〔37〕我国香港特别行政区采用“选择性纳入”的方式〔38〕，《香港仲裁条例》第99、100条规定，当事人明示约定选用仲裁条例附表2中规定的实体上诉机制的，在仲裁裁决作出后可就实体法律问题向法院上诉。〔39〕与法院上诉机构相似，仲裁机构内部上诉机制也分为选择性排除和选择性纳入两种模式。其中采取选择性排除的仲裁内部上诉机制的有欧洲仲裁法院(ECA)；采取选择性纳入的仲裁机构内部上诉机制的有：美国仲裁协会，西班牙仲裁法庭、争端预防与解决国际机构等。〔40〕我国深圳国际仲裁院在其2019年2月起实施的仲裁规则中，率先创设“选择性

---

〔36〕选择性排除指是除非双方当事人明确约定排除某一机制的适用，否则法律默认当事人同意该机制的适用。

〔37〕Arbitration Act 1996，载中国国际经济贸易仲裁委员会，http://www.cietac.org.cn/index.php?m=Article&a=show&id=106。

〔38〕选择性纳入指只有当事人明确约定适用某一机制，该机制才能适用。

〔39〕《香港仲裁条例》第99条至第101条，以及附表2第5～7条。

〔40〕宋肇屹：《告别“一裁终局”？——中国大陆商事仲裁实体上诉机制研究》，载《北京仲裁》2017年第4期。

复裁”机制[41]，同时出台了《深圳国际仲裁院选择性复裁程序指引》，明确了复裁程序所要求的条件：(1)仲裁地法律不禁止；(2)当事人约定任何一方可以向仲裁院提请复裁；(3)并非适用快速程序的案件。这表明适用深圳国际仲裁院仲裁规则普通程序的涉外仲裁案件，在允许仲裁内部上诉制度的国家或地区如美国、法国、英国、西班牙等，或在不禁止该制度的其他国家和地区，复裁程序经当事人约定方可适用。

允许当事人对仲裁裁决上诉是对当事人意思自治的尊重。商事主体的涉外性、商业性、独立性决定了其对仲裁纠纷解决机制有不同的需求，仲裁纠纷解决机制应最大限度地满足当事人的意思自治。在仲裁中允许当事人根据案件的标的额、案情的复杂程度、对公正和效率的偏好对仲裁裁决上诉，体现了对当事人意思自治的尊重。允许当事人对仲裁裁决进行上诉，为当事人增设了“二次救济”的机会，有助于案件实体公平正义的实现，消减当事人选择仲裁机制“有错难纠”的担忧，进一步提高仲裁解决机制的使用率，提高仲裁机构的综合竞争力。

我国《仲裁法》在日后修订时可以在“一裁终局”的制度下设置例外，允许当事人约定仲裁内部上诉机制。较仲裁裁决法院上诉机制而言，仲裁内部上诉机制具有一定的优势。首次，仲裁内部上诉机制符合当事人对案件保密的要求。法院上诉机制必将使当事人的案件信息公之于众，与当事人一开始选用仲裁纠纷解决机制想保守商业秘密、维护商业隐私的考量不符。其次，仲裁内部上诉机制避免了

[41] 《深圳国际仲裁院仲裁规则》第 68 条规定：“(一)在仲裁地法律不禁止的前提下，当事人约定任何一方就仲裁庭依照本规则第八章作出的裁决可以向仲裁院提请复裁的，从其约定。适用本规则快速程序的案件，不适用本条规定的选择性复裁程序。(二)选择性复裁程序按照《深圳国际仲裁院选择性复裁程序指引》的规定进行。”

司法对仲裁的介入，与国际仲裁中当事人不想与法院打交道的期待相符。最后，在当前法院案件井喷、案多人少、司法资源匮乏的情形下，仲裁内部上诉机制不会给法院造成办案压力。立法者不必担心仲裁内部上诉机制的创设对仲裁"一裁终局"带来的效率冲击。仲裁的当事人是理性的商事主体，在决定是否对仲裁裁决提起上诉时，其会对成本效益进行核算，会对上诉改判的成功率进行预测。在仲裁费用并不低廉的今天，若非实体公正遭到侵蚀，理性的当事人不会花费高昂的费用为了上诉而上诉。

在《仲裁法》尚未修订之际，自由贸易港内商事仲裁纠纷解决机制可以本着先行先试的原则，由最高人民法院通过颁布类似于《关于为自由贸易试验区建设提供司法保障的意见》文件的方式，允许在自由贸易港内注册的企业相互之间约定，对非适用简易程序的仲裁案件，当事人对仲裁裁决不满意的，可以提请仲裁院复裁。当事人在合同中约定"选择性复裁"的，不因违反"一裁终局"而将仲裁协议归于无效。通过自由贸易港先行先试的方式，满足自由贸易港商事主体对仲裁公正的需求，使商事主体愿意在自由贸易港内选择仲裁机构就近解决纠纷，从而打造快捷高效公正的仲裁纠纷解决机制，营造法治化的营商环境。

二、吸引国际知名仲裁机构入驻

（一）海南自由贸易港背景下的必要性分析

吸引国际知名仲裁机构入驻是自由贸易港方便仲裁当事人、发展涉外法律服务业、学习借鉴国际商事仲裁制度、提升中国仲裁国际化和公信力的需要。随着自由贸易港贸易和投资便利化程度地不断加深，允许境外仲裁机构在自由贸易港内设置分支机构，使得当事人能够在自家门口进行开庭，省去了当事人远赴境外参与仲裁的麻烦，为当事人节省了成本和支出。首先，境外知名仲裁机构加入自由贸易港不仅有助于我国涉外法律服务业的发展，而且其本身也是自由贸易港服务业开放的证明。其次，中共中央办公厅、国务院办公厅印发的《关于建立"一带一路"国际商事争端解决机制和机构的意见》中指出要鼓励国内仲裁机构与"一带一路"建设参与国仲裁机构合作建立联合仲裁机制。允许境外仲裁机构入驻自由贸易港，将推动国际知名仲裁机构和自由贸易港境内仲裁机构的交流合作，为联合仲裁机制的构建奠定基础。再次，境外仲裁机构的入驻有助于自由贸易港内的律师和仲裁员实际参与到国际仲裁中，并通过国际仲裁案件的办理积累国际仲裁经验，推动自由贸易港仲裁水平的不断提升。律师和仲裁员对国际知名仲裁机构仲裁规则和各个法域仲裁法律规定了解的加深，可以为我国仲裁法律和仲裁规则的完善提供有益建议，推动中国仲裁法的发展。最后，国际知名仲裁机构的入驻会给自由贸易港乃至国内仲裁机构带来案源竞争压力，倒逼国内仲裁机构进行改革，提升仲裁案件的质量和公信力，提高国内仲裁品牌的欢迎度和世界范围内的影响力。

（二）境外仲裁机构入驻的市场准入问题

针对是否允许境外仲裁机构入驻这一问题，我国经历了全面否定—研究推进引入—决定引入三个阶段。[42] 境外仲裁机构能否在中国内地（大陆）开展仲裁业务涉及市场准入的问题。我国在加入世界贸易组织签订《中华人民共和国加入WTO议定书》（以下简称《入世议定书》）时并未承诺开放境外仲裁机构在内地从事商事仲裁服务贸易，[43] 这导致了部分学者认为仲裁机构不能在内地仲裁，但也有

〔42〕 程佳丽：《境外仲裁机构落地中国的法律问题研究》，载《仲裁研究》2019年第2期。

〔43〕 李健：《外国仲裁机构在中国内地仲裁不可行》，载《法学》2008年第12期。

学者指出,《入世议定书》中列明开放的法律服务是中国必须对外开放的,没有列明的不意味着一定不能开放。[44]

2013 年,最高人民法院在"龙利得案"[45]中作出的《关于申请人安徽省龙利得包装印刷有限公司与被申请人 BP Agnati S. R. L. 申请确认仲裁协议效力案的复函》中认可选择国际商会仲裁院仲裁、管辖地为上海的仲裁协议有效。这表明境外仲裁机构在内地进行仲裁的行为得到了最高人民法院的认可。2015 年,国务院提出"支持国际知名商事争议解决机构入驻,提高商事纠纷仲裁国际化程度"。同年,HKIAC 在上海自由贸易港设立代表处,这代表着我国引入境外仲裁机构的大门被真正打开了。2019 年 10 月,上海司法局出台了《境外仲裁机构在中国(上海)自由贸易试验区临港新片区设立业务机构管理办法》,该办法第 1 条开宗明义地指出为了规范境外仲裁机构设立业务机构及开展业务活动,根据等有关规定,结合实际,制定本办法。"设立业务机构及开展业务活动"说明在上海自贸区内入驻的境外仲裁机构可以开展仲裁业务。

(三)境外仲裁机构境内裁决的国籍问题

境外仲裁机构于境内作出的裁决归属,对仲裁裁决的承认和执

[44] 王惠敏、周迪:《境外仲裁机构在中国内地开展仲裁业务面临的法律问题研究》,载《重庆科技学院学报(社会科学版)》2017 年第 7 期。

[45] 安徽省龙利得包装印刷有限公司与 BP Agnati S. R. L 以及江苏苏美达国际技术贸易有限公司一案,该合同第 10. 1 款约定:"任何因本合同引起的或与其有关的争议应被提交国际商会仲裁院,并根据国际商会仲裁院规则由按照该等规则所指定的一位或多位仲裁员予以最终仲裁。管辖地应为中国上海,仲裁应以英语进行。"合肥市中级人民法院和安徽省人民法院逐级请示最高人民法院批复,仲裁协议是否有效。最高人民法院认为,由于当事人没有约定确认仲裁协议效力适用的法律,根据最高人民法院《关于适用〈中华人民共和国仲裁法〉若干问题的解释》第 16 条的规定,审查该仲裁条款效力的适用法应为仲裁地法律,即中国法;该仲裁条款有请求仲裁的意思表示,约定了仲裁事项,并选定了明确具体的仲裁机构,符合《仲裁法》第 16 条的规定,因此认定该仲裁条款有效。

行意义重大。根据我国《民事诉讼法》相关规定，国内仲裁裁决的审查和执行与外国、涉外仲裁裁决的审查要求不同。对于《纽约公约》下的外国仲裁裁决和我国的涉外仲裁裁决在申请承认与执行程序中，依据《民事诉讼法》第 291 条的规定，我国法院对于这两种仲裁裁决只能进行程序性内容审查，不涉及实体性审查。对于国内仲裁裁决在申请承认与执行程序中，依据《民事诉讼法》第 248 条的规定，我国法院不仅要进行程序审查，还要进行实体审查。由此，认定外国仲裁机构在中国所作裁决的国籍归属就成为首要的问题。

实践中对仲裁裁决国籍的判断有两个标准，一是“仲裁裁决作出地”标准，根据裁决作出地来确定国籍的典型代表是《纽约公约》。《纽约公约》第 1 条规定：“因自然人或法人间之争议而产生，且在申请承认及执行地所在国以外之国家领土内作成的仲裁裁决，其承认及执行适用本公约。被申请承认及执行地所在国认为非内国裁决者，也适用本公约。”[46]按照该标准，境外仲裁机构境内作出的裁决国籍系中国。二是“仲裁机构所在地”标准，按照作出裁判的仲裁机构所在地的国籍确定，典型代表是我国。境外仲裁机构境内作出的裁决的国籍应该是仲裁机构所在地国籍。但目前，理论界和实务界越来越倾向于以“仲裁地”作为裁决国籍的判断标准。建议我国将仲裁裁决的国籍判断标准修改为“仲裁裁决作出地”，这样一来就与《纽约公约》的认定标准一致，有利我国进一步开放仲裁市场，积极融入国际仲裁体系。按照“仲裁裁决作出地”标准，境外仲裁机构在自由贸易港内作出的仲裁裁决属于国内裁决中的具有涉外因素的裁

[46]　《纽约公约》第 1 条：“因自然人或法人间之争议而产生且在申请承认及执行地所在国以外之国家领土内作成者，其承认及执行适用本公约。本公约对于公断裁决经申请承认及执行地所在国认为非内国裁决者，亦适用之。”

决,法院只进行形式审查,不进行实质审查,避免了司法对仲裁过多的干预。

三、进行仲裁费用改革

(一)仲裁费用对仲裁纠纷解决机制的重要意义

日本学者棚濑孝雄曾言:“在讨论审判应有的作用时不能无视成本问题。因为无论审判能够怎样地实现正义,但如果付出的代价过于昂贵,人们往往只能放弃通过审判来实现正义的希望。”成本与正义的理论在仲裁纠纷解决机制中同样适用,仲裁费用会直接影响到当事人对于仲裁的选择。[47]

国际上受欢迎的仲裁地和知名的仲裁机构通过仲裁法和仲裁规则对仲裁费用的收费范围、收费方式、费用分担,以及仲裁员的报酬作了详细且合理的规定。以 HKIAC 为例,其实行分项收费标准,将仲裁费用划分为注册费、机构管理费、仲裁庭收费、质疑仲裁员注册费、紧急仲裁庭费用等,并在仲裁庭收费标准中列明了当事人可以选择以“小时费率”或者“争议金额费率”作为支付仲裁庭费用的标准。

(二)海南自由贸易港仲裁费用存在问题

与国际上知名仲裁机构的仲裁费用规定相比,我国自由贸易港内仲裁机构的费用规定较为粗糙、单一。如海南国际仲裁院仲裁费用采用集中比例收费的方式,即按照争议金额的一定比例集中收取。该方式虽然简便易行,但将仲裁机构受理费、管理费、仲裁庭费用等集中一并向当事人收取,会使当事人感到名目不清,无法知晓费用的

---

〔47〕 朱铮:《国际商事仲裁中的费用问题研究及对我国的启示》,载《重庆电子工程职业学院学报》2013 年第 3 期。

具体分配情况，降低当事人对仲裁机构的信任感。[48]

同时，采取单一的“争议金额费率”作为收费标准的做法也欠妥。在商事仲裁中，经常出现案件争议金额大但案情简单的情况，有时双方当事人只是对合同中的某一条款存在异议，资深仲裁员花费数小时就能作出裁决。而有些案件，争议金额虽不大但案情极为复杂，甚至需要仲裁员调查取证。对于前一种情形，高昂的仲裁费用会让当事人觉得价格虚高，对于第二种情形，仲裁费用难以公平补偿仲裁庭的付出。

（三）海南自由贸易港仲裁费用改革的路径

海南自由贸易港仲裁机构可以借鉴 HKIAC 的做法采取分项收费的模式，让当事人知晓缴纳的费用种类和费用额度。分项收费模式较集中比例收费而言，会让当事人清晰知晓仲裁费用的分配情况，给当事人清晰明了的感觉，同时也方便仲裁当事人在选择仲裁机构时进行费用的比对。

采取单独收取仲裁庭费用，增加“小时费率”，由当事人根据案件的情况决定选用“争议金额费率”还是“小时费率”。如果选择“小时费率”，当事人可与指定的仲裁员就费率问题进行协商，协商不成的，可由仲裁委员会确定。为提高协商效率，仲裁委员会可根据仲裁员的资历出具指导价格，供当事人在选任仲裁员时参考。仲裁员费率的协商结果，应向仲裁委员会报备，并按照双方对纠纷解决可能花费的时间预估向仲裁机构预缴仲裁费，由仲裁机构代为保管，待裁决作出后，根据时间核算结果并将仲裁员发放至仲裁员处。仲裁员因办案需要出差的，有权要求当事人支付差旅补助，仲裁委员会应研究制

---

〔48〕 孙立慷：《国际商事仲裁费用制度研究——以我国仲裁机构费用规则之改善为视角》，上海大学 2015 年硕士学位论文。

定合理的补偿标准。

四、积极发展网上仲裁

网上仲裁是仲裁机构通过制定网络规则，搭建网络仲裁平台，接收与传送电子化仲裁文书，在线进行各种仲裁活动的仲裁模式。

（一）海南自由贸易港背景下发展网上仲裁的市场需求

自由贸易港背景下，网络仲裁有其内在的市场需求。首先，自由贸易港实行企业集中注册、跨地址经营的政策，该宽松灵活的政策在活跃自由贸易港招商引资的同时，也催生了大量“区内注册、区外经营”的企业，即企业实际经营地址与登记注册地址不一。这些企业在生产经营过程中与其他商事主体发生纠纷后，前来仲裁通常需要耗费大量的时间和经济成本。互联网在线仲裁技术可以实现“多地同步”，当事人无须前往仲裁委员会所在地，即能完成仲裁案件的申请、证据的上传、举证质证、开庭答辩、仲裁文书的接受等环节，既节约了当事人的时间，又节省了当事人交通、差旅、住宿、庭室使用等所产生的费用。

其次，2018 年 4 月发布的中共中央、国务院《关于支持海南全面深化改革开放的指导意见》中指出，新技术产业会是未来海南自由贸易港建设的主导产业之一，如航天航空、深海领域、空间科技等。该领域的纠纷解决对仲裁员专业化程度要求极高，可能需要任命国际上知名的外籍仲裁员进行仲裁。而外籍仲裁员来华面临着需要办理签证、签证有效期有限等问题。互联网仲裁可以突破空间地域以及国界对仲裁员仲裁的限制，实现仲裁员从业的全球化。

最后，随着自由贸易港内互联网、电信、金融、旅游等产业的发展，新型的经济纠纷呈现出交易小而分散、跨区域化等特征。以互联网金融信贷纠纷为例，其涉案金额小而分散、借款人来自全国各地，发生纠纷后信贷公司通过线下诉讼或仲裁的维权成本极高。网络仲裁批量化、智能化、全程在线化的处理模式极大地降低了当事人的维权成本。

(二)网上仲裁可能遇到的法律问题分析

网上仲裁将仲裁机构的争议解决活动从线下转移至了线上,从原来的物理空间转移至了网络空间。网络空间的虚拟性给网上仲裁带来了如下问题:网上仲裁的仲裁地该怎么确定、网络仲裁程序能否保证程序的公正、网上仲裁能否得到法院的承认与执行。

第一,网上仲裁中仲裁地的确认问题。仲裁地在仲裁程序中具有重要的作用,它将仲裁活动与某一国家的法律制度连接起来,使得仲裁活动受该国仲裁法律的制约和保护。[49] 网上仲裁中,仲裁员、当事人可能在多个不同的地点法域参与网络仲裁。应当以哪个地点作为仲裁地,目前有仲裁员所在地理论、网络服务器所在地理论、网址所有者或控制者理论,其中被普遍认可的理论是仲裁本座论(the seat theory)。依据仲裁本座论,网上仲裁的仲裁地依据当事人的意思自治确定,当事人意思自治确定的仲裁地与实际上开庭审理、举证质证等地点不一致的,不影响所选择地点作为仲裁地;当事人就仲裁地无法达成一致意见的,则由仲裁庭根据实际情况,确定与案件最有密切联系的地点为仲裁地。《中国互联网仲裁联盟网络仲裁示范规则(征求意见稿)》中仲裁地的确认采用了该理论。[50] 仲裁本座论将实际仲裁地与所选仲裁地相互区分的做法,符合了网上仲裁虚拟性的特征,使网上仲裁地不受当事人、仲裁员、网络服务提供者分布在

---

〔49〕 李虎:《网上仲裁法律问题研究》,中国政法大学2004年博士学位论文。

〔50〕《中国互联网仲裁联盟网络仲裁示范规则(征求意见稿)》第5条:“当事人可以根据需要约定网络仲裁的仲裁地。没有约定的,仲裁庭可以决定仲裁地。仲裁庭未作出决定的,以仲裁委员会所在地为仲裁地。”

多地进而难以确定实际发生地的困扰。

第二,网上仲裁与正当程序问题。仲裁只有经过正常程序,裁决才会被视为公正,才会得到法院的承认与执行。[51] 正当程序要求仲裁庭以合理的方式通知各方当事人参与仲裁,且在仲裁中得以公平的对待,给予其充分陈述案情、表达意愿及提出主张的机会。网络仲裁的虚拟性不等于仲裁程序的虚拟性。以中国海事仲裁委员会制定的《中国海事仲裁委员会网上仲裁规则》为例,其第三章规定了仲裁程序,包括了答辩、反请求、仲裁员回避、举证、质证等内容。当下,互联网视频会议、区块链存证、哈希值校验等技术的发展,使得线上仲裁当事人可以在终端"一键传输",线下仲裁程序均可在线上完成,甚至比线下更加快捷、更流畅。因此,网上仲裁中不必担心网络技术对仲裁程序的影响。及时通讯软件及传输技术使当事人能随时随地提供案件材料、与对方当事人及仲裁员沟通。

第三,网上仲裁的承认与执行问题。网上仲裁在确定仲裁地之后,其承认和执行中遇到的最大问题是仲裁裁决、仲裁协议的电子数据存在形态和仲裁员电子签名是否符合《纽约公约》对形式的要求。[52] 电子仲裁协议及裁决符合《纽约公约》"书面协议"的要求。首先,根据《纽约公约》第 2 条第 2 款的规定,书面协议包括当事人所签署或者互换函电载明的仲裁条款或协议。电子仲裁协议可被涵盖在"互换函电"之中。其次,现有技术手段能够保证电子仲裁协议和裁决不被篡改。如中国深圳法大大网络科学有限公司创设的第三方电子合同平台,通过嵌入工商总局企业信息系统、公安部公民身份网

---

〔51〕 乔欣:《仲裁权研究:仲裁程序公正与权利保障》,法律出版社 2001 年版,第 202 页。

〔52〕 按照《纽约公约》第 4 条的规定,申请承认和执行的当事人在申请执行时,应该提供经正式认证的裁决正本或者经正式证明的副本,以及仲裁协议的正本或经正式证明的副本。

络、人脸比对等技术确保用户身份安全,通过区块链等技术保护数据安全等,确保了电子仲裁协议和仲裁裁决内容的真实性和完整性。最后,根据功能等同性原则,电子仲裁协议和仲裁裁决与书面纸质版本的协议和裁决在功能和作用上并无差别。根据1996年《联合国国际贸易法委员会电子商务示范法》(以下简称《电子示范法》)第5条规定,司法机关不得因电子仲裁协议和裁决采取了数据电文形式,而否认其法律效力、有效性及可执行性。网上仲裁裁决需要向法院申请承认与执行时,仲裁委员会可以为其提供书面裁决。如《中国海事仲裁委员会网上仲裁规则》第27条规定,裁决书电子版送达当事人后,当事人要求提供纸质结案文书的,仲裁委员会应当提供。[53]

(三)海南自由贸易港网上仲裁纠纷解决机制的构建

海南自由贸易港网上仲裁纠纷解决机制可以从以下几个方面进行构建:

第一,搭建在线仲裁平台。海南国际仲裁院可以选择与电子合同平台等公司开展合作,搭建在线仲裁系统。在线仲裁系统可以帮助电子合同平台实现从当事人签订合同到合同履行过程中纠纷解决的全线服务。电子合同平台可以帮助当事人使用技术手段固定合作协议、仲裁协议、交易数据等,加快仲裁证据受理的速度、降低证据审查的难度。在线仲裁系统覆盖仲裁程序的全流程,从立案、受理、审理到裁决、送达,为当事人提供互联网场景下的更快速、灵活、全程电子化的仲裁纠纷解决途径,节约时间和经济成本。

第二,制定网上仲裁规则。网上仲裁因其虚拟性、电子化、数字

---

[53] 《中国海事仲裁委员会网上仲裁规则》第27条:"(一)裁决书由仲裁员电子签名,并加盖'中国海事仲裁委员会'电子印章。(二)裁决书电子版送达至当事人的电子送达地址即视为送达。应当事人书面要求,仲裁委员会仲裁院应当向当事人发出纸质结案文书。"

化等特征，需要制定专门的规则对当事人身份认证、信息安全、文件的提交送达、审理方式、电子数据的认定、线上线下仲裁的对接等问题作出界定。因此，有必要在现有机构仲裁规则的基础上制定网上仲裁规则，使其内适于网上仲裁。中国海事委员会制定的《中国海事仲裁委员会网上仲裁规则》以及《中国互联网仲裁联盟网络仲裁示范规则（征求意见稿）》可为自由贸易港网上仲裁规则的制定提供有益的借鉴和参考。

第三，调整仲裁收费标准。相较于传统的仲裁，网上仲裁省去了仲裁机构文书打印、占用仲裁会议室等开支，同时仲裁员也可以足不出户在家办公，因此仲裁机构应降低仲裁费用的收费比例或金额。在网络信贷、网络购物等小额纠纷中，可以推行按件收费方式，降低当事人的仲裁成本，提高网络仲裁的使用率，提升仲裁机构在业界的名气。

自由贸易港仲裁纠纷解决机制在发展过程中要紧密贴近自由贸易港经济发展的新需求，适应互联网等新经济新业态的发展需要。网上仲裁依托互联网技术，与电子商务和互联网金融等平台对接，实现了网络化的案件管理和线上线下仲裁的协同发展。在发展网上仲裁制度的过程中，应当同步制定完善的仲裁规则，对相应的受案范围作出明确的规定，细化仲裁的程序和工作流程；在仲裁费用等费用收取方面，应当适当地降低一定的标准，以期网上仲裁制度给纠纷当事人提供经济化、便捷化、高效化的服务。利用当前发达的大数据技术，针对仲裁进行挖掘分析，实现多方力量共同参与的网络治理协作机制，推动自由贸易港仲裁工作与当前互联网技术的深度融合。

仲裁在构建多元化纠纷解决机制、促进纠纷快速高效解决方面具有重要作用。《海南自由贸易港进一步优化营商环境行动方案（2022—2025 年）》中多处提及仲裁。建设面向东南亚辐射太平洋服务自由贸易港的国际一流仲裁机构，不断提高仲裁裁决质效和仲裁员办案水平，全面提升仲裁公信力，系营造海南自由贸易港法治化、国际化、便利化营商环境作出的重要改革举措。

第六章　海南自由贸易港商事纠纷调解解决机制

在海南创办经济特区30周年、中国改革开放40周年之际，党中央国务院为了巩固扩大海南的改革成果，发布了支持海南全面深化改革开放的指导意见。海南全岛建设自由贸易试验区和中国特色自由贸易港，是推动海南成为新时代我国全面深化改革新标杆、形成更高层次改革开放格局的重要举措。中国特色自由贸易港建设过程中，对外交往将日益频繁，商贸活动也将日益增多，随之而来的，也将产生更多的国际商事纠纷。为此，构建专业的国际商事纠纷仲裁机构和调解机构，形成多元化的国际争端解决格局也被提上日程。为了响应这一号召，海南已经成立了海南国际仲裁院国际商事调解中心、海口国际商事调解中心、三亚国际商事调解中心、海南国贸商事法律服务调解中心等调解机构，但系统完善的国际商事纠纷调解机制尚未建立。调解作为一种适用范围和适用前景越来越广阔的商事纠纷解决方式，具有独特的制度优势，受到商事纠纷主体的青睐。在国际商事纠纷领域，调解的独特性和重要性愈发彰显。构建中国特色自由贸易港，在提升国际化、自由化、开放化程度的同时，投资、贸易、金融等诸多领域的跨国争端也将大幅增长。在此背景下，本章节在探讨自由贸易港商事纠纷调解解决机制时，将主要以跨国争端的解决为对象。总之，海南在全面深化改革开放的过程中，应当充分发挥调解在解决国际商事纠纷中的作用,为中国特色自由贸易港的建设发展提供更加完备的纠纷解决机制保障。

第一节　调解是国际商事纠纷多元化解决机制的重要组成部分

一、国际商事纠纷中的调解

调解既是法制社会中出现的一种新型纠纷解决方式,又是自古流传至今的一种传统的纠纷解决方式。[1] 通常认为,调解是权利义务关系发生争议的双方当事人邀请经验丰富、中立并值得信赖的第三人,根据当事人的需求和利益在两方或多方当事人之间促进沟通交流,通过协作而非对抗的方式合意解决纠纷的行为和过程。第三人或调解机构有关解决争议的建议只有在当事人都接受的情况下才具有约束力。由第三方在争议双方之间进行调和的纠纷解决方式古今中外都有广泛运用,只是表述的名称有所不同,如说和、和解、调解、非诉讼纠纷解决机制等。[2]

调解既可以解决国内商事纠纷,又可以解决国际商事纠纷。准确定位国际商事纠纷中的调解,需从明确“国际”和“商事”的确切含义出发。《联合国国际贸易法委员会国际商事调解示范法》第1条第4款规定,“调解如有下列情形即为国际调解:(a)订立调解协议时,调解协议各方当事人的营业地点处于不同的国家;(b)各方当事人营业地所在国并非:(一)履行商事关系中大部分义务的所在国;(二)与

〔1〕［澳］娜嘉·亚历山大主编:《全球调解趋势》,王福华等译,中国法制出版社2011年版,第1~2页。

〔2〕宋朝武:《调解立法研究》,中国政法大学出版社2008年版,第1页。

争议标的事项关系最密切的国家"[3]。其第1条第6款补充规定，"本法也适用于双方当事人约定其调解是国际调解的或者约定适用本法的商事调解"[4]。也就是说，在判断调解的国际性时，除了依据实质性连接因素和争议国际性质相结合的认定标准外，还允许当事人以合意的方式来确定。"商事"是国际经济贸易交往中常用的词汇，关于"商事"定义的讨论由来已久，至今仍未达成一致意见。《联合国国际贸易法委员会国际商事调解示范法》第1条注释3对"商事"做了广义的注释，并对具有商事关系的交易事项进行了列举，"对'商事'一词应作广义解释，以涵盖由于商业性质的所有各种关系而发生的事项，无论这种关系是否属于合同关系。商业性质的关系包括但不限于下述交易：供应或交换货物或服务的任何贸易交易；分销协议；商业代表或代理；保理；租赁；工程建造；咨询；工程；许可证交易；投资；融资；银行；保险；开发协议或特许权；合营企业和其他形式的工业或商业合作；航空、海路、铁路或公路客货运载"。简单而言，这里的"商事"是一种广义的理解，包含了契约性和非契约性的产生于一切具有商业性质关系的事项。

《联合国国际贸易法委员会国际商事调解示范法》也直接对"调解"作出了定义，其第1条第3款规定："'调解'系指当事人请求一名或多名第三人（'调解人'）协助他们设法友好解决他们由于合同引起的或与合同的或其他的法律关系有关的争议的过程，而不论其称之为调解、调停或以类似含义的措词相称。调解人无权将解决争议的办法强加于当事人。"[5]其中同样包含了中立第三人介入和当事人意思自治等核心要素。综合上述界定，我们可以简单地把国际商

---

〔3〕《联合国国际贸易法委员会国际商事调解示范法》第1条第4款。

〔4〕《联合国国际贸易法委员会国际商事调解示范法》第1条第6款。

〔5〕《联合国国际贸易法委员会国际商事调解示范法》第1条第3款。

事纠纷中的“调解”定义为：在国际商事法律关系中，已经发生或即将发生的具有国际性质的商事争议的双方或多方当事人自愿将他们之间的争议提交中立第三方，在平等协商的基础上达成一致意见，以非对抗的手段解决争议的纠纷解决方式。国际商事纠纷中的“调解”凸显的是“在当事人同意的前提下通过协商来妥善解决纠纷”，其中的“妥善”就是指“依理、依实际情况来解决”。〔6〕

二、国际商事纠纷中调解的兴起与发展

虽然调解作为一种纠纷解决方式的历史源远流长，且古今中外都在纠纷解决体系中占据重要地位，但其作为现代商事争议解决机制运用于国际商事争端的实践却只是近几十年来才逐渐兴起。〔7〕这种变化主要取决于世界经济的迅猛发展以及经济全球化的不断加深，随着国际商贸活动的日益频繁，跨国商事争议也日渐增多且愈发复杂。

（一）国际商事纠纷中调解的兴起

国际商事纠纷中调解的兴起，是为弥补诉讼和仲裁制度在解决国际商事纠纷中面临的缺陷和不足，是国际商事纠纷解决机制发展的必然结果。

一方面，诉讼制度本身的特征表明了其在解决国际商事纠纷时存在不适应。第一，诉讼是一种激烈对抗的解纷方式，其“要么全胜，要么全败”的结果很难实现协商性解纷方式所达到的双赢结果。〔8〕

---

〔6〕［日］草野芳郎：《调解技术论》，韩宁、姜雪莲译，中国法制出版社2016年版，第11页。

〔7〕申婷婷：《ADR中的国际商事调解制度及其对中国的启示》，载《时代法学》2009年第5期。

〔8〕石春雷：《立案登记制改革：理论基础、运行困境与路径优化》，载《重庆大学学报（社会科学版）》2018年第5期。

第二,诉讼作为一种公力救济方式具有严格的程序规则,复杂、繁琐的程序势必造成纠纷解决耗时、费力,而且成本较高,这与国际商事纠纷中当事人注重权利义务是否得到迅速实现和履行相违背。第三,诉讼须依据已有的法律规范作出裁判,僵硬、陈旧的成文规范往往具有滞后性,即使是相对灵活的判例,也存在难以应对的复杂多变的情形,这与国际商事争议更多地要求解决机制考虑和应用商事习惯等软法不相适应。第四,诉讼制度在解决跨国争议时还时常要面对管辖权争议、判决的承认与执行等问题,而且基于司法公开的考量,当事人的商业秘密存在被泄露的风险。

另一方面,国际商事仲裁解决国际商事争议的优势逐渐下降。长期以来,国际商事仲裁一直是解决跨境商业和投资争端的主要手段。仲裁在国际背景下的普及是不可否认的:高达90%的国际商业合同中包含有仲裁条款。〔9〕 许多寻求终极性、隐私性、非正式性、速度、低成本和专业性的国际商事纠纷主体都倾向于仲裁。但是,由于对成本上升、延误和程序形式化的担忧,国际企业界对这一特定机制已经有些不满。〔10〕 经过多年的发展,国际商事仲裁逐渐发展成为一种准司法程序,在实践中也暴露出一系列问题——冗长、复杂的答辩和证据开示程序,较高的解纷成本,程序拖延等。在国际商事仲裁发展较快的美国,不少仲裁程序使用者抱怨商业仲裁变得和诉讼一样缓慢和昂贵。因此,各方正在寻找其他解决国际商业纠纷的方法。

---

〔9〕 Otto Sandrock, *The Choice Between Forum Selection, Mediation and Arbitration Clauses: European Perspectives*, American Review of International Arbitration, Vol. 20(2021).

〔10〕 S. I. Strong, *Increasing Legalism in International Commercial Arbitration: A New Theory of Causes, A New Approach to Cures*, World Arbitration & Mediation Review, Vol. 7(2013).

其中,一种比较流行的选择便是调解。[11] 由此,国际商事纠纷中的调解作为一种更加灵活实用的纠纷解决方式开始兴起。

(二)国际商事纠纷中调解的发展

西方国家在过去较长一段时间内一直对调解这种纠纷解决方式存在质疑并持排斥态度,更倾向于采用诉讼和仲裁这两种纠纷解决方式。20世纪90年代以后,这种情况开始发生变化。以美国、英国为代表的国家开始重视调解的作用,开始关注商事调解的理论研究、实践操作、机构专业化建设以及相关法律法规的建立健全等问题并取得了显著成效。除了传统的商事调解模式外,为适应信息时代电子商务的迅速发展,不少国家还开发了在线调解模式,如美国、新加坡、加拿大等充分利用现代科技和电子手段,大大提高了调解的效率,节约了当事人的商业成本。

国际商事纠纷中的调解作为一种自发性的商事活动产物,较多反映在各种民间性机构或组织的自治性规则和实践当中,尤其是非诉讼纠纷解决机制在美国兴起并迅速席卷全球,更是为商事调解的良性快速发展提供了肥沃的"土壤"和基础。国际上成立的与调解相关的著名机构已有数十家,相关的规则和制度体系已颇成规模。国外有代表性的商事调解机构主要有:1926年成立的AAA,是世界上最大的冲突处理和争议解决机构,它可以通过在线聊天室提供调解服务;1979年设立的JAMS,是目前世界上最大的私人性质的替代性纠纷解决机构;1990年英国工业联盟以及顶尖律所、商业及政府公共部门联合资助成立的CEDR;1994年成立的世界知识产权组织(World Intellectual Property Organization)仲裁和调解中心,它为解决

---

〔11〕 Jacqueline Nolan-Haley, *Mediation: The "New Arbitration"*, Harvard Negotiation Law Review, Vol. 17(2012).

私人当事方之间的国际商务争端提供仲裁和调解服务;1997 年新加坡法律学会担保、国家拨款资助成立的 SMC,属于有限责任公司性质的非营利事业单位,受国家律政部支持和监督,是新加坡最高法院联合执行商务调解的社会法律服务机构。2014 年,新加坡首席大法官和法律部长又创立了 SIMC,作为一家独立的非营利机构,其旨在提供世界一流的调解服务。具有权威性的国际规则有:1980 年 12 月 4 日联合国大会通过的《联合国国际贸易法委员会调解规则》,该规则共 20 条,主要包括规则的适用、调解程序的开始、调解员任命、提出调解说明书等内容。1988 年 1 月 1 日国际商会制定的《国际商会调解与仲裁规则》则是一个有代表性的调解类规范,主要涉及国际商会主导下的任意性调解规则,一共 11 条,包括调解员的产生、调解原则、调解程序终止、调解费用负担、调解员与仲裁员混同禁止、调解证据禁止等多个方面。〔12〕 2002 年联合国国际贸易法委员会制订的《联合国国际贸易法委员会国际商事调解示范法》,相关内容上文已有涉及。为解决国际商事调解协议在执行中面临的问题,2018 年 6 月 27 日,联合国贸易法委员会审议通过了《新加坡调解公约》,并于 2019 年 7 月在新加坡开放签署,2020 年 9 月 12 日正式生效。我国作为首批缔约方签署了《新加坡调解公约》。根据该公约,经调解达成的国际和解协议具有强制执行力,当事人可以要求执行地主管机关直接执行,而无须经过和解协议作出国对和解协议进行审查。〔13〕《新加坡调解公约》是国际商事争议解决制度历史上的一座里程碑,其标志着国际调解协议可跨国执行,使国际商事调解制度成为除诉讼、商事

---

〔12〕 徐伟、杨华中主编:《商事纠纷调解实务》,清华大学出版社 2013 年版,第 51 页。

〔13〕 张艳、房昕:《〈新加坡调解公约〉下我国商事调解协议的执行力问题研究》,载《法律适用》2021 年第 5 期。

仲裁之外具有独立救济功能的国际商事争议解决方式。[14] 随着调解在国际商事争端中地位的日益凸显，国家商事调解规则也在日臻完善。

作为调解制度发源地的中国也在借鉴域外调解发展的经验和成果，并注重与时俱进，发展创新。中国国际贸易促进委员会/中国国际商会调解中心是中国最有代表性的国际商事调解常设机构，成立于1987年，其宗旨是以调解的方式，独立、公正地帮助当事人解决商事、海事领域的争议。20世纪80年代末，改革开放促使商品市场开始活跃，对外贸易额逐年增长，同时各种经贸领域的纠纷特别是涉外争议也日益增多。中国国际贸易促进委员会/中国国际商会调解中心正是在这样的形势下应运而生的，为中外当事人解决了大量商事纠纷。随着我国改革开放的不断深入和调解业务发展的需要，中国国际贸易促进委员会/中国国际商会调解中心自1992年起陆续在全国各省、市、自治区及一些重要城市的贸易促进会分会设立调解中心，形成了一个庞大的调解网络。为适应商事调解国际化的发展趋势，中国国际贸易促进委员会/中国国际商会调解中心还一直致力于与国际上先进的争议解决机构进行交流与合作，并且摸索创造了中外联合调解合作模式。[15] 近年来，我国专门性的解决国际商事纠纷的调解机构不断发展。2013年上海经贸商事调解中心成立，成为国内首个国际商事调解机构。为了更好地解决"一带一路"建设过程中涉及的商贸和投资争端，2016年北京融商"一带一路"法律与商事服务中心成立了"一带一路"国际商事调解中心，并在《一带一路国际

---

〔14〕 孙南翔：《〈新加坡调解公约〉在中国的批准与实施》，载《法学研究》2021年第2期。

〔15〕 程慧：《国际商事调解方兴未艾》，载杨华中、穆子砺、何贵才主编：《国际商事调解文集》，现代教育出版社2007年版。

商事调解中心调解规则》下开展调解工作。2018 年，深圳前海合作区人民法院诉调对接中心与 BNRMC 合作，探索建立了“常驻调解员 + 资深调解员”合作模式，以此回应“一带一路”共建国家商事主体的纠纷化解关切和优化营商环境的需求。2020 年，海南省出台《海南省多元化解纠纷条例》，其后陆续成立了海南国际仲裁院国际商事调解中心、海口国际商事调解中心、三亚国际商事调解中心、海南国贸商事法律服务调解中心，还允许境外商事调解机构依照国家有关规定参与商事调解。由此可以预见到，国际商事纠纷中的调解在新时代还将继续发展壮大。

第二节　海南自由贸易港建设需要发挥调解在国际商事纠纷中的作用

海南建设中国特色自由贸易港是中国迈向全球最高标准开放模式的重要尝试。自由贸易港建立后，海南营商环境将得到极大改善。以自由贸易港为窗口，我国的对外贸易将大幅增加，尤其是进口和转口贸易会快速发展。另外，市场准入门槛的降低、海关监管环境的优化、企业税负的优惠等，也会吸引大量外来投资，自由贸易港的商贸活动会愈发频繁。总之，海南全面深化改革开放势必会促使大量涉外商事活动的出现，也将产生大量的国际商事纠纷。为了保障自由贸易港建设的顺利进行，妥适的纠纷解决方式作为制度保障至关重要。

一、海南自由贸易港国际商事纠纷的特殊性及对解决方式的要求

自由贸易港内的商事纠纷具有区别于国内商事纠纷与一般国际

商事纠纷相一致的特性。在这些显著特质的支配下，自由贸易港国际商事纠纷对解决方式也提出了一定的要求。调解作为一种以灵活性和非严格的规范性为显著特点的纠纷解决方式，[16]在化解自由贸易港国际商事纠纷时具有广阔的适用空间。

概括而言，自由贸易港国际商事纠纷具有如下几个重要特征：

其一，纠纷行为具有商行为的营利性。商事纠纷的发生源于商事主体从事商事行为的过程中突破了商事法律规范，使原有的商事法律关系处于不稳定状态。而商事法律关系所保护的价值取向是效益和利益，营利性和营业性是商事行为的基本特点。因此，商事主体在从事以营利为目的或营业性的活动中采取的相关对抗行为，其行为主张和行为手段往往具有营利性特点。这一点决定了商事纠纷的纠纷行为、手段和主张有一个相对明确、集中的价值取向，也决定了商事纠纷的性质比较单一、激烈程度相对较低、解决方式的选择较为灵活等。在国际商事纠纷解决实务中，关注该特点的现实意义在于，解决国际商事纠纷时，纠纷解决本身的成本与收益应当成为纠纷解决各方的一个必要的考虑因素。若纠纷解决的成本过高、周期过长，则可能造成既有纠纷不但不能很好化解，反而容易引发新的纠纷。[17] 基于此，国际商事纠纷倾向于在效益最大化的目标下寻求更为灵活的纠纷解决方式，以更好地维护和实现商事主体的经济利益。

其二，纠纷具有跨文化性。国际商事纠纷的跨国属性是其区别于国内商事纠纷的重要特征，只要纠纷满足上文中对“国际”的界定，就具备了国际性。突破了地域的限制，纠纷就会被贴上所涉国家传统文化的标签。纠纷主体越多，跨文化的程度就越深。此时，受地域、文化等传统因素影响较大的纠纷解决方式在适用上就会受到限

---

〔16〕 史长青：《现代调解制度：法制与自治》，上海三联书店2015年版，第3页。

〔17〕 徐伟、杨华中主编：《商事纠纷调解实务》，清华大学出版社2013年版，第7页。

制，难以在纠纷主体之间达成共识，从而出现不可调和与平衡的冲突。因此，国际商事纠纷更加青睐具有共通性和国际性的纠纷解决方式。正如联合国国际贸易法委员会基于承认“各国的国际贸易法律存在差异，给贸易流通造成了障碍”，所以要求联合国须借此“对减少或消除这些障碍发挥更积极作用”一样，考虑到国际商事纠纷的跨文化性，在纠纷解决实践中，无论是纠纷当事方还是纠纷解决者，均不能忽视国际商事纠纷解决涉及的国际通行规则、商业习惯、惯例和他国的一般做法。在跨国商贸活动中，“国界”的概念已经越来越模糊，具有共识性的文化、语言、方式将对纠纷的预防和解决产生越来越重要的影响。

其三，纠纷具有复杂性。国际商事纠纷内容复杂多变，而且具备相当的专业性。实证研究表明，“多方和多方交易在国际领域变得越来越普遍，常见的复杂合同类型有单一合同多方关系、多方合同多方关系（反映了许多不同的细微差别）和多方双边关系。虽然争议最初可能只出现在其中一个合同中，但是各种事实或法律问题可能会涉及一个或多个其他合同关系”〔18〕。随着经济社会的发展，商行为越来越复杂多变，涉及社会生活的各个领域，其纠纷内容的具体表现形式亦随之复杂多变。而且由于市场经济发展带来的专业化分工的加剧，商事行为的专业性也更为突出，专业技术性强成为商事纠纷内容的一个特点。〔19〕从纠纷解决的角度来讲，日益复杂多变的国际商事纠纷要求解纷机制自身具有相当的专业性，并能满足当事人较高程度的自主参与。

---

〔18〕 S. I. Strong, *Beyond International Commercial Arbitration? The Promise of International Commercial Mediation*, Washington University Journal of Law & Policy, Vol. 45(2014).

〔19〕 徐伟、杨华中主编：《商事纠纷调解实务》，清华大学出版社2013年版，第8页。

二、调解满足海南自由贸易港国际商事纠纷对解决机制的要求

国际商事纠纷中的调解具有其他纠纷解决方式所不具备的独特优势,有效满足了国际商事纠纷对解决机制的要求。为了突出调解的优势,调解的适用是有一定范围限制的,“专家们同意,并非所有争议都适合进行调解。但是,调解可能适用于:(1)有可能保持持续的关系;(2)主要问题是确定损害赔偿,并且没有关于责任或原则问题的严重争议;(3)不需要法律先例(如在一系列与后来案件有联系的相关主张的早期案例);(4)存在很多利害关系;(5)以低于辩护成本的方式解决问题是合理的;(6)案件复杂,特别是如果它涉及专业技术知识;(7)案件需要一个创造性的解决方案;(8)一方需要在‘出庭日’进行情感宣泄但他或她可能无法进入传统谈判场所或法庭;(9)所有当事人均由律师代理;(10)当事人支付自己的律师费”[20]。这种适用范围限制与调解的优势基本一致,可以完整反映出调解为何可以广泛应用于自由贸易港国际商事纠纷。

第一,国际商事纠纷中的调解具有高度的自主性和自愿性。调解是民主决策过程的一部分,由参与者自己决定结果,因此意思自治得到了很好地体现和贯彻。调解可以提供道歉、宽恕及和解的机会。调解的核心思想和区别特征是其自愿性,反映在侧重于赋权和承认的调解修辞上。调解中的自愿性是普遍存在的,它从过程的最初阶段开始运作——当事方同意进行调解,调解方式、地点、范围的选择,并一直持续到过程结束,当事方决定是否重新解决争议,以及解决争议的条件。调解员行为示范标准强调了当事人知情同意的重要性,

〔20〕 John Lande & Rachel Wohl, *Listening to Experienced Users*: *Improving Quality and Use of Commercial Mediation*, Dispute Resolution Magazine, Vol. 13(2007).

以确保当事人的自愿参与和调解员的公正,从而体现公平。[21] 没有严格的刚性规范的约束让国际商事纠纷的当事方能充分参与纠纷解决过程,更多地将自己的主张和需求表达出来并体现在处理结果中,增加处理结果的接受度。

第二,国际商事纠纷中的调解具有一定的专业性。商事活动内容广泛,商事交易牵涉众多不同领域,如公司、证券、期货、信托、票据、保险、海商等,商事纠纷也在这些具有明显界限的不同领域发生。显然,无论是哪一具体领域内的商事纠纷,其都具有极强的专业性和技术性,需要综合运用法律、经济、贸易等知识,对纠纷解决主体的能力要求较高。单单依靠传统的具有全面性的诉讼、仲裁等纠纷解决方式,难以有效应对国际商事纠纷对专业技术的要求。由此,由商事自治组织或行业组织自发组建的与商事活动具有天然联系的调解机制在解决行业性的专业纠纷时就能发挥出自身的优势。

第三,国际商事纠纷中的调解具有显著的经济性。调解并不注重是非曲直的判断,而更侧重于当事人间的和解。纠纷解决过程中,调解员会灵活运用协商、妥协、折中等方法尽快促成当事人达成一致意见,这一做法使程序推进速度大大提升。国际商事纠纷解决实践中,若当事人选择调解方式,一般耗时会被控制在 1 ~ 3 天,大量纠纷在当天就能得到化解,这与诉讼和仲裁平均耗时长达几个月甚至几年形成了鲜明对照。调解中当事人的广泛参与既可以方便调解人及时与各方沟通,加快调解节奏,又可以为当事人根据实际情况随时调整调解方案,避免调解程序陷入繁琐和冗长。纠纷解决效率的提高可以有效降低纠纷解决成本,为当事人节省时间和费用。

第四,国际商事纠纷中的调解具有非对抗性。与诉讼和仲裁突

---

〔21〕 Jacqueline Nolan - Haley, *Mediation: The "New Arbitration"*, Harvard Negotiation Law Review, Vol. 17(2012).

出“两造并立,对簿公堂”不同,调解更多的是强调谈判和协商。调解能让纠纷主体在缓和的气氛中展开有效对话,其更侧重的是商业的情势、目标和机会,而不太纠缠于法律的权利、证据等问题。这种情况下,一方当事人在追求解决纠纷和实现自身利益的目标下,会适度考虑对方意愿,适时做出一些让步,避免陷入非对即错的尴尬境地。消除纠纷主体的对抗情绪和心理对于商业关系在争议解决后的继续维护,维持商事主体的长期交易关系至关重要。〔22〕成功的调解不仅不会破坏商事主体间的合作关系,还会促使他们弥合裂痕,繁荣国际商事交易。

第五,国际商事纠纷中的调解具有较强的保密性。商业信誉是企业生存的根本,维持良好的商业信誉是企业持续发展的内在动力。如果商事活动中发生纠纷,以诉讼和仲裁的方式来分清孰是孰非,被宣告为过错的一方的商业信誉势必受到损害。作为一项调解应当遵循的基本原则,保密是调解过程中几乎神圣的经典,受法律、道德准则和各方协议的保护。〔23〕调解程序中的保密是指调解机构和调解员要为当事人保守秘密,既不能向外界透露一切与案件有关的实体情况,也不能向外界透露一切与案件相关的程序情况。〔24〕“从某种意义上说,保密原则是调解的生命”。〔25〕此外,国际商事纠纷往往直接牵涉企业的商业秘密,调解的非公开性在兼顾纠纷解决的同时也提供了保守商业秘密的理想环境,符合纠纷主体的期待和要求。

概括而言,作为目前最典型的非正式争端解决方式,国际商事纠

---

〔22〕尹力:《国际商事调解法律问题研究》,武汉大学出版社 2007 年版,第 74 页。

〔23〕Jacqueline Nolan - Haley, *Mediation: The “New Arbitration”*, Harvard Negotiation Law Review, Vol. 17(2012).

〔24〕徐伟、杨华中主编:《商事纠纷调解实务》,清华大学出版社 2013 年版,第 44 页。

〔25〕黄河主编:《中国商事调解理论与实务》,中国民主法治出版社 2002 年版,第 42 页。

纷中的调解具有自愿性、经济性、灵活性等特征，在降低争端解决成本，维系当事人之间商业合作关系和商业信誉等方面具有独到的优势。[26] 因此，调解应当作为自由贸易港国际商事纠纷解决的一种优先选择方式。

三、诉讼与仲裁两种国内解纷资源在解决国际商事争端时的适用困境

尽管诉讼和仲裁同样是解决商事争端的重要手段，但由于两种机制自身的特性，其在实践中也面临一些难以忽视的困境。探讨诉讼和仲裁（非国际商事仲裁）在解决国际商事争端中的弊端，并非要否定两种解纷方式的地位与作用，而是要强调在特定领域，调解存在着广泛的使用空间。

（一）诉讼方式的适用与困难

世界范围内都一致承认司法在解决纠纷时具有一定的局限性，应当作为一种最后的解纷手段。与之相对，替代性的纠纷解决方式全面兴起并快速发展，形成一种整体走向和趋势。但不可否认的是，现代社会，诉讼依然是各国解决商事纠纷的重要途径。对公民个人而言，依据本国国内法将纠纷提交法院，寻求司法救济是最根本、最可信赖的争端解决方式。以我国国内纠纷为例，2021 年全国法院一审收案数超过 1800 万件[27]，而同一时期，非诉讼纠纷解决方式中最重要的调解和仲裁收案数分别为 874 万件[28]和 41.5

---

〔26〕 初北平：《"一带一路"多元争端解决中心构建的当下与未来》，载《中国法学》2017 年第 6 期。

〔27〕 数据来源：《2021 年全国法院司法统计公报》。

〔28〕 数据来源：《司法部 2021 年法治政府建设年度报告》。

万余件[29]。可以看到,在我国,诉讼化解纠纷的数量无疑占据绝对比例。

然而,以诉讼方式化解跨国争端存在诸多弊端:一是自由贸易港国际商事争端可能涉及不同国家的争议主体,各国法律制度差异较大,通过诉讼难以给争端当事方提供完整统一、共同接受的法律服务。而且,对于从事跨国贸易的外国人而言,其很难准确理解和正确适用当地的法律,这显然不利于其合法权益的保护。二是发生跨国争端后,外来投资者可能受到不公正待遇,或是会有这种担忧。部分国家可能在司法程序中差别对待,偏袒本国当事人而为难国外投资者,不及时处理争端,或是不公正处理争端。三是自由贸易港建设过程中,发生跨国争端的主体所在国家的法治水平参差不齐。一些国家的法律制度尚不健全,无法给投资者提供相应的法律保障。争端发生后,在国内法上难以找到明确的法律依据,甚至会出现法律冲突的情形,导致争端无法及时有效地解决。四是司法程序存在故有的缺陷,程序繁琐,进程缓慢,难以满足争端当事方快速化解纠纷、回归正常商贸投资活动的需求。而且各国的法院裁判均面临着难以执行的困境,而裁判的有效执行是一切解纷方式最终的追求,否则争端的解决将失去价值。

(二)仲裁方式适用与困难

在当代非诉讼纠纷解决机制体系中,仲裁是最接近审判的一种解纷方式,且当今社会,仲裁也是最重要的替代司法的纠纷解决方式。依照不同的分类标准,仲裁可以分为不同类型,较为常见的是国

---

〔29〕 张维:《去年全国仲裁机构受案41.5万余件》,载《法治日报》2022年3月23日,第2版。

内仲裁与国际仲裁、机构仲裁与临时仲裁，以及依法仲裁与友好仲裁。[30] 仲裁作为一种法律制度始于中世纪，17世纪末英国议会制定了第一个仲裁法案，正式承认了仲裁制度。19世纪末到20世纪初，仲裁制度得到了迅速发展，许多国家相继制定仲裁法并成立仲裁机构。英国于1889年制定了《仲裁法》，并于1892年在伦敦成立了伦敦仲裁院。瑞典于1887年制定了第一个仲裁法令，并于1929年通过了《瑞典仲裁法》和《瑞典关于外国仲裁协议和仲裁裁决的条例》。法国、德国、日本也都在其民事诉讼法中对仲裁进行了规定。美国于1922年成立了仲裁协会，法国于1923年成立了国际商会仲裁院。[31] "一带一路"共建国家也大多制定了本国的仲裁法律制度。我国仲裁事业起步较晚，直到1994《仲裁法》的颁布，我国才建立起真正意义上的现代商事仲裁制度，仲裁理念才开始与国际接轨。[32] 我国国内仲裁虽然起步晚，但发展较快，截至2022年，全国共有277家仲裁机构。我国涉外仲裁制度是在中国国际经济贸易促进委员会的推动下逐渐建立和完善起来的，现在的中国国际经济贸易仲裁委员会是世界上主要的常设商事仲裁机构之一。除此之外，北京、上海、深圳、海南等地也已成立了国际仲裁机构。各国的仲裁法律制度中都包含涉

[30] 国内仲裁是指解决本国当事人之间没有涉外因素的国内民商事纠纷的仲裁，国际仲裁泛指处理具有涉外因素的民商事争议或国际性民商事争议的仲裁。临时仲裁是一种在事先并不存在仲裁管理组织的情况下，当事人根据仲裁协议，将争议交给临时组成的仲裁庭进行审理并作出裁决的仲裁。仲裁结束后，仲裁庭即自行解散。机构仲裁也是当事人根据仲裁协议将纠纷提交给某一常设仲裁机构所进行的仲裁。依法仲裁是指仲裁庭必须依据实体法律规范进行裁决；友好仲裁是指仲裁庭依当事人的授权，不根据严格的法律规定，而按照它所认为的公允及善良原则和商业惯例进行裁决。参见黄进、宋连斌、徐前权：《仲裁法学》，中国政法大学出版社2008年版，第3～4页。

[31] 乔欣：《仲裁法学》，清华大学出版社2015年版，第2～3页。

[32] 郭峰：《中国仲裁迎来引领世界的机遇》，载《民主与法制时报》2017年9月10日，第11版。

外仲裁的内容，逐渐成为本国解决国际商贸投资争端的重要方式。

仲裁作为替代诉讼的一种极具代表性的争端解决方式，在解决自由贸易港建设进程中的国际商事争端时无疑将发挥重要作用。但依靠各国国内涉外仲裁规则解决国际争端也具有明显的局限性。首先，虽然目前大部分国家制定了本国的仲裁法，其中也涵盖涉外仲裁的内容，但实际上这些规则并不完善。一些重要的国际性仲裁制度在很多国家并未得到承认，如临时仲裁制度、友好仲裁制度等。这就会导致采用国内仲裁方式解决跨国争端时常受到制约。其次，当某国存在国外仲裁机构时，跨国争端应当提交至国内的哪一仲裁机构尚不明确。当下，一些跨国商贸投资繁荣的国家通常会在国外设立国际商事仲裁机构的办事处，希望为解决本国的国际贸易争端提供便利。但这些国外仲裁机构是否有权限以及在多大范围、程度上有权限提供法律服务，通常并不确定。这样一来，争端当事方可能基于自身利益的考量选择不同的仲裁机构，难以达成合意。而且，由于待遇不同，不同机构的处理结果也有所差异。最后，与诉讼方式一样，仲裁裁决同样会遭遇承认与执行的问题。虽然目前有专门解决非本国仲裁执行问题的《纽约公约》，但仍有一些国家尚未加入这一国际公约，且该公约的成员国中也存在“互惠”保留的情形。因此，国外仲裁裁决的承认与执行仍然面临困难，这是其难以避免的短板。

当然，任何一种争端解决方式都有利有弊，争端解决机制的性质决定着某一具体解纷方式在运用时的优势和劣势，并在其面对不同类型的纠纷时尽展无余。诉讼和仲裁尽管存在各自固有的不足，但仍然在解决国际商事争端中占据重要地位，尤其是国际商事仲裁。此处指出二者所面临的挑战是想说明单一的争端解决机制难以有效化解自由贸易港建设进程中复杂的国际商事争端，而对于海南自由贸易港来说，国际商事调解显然是其目前的短板，亟须尽快予以完善，这也正是本章强调国际商事纠纷调解解决机制的目的所在。

四、海南自由贸易港建设需要多元化国际商事纠纷解决机制作支撑

党的十九大报告和2018年政府工作报告都提出“探索建设自由贸易港”，推动形成全面开放新格局。2018年4月13日，习近平总书记在庆祝海南建省办经济特区30周年大会上宣布，党中央决定支持海南逐步探索、稳步推进中国特色自由贸易港建设。[33] 这一重大决策是改革开放40周年之际党中央扩大我国对外开放、积极推动经济全球化的新举措。2018年4月14日，正式对外发布的中共中央、国务院《关于支持海南全面深化改革开放的指导意见》提出，海南要探索建设中国特色自由贸易港。至此，新时代下我国以建设自由贸易港形式打造开放型经济体制、形成更高层次改革开放新格局的重大战略正式在海南拉开序幕。

要完成好中央赋予海南的新使命，打造开放层次更高、营商环境更优、辐射作用更强的开放新高地，首要任务是分步骤、分阶段建立起自由贸易港政策和制度体系。有交易就会有争端，良好的法治环境是中国特色自由贸易港建设的重要保障，而优质的法律服务和全方位的司法保护又是其中的关键要素。自由贸易港是全世界开放程度最高的贸易区，以双边贸易和多边贸易为主要贸易形式，争端主体往往涉及两个或两个以上的国家，争端的解决更多依赖的是国家之间的协议。从我国香港特别行政区、新加坡等我们熟知的自由贸易港实践经验来看，争端的国际性、专业性和前沿性等新特征对争端解决机制提出了更高的要求。只有构建一套公平、公正、被广泛认可、

---

〔33〕 习近平：《在庆祝海南建省办经济特区30周年大会上的讲话》，载《人民日报》2018年4月14日，第2版。

普遍适用的多元化争端解决机制，才能从法律机制上为中国特色自由贸易港建设保驾护航。而实现这一目标既要依托国内现有的诉讼内外争端解决资源，又要充分借鉴国际商事争端解决机制的成功经验。中国特色自由贸易港争端解决机制的最终呈现形式是形成一套集司法、仲裁、调解等多元方式为一体的兼容并蓄、多管齐下的争端解决体系。其中，调解作为一种既节省时间又节省金钱的国际争议解决方式，越来越受到当事人的欢迎，也越来越受到法官、仲裁院、律师等法律界人士的重视。

中共中央、国务院《关于支持海南全面深化改革开放的指导意见》在保障措施中明确指出要“支持建立国际经济贸易仲裁机构和国际争端调解机构等多元纠纷解决机构”。2021 年 6 月 1 日，中共中央、国务院印发了《海南自由贸易港建设总体方案》，其在制度设计中指出“建立多元化商事纠纷解决机制。完善国际商事纠纷案件集中审判机制，提供国际商事仲裁、国际商事调解等多种非诉讼纠纷解决方式”。也就是说，党中央已经从顶层设计上为海南全面深化改革开放过程中的国际商事纠纷解决谋划了新的蓝图。为了落实党中央的决策部署，支持海南自由贸易港建设，2018 年 7 月 29 日海南国际仲裁院正式挂牌，着力解决海事和金融方面的国际商事争议。海南国际仲裁院的成立健全了自由贸易港国际商事纠纷解决机制，为海南全面深化改革开放增强了制度保障。然而，与国际商事仲裁同样重要的国际商事调解依然处于缺位状态。2018 年 8 月 1 日，最高人民法院发布《关于为海南全面深化改革开放提供司法服务和保障的意见》，再次强调海南全面深化改革开放需要以多元化国际商事纠纷解决机构和多元化纠纷解决机制作为司法保障。其中，“支持建立国际争端调解机构，发挥调解在国际商事纠纷解决中的作用”是重要内容之一。2021 年 1 月 8 日，最高人民法院发布《关于人民法院为海南自由贸易港建设提供司法服务和保障的意见》，提出“支持海南设立市场化运作的国际商事调解组织，开展商事调解业务”，推动海南建设国际商事纠纷解决中心。最高人民法院多次重申调解在海南自由贸易港国际商事纠纷解决中的重要地位，既是对中共中央、国务院《关于支持海南全面深化改革开放的指导意见》的贯彻，又是基于海南全面深化改革的现实需要作出的判断。

从域外经验来看，类似开放程度的自由贸易港通常会尽可能促进域内商事纠纷能够得到快捷高效的柔性解决，以保障本区域内国际商事往来的效率和稳定性。例如，SIMC 的调解成功率高达 80%，这种高和解率不仅实现了商事纠纷的快捷高效解决，还预防了大量商事纠纷的进一步激化，有效降低了国际商事纠纷对本区域内营商环境造成的影响。

总之，海南自由贸易港建设和发展过程中，涉外商贸和投资活动将日益增多，对外交往中也会伴随各种各样的法律风险，需要完备的国际商事争议解决机制作为保障。海南现有的国际商事争议解决机制在解决自由贸易港商贸投资争端中还存在一定缺漏，无法满足现实需求。下一阶段，在海南自由贸易港内除了发挥司法和国际商事仲裁的功效外，还要激活调解在国际商事纠纷解决中的作用，逐步建立起一套完备的的国际商事纠纷多元解决机制。

第三节　国际商事调解在海南自由贸易港建设进程中的发展路径

以我国传统的国内调解制度为依托，以世界主要国家或地区国际商事调解的发展为借鉴，中国特色自由贸易港建设进程中的国际商事调解应当有新的谋划和布局。

一、海南自由贸易港国际商事调解机制的定位

(一)具体的体制与制度+抽象的公信力与影响力

根据MBA智库百科的解释,“机制”一词最早源于希腊文,原指机器的构造和动作原理。在《现代汉语词典》中,“机制”是指有机体的构造、功能及其相互关系。“机制”的概念主要涵盖如下几层意思:一是整体的事物由各个不同部分组成;二是不同的部分承担着不同的功能,整体功能的发挥要建立在协调不同部分的基础上;三是正确处理各部分关系需要具体的运作方式;四是机制通过一定的运作方式将各部分统一起来,以实现规范化运作,发挥最大效用。国际商事调解机制是一套集各类调解资源于一体的综合解纷体系,构建这一争端解决机制,需要在激发不同部分固有功能的基础上,注重各类资源之间的有效衔接,最终形成整体合力,为争端的解决搭建新平台。

“机制”的建立需要载体,换言之,要明确“机制”通过什么形式建立,又依靠什么来实现。“机制”的建立依赖于“体制”和“制度”,从一般意义上来讲,二者都有规则、准则的含义。但这里的“体制”则侧重于组织职能和权责,要求明确具体的任务如何分配、由谁完成,各部门、各职位享有哪些权利,需要承担哪些责任;这里的“制度”主要表达的是一定范围内的法律、法规和规章制度。“体制”和“制度”共同作用,解决了“机制”的建立形式,但要实现“机制”的效用,还需要足以让使用者信任的力量。延伸到“一带一路”争端解决机制上来,这一机制同样不能只是被狭义理解为一系列的具体规则,而应同时涵盖其他信任机制。具体而言,国际商事争端调解解决机制应当包括具体的体制、制度和抽象的公信力、影响力。前者反映在应当设立一个独立的实体机构,需要考虑的事项包括制度依据、法律地位、

目标宗旨、基本原则、运行方式、适用范围、案件种类等，以及如何和现有资源衔接，如何完善配套措施等。当然，这一新机构并非完全超脱现实而重新建立，而是在整合国内外现有法律服务资源的基础上组建而成。其中的具体机构和规则大多可利用现有的资源，只需将其加以完善，然后成立新机构、制定新规则，便可设立一体化的国际商事解决中心。后者反映在要提升自由贸易港国际商事争端调解解决机制的公信力和影响力上，要吸引更多的纠纷当事方选择这一解纷机制。如果只是简单组建一个新的争端解决机制，而无法实际发挥化解争端的作用，自然是不符合其设立初衷的。因此，除了机构和规则的构建外，还要努力将国际商事调解打造成具有国际影响力的一种争端解决方式，使海南自由贸易港成为化解国际商事争端的首选地。

（二）统一的国内设置 + 分散的区际、国际设置

国际商事调解机制的构建最终要落脚到具体的机构、平台的设置和人员的配置上。通常情况下，提到争端解决机制，人们就会将目光聚集在国际争端解决机制上，如 WTO 的争端解决机制、ICSID 争端解决机制等。实际上，除了国际争端解决机制外，还存在区际争端解决机制和国内争端解决机制。不同类型的争端解决机制的作用范围和运行方式存在差别。因此，自由贸易港国际商事争端调解解决机制应当定位为哪一范围的争端解决机制就有待明确。自由贸易港是当今世界最高开放水平的形态，其充分体现了贸易自由、投资自由、人员自由、资金自由、信息自由、运输自由等。可以预见的是，未来自由贸易港内跨国投资、贸易将成为常态。因此，自由贸易港建设的合作形式是区际性与国际性相结合的，产生的纠纷也是广泛而复杂的。在此背景下，自由贸易港国际商事争端解决机制的设置也应当是多元的、复合的。对于国际商事调解而言，自由贸易港国际商事

争端调解机制也应当是包容并蓄、内外结合的形态。

一方面,中国特色自由贸易港应当建立服务于自由贸易港建设的国际商事争端调解机制。党的十八大以来,中央高度重视多元化纠纷解决机制建设。党的十八届四中全会确立了多元化纠纷解决机制改革的任务,中央也从顶层设计上对多元化纠纷解决机制建设做出了制度安排,最高人民法院正在逐项贯彻落实。自由贸易港争端解决机制的构建应当以此为契机,结合多元化纠纷解决机制的中国方案,建立起与国情相符、与世界接轨的新机制。除了充实和完善现有的纠纷解决方式外,还要适时推出专门针对自由贸易港商贸投资纠纷的系列措施。国内的调解机制是融合各类现有调解形式的混合模式,有人民调解、行业调解、专业调解等。另一方面,从国际惯例和方便争端当事人的角度考量,自由贸易港国际商事争端调解机制还应包含与国际调解组织联合组建的调解机制。以现有的较为成熟的国际商事调解机构为参考,根据实际需要,建立起跨越国界的调解机制,为跨国争端的解决提供制度保障。随着自由贸易港建设的推进,港区内国际化程度势必不断加深,构建一套普遍适用的国际商事争端调解解决机制势在必行。概括而言,自由贸易港国际商事争端调解解决机制将是一个兼容并蓄、多管齐下的复合体系,争端当事人可以依据实际需要选择适用。

二、海南自由贸易港国际商事调解机制的优化策略

(一)建立海南自由贸易港国际争端调解机构

依照中共中央、国务院《关于支持海南全面深化改革开放的指导意见》和最高人民法院《关于为海南全面深化改革开放提供司法服务和保障的意见》的安排,发挥调解在自由贸易港国际商事纠纷解决中的作用,首要任务就是建立起独立的自由贸易港国际争端调解机构。

这对于国际商事调解的长远发展和其在自由贸易港国际商事纠纷解决中作用的发挥至关重要。海南为进一步落实中共中央、国务院《关于支持海南全面深化改革开放的指导意见》，打造法治化、国际化、便利化的自由贸易港营商环境，促进国际商事调解在自由贸易港的发展，于2020年6月在海南国际仲裁院下设国际商事调解中心，受理境内外商事主体之间的各类商事争议，也接受人民法院、其他机构转交或委托调解的案件。尽管海南国际商事调解中心的设立在一定程度上有助于自由贸易港国际商事调解的发展，但由于海南国际商事调解中心依附于海南国际商事仲裁机构，自主性和独立性尚不足，这一模式是否能满足自由贸易港建设需要、是否符合国际商事调解的全球化发展趋势尚存疑虑。从长远来考虑，海南可以借鉴同为自由贸易港的新加坡和我国香港特别行政区的成功经验，以 SIMC 和 HKMC 为参照，成立海南自由贸易港国际商事调解中心。同时，以《联合国国际贸易法委员会国际商事调解示范法》为蓝本，制定“海南自由贸易港国际商事调解中心调解规则”。

自由贸易港国际争端调解机构除了吸收和利用国内成熟的调解资源外，还应当鼓励和支持国际商会和行业协会等组织的参与，与各国的相关国际机构进行对接与合作，广泛吸收国际社会力量。在制定调解规则时，可以适当参考世界主要国际调解机构较为成熟的调解规则，以增强海南国际商事调解中心的国际性和调解结果的接受度和认可度。海南国际商事调解中心的调解员名册可以由各国有经验的调解员共同组成，当事人可以自由选择自己信任的调解员为其提供服务。

（二）强化海南国际仲裁院中调解与仲裁的结合

调解与仲裁相结合是一种复合式的争议解决方式，它以仲裁为依托，将二者有机结合。实践中，广义上的调解与仲裁相结合的方式主要有以下几种：先调解后仲裁，即争议发生后先启动调解程序，调解程序结束后再启动仲裁程序，前后两个程序中的主持者相同；“影子调解”，即争议发生后先启动仲裁程序，仲裁过程中在适当时候平行启动调解程序，调解成功则了结争议，调解失败则继续仲裁，两个程序的主持者不同；仲裁中调解，即争议发生后先启动仲裁程序，程序进行中由仲裁院主持调解，调解不成再恢复仲裁；调解失败每方当事人提供一个最后仲裁方案，即争议发生后进行调解，调解失败后各当事方均须提供一套仲裁方案，由仲裁庭做出选择发生效力；仲裁后调解，即争议发生后采用仲裁方式解决，仲裁庭做出仲裁裁决后利用调解解决仲裁裁决执行中的问题。〔34〕 而狭义上的调解与仲裁相结合则专指上述第三种方式，该模式也是实践中应用最广泛的一种。

调解与仲裁相结合在我国商事纠纷解决实践中也普遍适用，截止到2022年，我国共有277家仲裁委员会。其中，一半以上的仲裁委员会建立了专门的商事纠纷调解委员会，这种调解与仲裁相结合的制度设计能更好地发挥出二者合力解决纠纷的优势。〔35〕 海南深化改革开放过程中，除了要建立起单独的国际商事争端调解机构，也要充分利用已经成立的海南国际仲裁院国际商事调解中心开展调解工作，鼓励当事人在仲裁程序之前或之外进行调解。通过调解与仲裁的有效衔接，帮助当事人以更和谐、更快速、更有效、更节省的方式解决各种国际商事争议。

（三）构建海南自由贸易港国际商事纠纷联合调解机制

要发挥调解在海南自由贸易港国际商事纠纷解决中的作用，就不可仅将焦点聚集在国内调解中心的构建上，还需放眼全球，与国际

---

〔34〕 王生长：《仲裁与调解相结合的理论与实务》，法律出版社2001年版，第78～79页。

〔35〕 沈四宝：《从北仲的一个典型国际调解案看中国商事调解制度的特点》，载《北京仲裁》2017年第1期。

上其他知名调解机构开展合作,形成联合机制。

联合调解是一种广受欢迎的国际合作模式,对于打破地域限制,发挥不同调解机构优势,快速妥善解决自由贸易港国际商事纠纷具有重要的促进作用。截至 2022 年,中国国际贸易促进委员会/中国国际商会调解中心已经与国际知名争议解决机构建立了 22 个联合调解中心,如中美商事调解中心、中意商事调解中心、北京—汉堡调解中心、中韩商事争议调解中心、中加联合调解中心、内地—澳门联合调解中心、内地—香港联合调解中心、中蒙商事调解中心等。此外,上海自由贸易区也积极推广联合调解模式。2013 年,中国(上海)自由贸易试验区国际商事联合调解庭成立。该国际商事联合调解庭以上海经贸商事调解中心为依托,是独立的第三方调解机构。除了本土的专家服务团,调解庭还与 CEDR、欧盟国际仲裁协会、SMC、HKIAC、香港调解会、美国 JMS 公司等世界著名调解机构合作,通过商事调解这一符合国际规范和惯例的法律资源,帮助中外当事人高效处理商事纠纷,特别是国际商事纠纷。[36] 由此可见,联合调解在自由贸易港国际商事纠纷中具有广阔的发展空间,应当作为一种重要的调解模式予以推广使用。未来成立的海南自由贸易港国际调解中心可以与国外调解中心签署联合调解协议,共同组建联合调解中心,并分别设立秘书处,更好地发挥调解在自由贸易港国际商事纠纷解决中的作用。

除上述合作模式外,海南自由贸易港国际商事调解中心还可以吸收国际上享有盛誉的调解中心在海南设立办事处,为国际商事纠纷当事人提供更多的选择。域外调解中心在海南自由贸易港设立的办事处既可以独立受理解决当事人的争议,又可以与海南自由贸易

〔36〕 任翀:《自贸区国际商事联合调解庭揭牌》,载《解放日报》2013 年 11 月 21 日,第 7 版。

港国际调解中心合作,共同解决纠纷。

(四)完善海南自由贸易港诉调对接平台建设

随着非诉讼纠纷解决机制的发展,各种行政调解、社会调解、民间调解达成的协议的性质和效力应当如何认定,是否阻断后续诉讼的机会,是否构成执行的对象,是否可以寻求司法救济等问题在各国实践中普遍出现。[37] 民间性的调解所达成的协议本质上仍属于"私法上的和解",主要依靠纠纷主体的诚信和自律来得到履行。国际商事纠纷中的调解所达成的调解协议虽然具有区别并高于、强于民事合同的法律效力,但仍未具备与法院的裁判或调解书以及仲裁裁决等同样的强制执行力,不能直接作为强制执行的依据;只有通过司法确认,调解协议才可产生相当于生效判决的强制执行效力。而经过确认的调解协议则具有判决的效力,可以申请法院强制执行。[38] 为了巩固和保障调解成果,通过诉调对接的方式确认调解协议的效力是海南自由贸易港国际商事纠纷调解机制应当关注的问题。

随着我国民事诉讼立法上对调解协议司法确认程序的引入,诉调对接工作取得了实质性进展,并在司法实践中被普遍适用。对于海南自由贸易港建设而言,不仅要利用传统的诉调对接机制,还要充分利用信息技术,开展在线调解、在线司法确认等,适应时代发展。可以看到,随着现代科技的迅猛发展,社会生活和经济交往均呈现出电子化、网络化特征,各种媒介和电子、网络技术在全球治理中发挥着日益重要的作用。其中,一些技术催生和促进了在线纠纷解决方

---

〔37〕 张卫平主编:《新民事诉讼法专题讲座》,中国法制出版社 2012 年版,第 189 页。

〔38〕 江伟主编:《最新中华人民共和国民事诉讼法释义》,中国法制出版社 2012 年版,第 320 页。

式的发展,扩大了争端解决的场域。[39] 在线调解是在线纠纷解决方式的一种,对于解决跨国争端具有明显的便捷优势。新建立的海南自由贸易港国际商事调解中心要实现高效能、低成本,吸引更多的纠纷主体选择调解,就应当大力发展在线调解业务。除了在线调解外,还要加强"一站式"纠纷解决机制建设,提供在线司法确认服务。这样一来,诉调对接就可以突破时空限制,从线下走向线上,更好地为国际商事纠纷解决提供支持。

(五)发挥律师调解在海南自由贸易港国际商事纠纷中的作用

律师调解是调解制度的一种创新机制,是律师的身份定位由诉讼代理人向职业调解人的转变。律师担任调解员主要是运用法律专业知识来促使纠纷双方认识理解自己的立场在法律上是否有理的"强弱"态势,并在此基础上帮助纠纷主体形成法律框架内利益相互兼容的解决方案。[40] 在美国、欧洲各国、日本、新加坡以及我国港澳台地区,律师已经成为调解市场的中坚力量,在非诉讼纠纷解决机制发展中发挥着越来越重要的作用。[41] 就我国而言,2017 年 10 月 16 日,最高人民法院和司法部共同发布《关于开展律师调解试点工作的意见》,律师调解开始从地方探索正式走上了制度建构的轨道。

支持和发展律师调解是突出海南自由贸易港国际商事纠纷调解机制创新的重要方式。一方面,要多渠道吸收国内优秀律师在调解中心或律师事务所等场所参与自由贸易港国际商事纠纷调解工作;另一方面,鼓励国际律师加入海南自由贸易港国际商事调解,吸收国

---

〔39〕 石春雷:《国际商事仲裁在"一带一路"争端解决机制中的定位与发展》,载《法学杂志》2018 年第 8 期。

〔40〕 王亚新:《愿律师调解由试点走向推广》,载《人民法院报》2017 年 10 月 19 日,第 2 版。

〔41〕 贾玉慧:《推进律师调解工作的几点看法》,载《人民法院报》2017 年 11 月 22 日,第 8 版。

际律师在调解中心担任调解员，畅通调解渠道。充分发挥律师调解专业化和职业化的优势，是海南自由贸易港国际商事纠纷调解机制的新发展方向，符合调解的全球发展趋势。对于律师调解的发展路径而言，应坚持和突出市场化特征，通过公平竞争和市场选择来优胜劣汰，以利益驱动的方式保持律师调解的市场活力，推动律师调解的良性和可持续发展。

海南全面深化改革开放的新形势下，自由贸易试验区和中国特色自由贸易港建设是海南当前接受的新任务和新挑战。海南经济特区要成为新时代我国改革开放的重要窗口和实验平台，离不开全方位配套措施的支撑和保障，包括多元化的国际商事纠纷解决机制。适应调解的全球发展趋势，充分挖掘调解在海南自由贸易港国际商事纠纷解决中的作用，既符合党中央国务院和最高人民法院为海南深化改革开放提供司法服务和保障的决策部署，又满足了海南深化改革开放扩大对外商贸交往过程中高效能、低成本解决纠纷的现实需求。虽然调解是我国自古以来的一种非常重要的替代性纠纷解决方式，但其在国际商事纠纷解决中并没有获得相应地位，既存在体制机制的缺漏，又存在环境观念的制约。海南深化改革开放进程中，要从机构建立、机制完善等方面，全方位、多角度地发展国际商事纠纷中的调解，更好地服务海南自由贸易试验区和中国特色自由贸易港建设。

第七章　海南自由贸易港诉讼与非诉讼相衔接的商事纠纷解决机制

随着海南自由贸易港建设深入推进，海南自由贸易港商事纠纷案件日益多样化、复杂化，涉外案件比例也逐渐提升。2018 年至今，海南仲裁委员会变更为海南国际仲裁院，海南国际仲裁院国际商事调解中心、全国第四个知识产权专门法院——海南自由贸易港知识产权人民法院，以及海南第一、第二涉外民商事法庭等国际民商事纠纷解决机构陆续在海南设立，海南自由贸易港纠纷解决机制逐渐多元化、复合化。《海南自由贸易港建设总体方案》《海南自由贸易港法》陆续出台，在此基础上，《海南省多元化解纠纷条例》应运而生，将建立、健全多元化商事纠纷解决机制作为任务目标，并明确了具体的实施路径和相应的保障措施。打造海南自由贸易港国际一流营商环境的关键一环是构筑多元化商事纠纷解决机制，其是整个多元化商事纠纷解决机制建设中的关键，核心问题是诉讼与非诉讼纠纷解决机制衔接的实现，涉及商事诉讼与仲裁的衔接、商事诉讼与调解的衔接等。针对商事诉讼与仲裁的相互衔接，本章将从对海南自由贸易港商事仲裁的司法审查与监督方面着手，探讨对仲裁协议、仲裁程序、仲裁裁决的司法审查与监督；而海南自由贸易港商事诉讼与调解的衔接主要体现在对调解协议、国际商事和解协议的司法确认及监督上，亦是本章重点讨论的内容。

第一节　海南自由贸易港商事仲裁的司法审查与监督

仲裁协议、仲裁程序、仲裁裁决是海南自由贸易港商事仲裁的司法审查与监督的三个主要对象。

一、仲裁协议的司法审查

"无协议即无仲裁",仲裁协议对于仲裁解决商事纠纷具有重要的意义,同时也是司法审查仲裁的一项重要内容。仲裁协议具有两个方面的特征:一是自治性,二是独立性。自治性是指仲裁协议体现了当事人意思自治,只有签订了仲裁协议或者双方当事人明确存在纠纷提交仲裁的约定,相应的纠纷才能申请仲裁机关予以仲裁,当事人关于纠纷提交仲裁的约定排除了司法管辖权。独立性是指仲裁协议形式既可呈现为独立的合同,又可呈现为主合同的条款,仲裁协议的效力与主合同的效力不一定一致,可能存在主合同无效而仲裁协议有效的情形,主合同的有效与否并不能直接决定仲裁协议的生效与否。对仲裁协议的审查是仲裁司法审查的重要内容,审查的主体是法院,审查将立足于法律规定,围绕着当事人是否签订仲裁协议及协议是否成立生效进行,审查仲裁庭是否对争议事项具有管辖权、所作裁决是否产生法律约束力。在中国,裁判协议是否存在、是否有效以及能否执行等内容也是对仲裁协议效力审查的主要内容。[1]

从目前《仲裁法》及相关司法解释的规定看,中国仲裁制度及仲

---

〔1〕 朱科:《中国国际商事仲裁司法审查制度完善研究》,法律出版社 2018 年版,第 96～97 页。

裁司法审查制度还不能满足海南自由贸易港的需求，主要表现在以下方面：其一，仲裁协议要件相对较为严格，不能满足海南自由贸易港建设的需求。《仲裁法》第16条对仲裁协议签订的时间、方式、内容进行了规定。仲裁协议签订的方式既可以是合同中的仲裁条款，也可以是当事人之间通过书面形式确定的请求仲裁的合意。仲裁协议签订的时间除在主合同签订的同时，也可以在纠纷发生前或者发生后。仲裁协议的内容包括明确纠纷解决方式为仲裁、仲裁事项、解决纠纷的仲裁委员会。仲裁协议的形式被《仲裁法》严格限定为“书面”，否定了口头约定的形式。约定仲裁协议的书面形式除合同中订立的仲裁条款外，还可以是合同书、信件和数据电文（包括电报、电传、传真、电子数据交换和电子邮件）等，以上形式被最高人民法院《关于适用〈中华人民共和国仲裁法〉若干问题的解释》（2008年修订）第1条予以确定，系对书面形式的扩大解释，但仍然没有将仲裁协议的形式扩展到口头仲裁。在海南自由贸易港建设过程中，可能有些纠纷当事人在没有签订书面协议的情形下，通过口头约定或者双方默认通过仲裁解决纠纷，仲裁机构确定双方当事人具有仲裁合意的，应对该纠纷具有管辖权，从而高效化解自由贸易港建设中出现的矛盾纠纷。其二，必须有明确的仲裁机构对于当事人而言过于严苛。《仲裁法》第16条规定应当有选定的仲裁委员会，但是对于当事人而言，当事人可能对海南自由贸易港的仲裁机构不熟悉，即使知道有某个仲裁机构，也不一定能够准确表述其全名，因此容易产生约定的仲裁机构名称表述不准确的情况，如果一概认为当事人约定不明，排除仲裁解决纠纷，则不利于海南自由贸易港纠纷的高效化解。根据最高人民法院《关于适用〈中华人民共和国仲裁法〉若干问题的解释》（2008年修订）第3条的规定，即使表述不准确，但是根据仲裁协议的约定能具体确定仲裁机构的，应当认定选定了仲裁机构。尽管最高人民法院《关于适用〈中华人民共和国仲裁法〉若干问题的解释》(2008 年修订)第 3 条规定了合理推定仲裁的条款,但在不能合理推定时,仍然会认为仲裁机构约定不明。例如,目前海南自由贸易港不只存在一个仲裁机构,如果协议中仅约定如发生纠纷由“海南仲裁机构仲裁”,那么往往认定为仲裁机构约定不明。其三,临时仲裁未被得到广泛推行。临时仲裁是指当事人依法自主指定仲裁员,由该仲裁员自主控制仲裁程序的一种仲裁方式。《仲裁法》把“选定的仲裁机构”作为仲裁协议要件,却没有明确临时仲裁类型,这种限制会引发很多问题:关于仲裁的类型,当事人选择的自由被限制,这与仲裁崇尚的当事人意思自治相悖;不符合海事仲裁的习惯,影响了我国海事仲裁业的发展;降低了中国内地(大陆)的仲裁吸引力,不利于国际商事仲裁在中国的发展。[2] 同样,上述弊端也将阻碍海南自由贸易港纠纷解决和仲裁制度的发展。

为解决上述问题,更好地服务海南自由贸易港建设,首先应当增加对当事人之间存在仲裁协议进行推定的规定,例如案件已经进入仲裁程序,当事人均没有提出异议,并就实体问题进行辩论;或者在当事人之间的文书来往过程中,或者在仲裁庭审前的准备程序、流程中,当事人一方主张仲裁协议存在,而其他方当事人没有否认;或者合同一方或多方主体书面承诺愿意由仲裁机构解决争议,其他主体申请仲裁等。同时,取消“选定的仲裁委员会”这一形式要件,将实质要件从三要件改为两要件,即一项仲裁协议只需包含仲裁意愿和仲裁实现这两个要件即可。[3]

---

〔2〕 朱科:《中国国际商事仲裁司法审查制度完善研究》,法律出版社 2018 年版,第 107~108 页。

〔3〕 朱科:《中国国际商事仲裁司法审查制度完善研究》,法律出版社 2018 年版,第 109~113 页。

除了对仲裁协议的形式要件和实质要件进行修改完善外，还应当允许在海南自由贸易港设置临时仲裁制度。首先，在海南自由贸易港建立临时仲裁制度符合国际趋势。《纽约公约》第1条规定，不仅专案中的仲裁员作出的裁决是仲裁裁决，当事人提出仲裁申请的常设仲裁机关所作的裁决也是仲裁裁决。可见《纽约公约》明确承认临时仲裁，并且中国在加入《纽约公约》时并未对此作出保留。此外，《联合国国际贸易法委员会国际商事仲裁示范法》《国际商事争端预防与解决组织商事仲裁规则》《联合国国际贸易法委员会仲裁规则》等国际条约或公约中都规定了临时仲裁制度。其次，中国自由贸易区已经开始探索临时仲裁制度。最高人民法院《关于为自由贸易试验区建设提供司法保障的意见》于2016年12月发布，其中第9条规定，如发生争议的企业符合以下条件，均在自贸区注册、对仲裁地点、仲裁规则、仲裁人员达成合意，仲裁地点需在中国内地，则可以通过仲裁解决纠纷。2021年1月，《司法服务和保障的意见》发布，其中亦对此再次强调。2021年7月，司法部发布《仲裁法（修订）（征求意见稿）》，该征求意见稿没有将仲裁委员会的选定作为仲裁协议的必要条件，且第91条规定具有涉外因素的商事纠纷可以临时仲裁。随着海南自由贸易港建设的发展，涉外商事纠纷可能逐渐增多，建立海南自由贸易港临时仲裁制度也是应对涉外商事纠纷的一个重要非诉讼机制。当然，如何进一步完善在海南自由贸易港这个特定的地点建立特定的临时仲裁规则还需要进一步深入研究和探讨。

二、仲裁程序的司法审查

无论是国内仲裁还是国际仲裁，仲裁司法审查都需要重点审查仲裁程序。《纽约公约》第5条规定，仲裁的程序事宜如果在协议中没有约定或者实施情况和约定、进行仲裁的国家法律不相符，法院有权拒绝承认和执行仲裁裁决。由此可见,仲裁中的程序是司法审查的对象。在实践中,涉外仲裁保全程序的司法审查存在诸多争议,以下作重点论述。

根据我国相关法律规定,如申请人拟在仲裁过程中申请财产保全,需向仲裁机构提交申请并由仲裁机构向法院转递申请,负责保全的法院一般为被申请人住所地或保全财产所在地,国内仲裁案件的财产保全由基层法院管辖,涉外仲裁案件的财产保全由中级人民法院管辖。无论是国内仲裁还是国际仲裁,都是仲裁当事人向仲裁机构提出保全申请,由法院作出保全裁定并由法院执行保全裁定,仲裁机构只是扮演着"材料递交者"的角色,这在一定程度上不利于仲裁机构的独立性,也增加了仲裁机构的负担。《关于内地与香港特别行政区法院就仲裁程序相互协助保全的安排》第3条规定,如当事人在仲裁案件受理后申请保全,应当由仲裁机构或者常设办事处转递其申请。考虑到转递周期长的问题,允许我国香港特别行政区仲裁程序的当事人将保全申请书连同仲裁机构或者办事处的转递函自行提交给中国内地法院,中国内地法院可以根据我国香港特别行政区政府律政司提供的联系方式向相关仲裁机构或者办事处核实情况。因此,仲裁保全材料由仲裁机构递交能够起到的作用也就是证实申请人将要或已经在仲裁机构提起仲裁,法律对法院在仲裁保全程序中审查哪些内容并未作出规定,由此导致仲裁机构在仲裁保全程序中"心有余而力不足",而法院又无法作出审查仲裁保全的实质内容。

综上,在海南自由贸易港可考虑赋予仲裁机构一定的保全决定权,即由仲裁机构审查当事人的保全申请并作出裁定,从而避免仲裁机构仅扮演着递交材料的尴尬角色。例如,《韩国商事仲裁院商事仲裁规则》第41条就规定了仲裁庭可以决定保全措施采取与否,当然,该保全措施不能影响仲裁结果,不能损害另一方当事人的利益。如果赋予国际仲裁机构保全决定权,则由国际仲裁机构审查后作出保全裁定,保全裁定由法院执行保全措施。但国际仲裁机构作出的保全裁定在执行前应当经过一道司法审查程序,只有经过司法审查的保全裁定才具有强制执行力。法院对保全裁定的审查应当限定在形式审查方面,在此可以借鉴《联合国国际贸易法委员会国际商事仲裁示范法》第36条的规定,即存在下列情形的保全裁定不予执行:仲裁庭的组成仲裁程序与协议不符、不符合仲裁地的规定且无协议约定;裁决内容超出协议范围;当事人无行为能力;协议无效;因仲裁员或者仲裁程序未适当通知当事人等原因导致当事人辩论、举证等权利受限;未遵守仲裁庭就临时措施作出的提供担保的决定,或该临时措施已被仲裁庭终止或中止的;经法院认定,临时措施不符合法院权限的。海南自由贸易港法院在审查仲裁保全裁定时可以参照上述规定在程序方面进行审查,从而既保障国际仲裁机构的独立自主性,又保障仲裁保全程序的公正性,也免除了国际仲裁机构递交材料之苦。

三、仲裁裁决的司法审查

仲裁裁决的司法审查主要体现在两个方面:一是仲裁裁决是否损害第三人利益,如果损害第三人利益,其如何救济因仲裁而造成的利益损失;二是仲裁裁决是否危害社会公共利益,如果危害社会公共利益,则该仲裁不予承认与执行。

其一,仲裁裁决司法审查中第三人利益的保护。由于仲裁以私法自治为原则,只有订立仲裁协议的当事人才能参加仲裁,同时仲裁的不公开审理导致仲裁很容易损害第三人利益,甚至出现双方当事人“手拉手”申请虚假仲裁损害第三人利益的现象。对于第三人利益受损的事实,第三人往往在仲裁裁决执行的过程中才知道仲裁裁决的存在,按照相关法律规定,第三人只能提起执行异议保护自己的合法利益,即使如此,第三人仍然无法撤销错误的仲裁裁决。可见,在仲裁中,第三人利益救济途径不畅一定程度上会造成虚假仲裁的泛滥。基于上述问题,在海南自由贸易港的建设中,应当通过立法形式切实保障仲裁裁决中的第三人利益,从而维护经济往来的正常发展。

首先,应当主动审查是否可能存在第三人。例如荷兰《民事诉讼法典》第1045条就规定了仲裁庭可以允许与案件结果有利害关系的第三人经书面申请加入仲裁程序,或者第三人可以根据他与在审案件当事人之间的书面协议介入在审案件,从而作为一方当事人参加或联合索赔。又如澳大利亚《国际仲裁法1974》第18条虽然没有直接规定第三人可以直接参加仲裁程序,但是依照该条规定,如第三人不参加仲裁可能导致一方当事人不平等的地位,则仲裁庭会考虑引入第三人。从上述国家的规定看,有的国家的第三人以申请的方式加入仲裁,有的国家的第三人则根据仲裁庭的要求加入仲裁,总之都认可第三人加入仲裁。在海南自由贸易港立法过程中,可以对以往拒绝第三人加入仲裁的规定有所突破,当仲裁庭审理的某一案件可能涉及第三人利益时,仲裁庭应当主动要求、通知第三人参加仲裁,并将理由告知各方当事人。例如,仲裁当事人确认解除合同,但该合同的解除直接损害第三人利益的,仲裁庭应当通知第三人参加仲裁,听取其意见。

其次,赋予第三人提起第三人撤销仲裁裁决之诉的权利。在仲裁庭没有通知第三人参加仲裁的情形,第三人可能对仲裁裁决一无所知,那么当第三人知道仲裁裁决损害其利益时,应当赋予第三人提起撤销仲裁裁决的权利,即第三人没有参加仲裁程序,但有证据证明仲裁裁决部分或全部内容错误损害其利益的,除可在执行阶段提起执行异议外,还可以向法院提出撤销仲裁裁决的诉讼,从根本上解决仲裁错误损害第三人利益的情况,一定程度上减少虚假仲裁的现象。

最后,赋予第三人提起执行异议之诉的权利。在实践中,第三人通常在执行的过程中才知道其利益受损,法律虽然赋予第三人提起执行异议的权利,但未赋予其提起执行异议之诉的权利,无法从根本上维护第三人的权益。因此,可赋予第三人提起执行异议之诉的权利,即在第三人发现其未参与的仲裁案件在强制执行仲裁裁决过程中实质损害其利益,而其提起的执行异议又被驳回的情况下,其可以向法院提起执行异议之诉。具体而言,第三人可以采取提出执行异议和提起执行异议之诉的方法寻求救济:第一步,第三人先对执行标的提出异议,法院经审查可针对不同情况做出不同的裁定,中止执行异议理由成立的案件,驳回异议理由不成立的案件。第二步,仲裁第三人对法院驳回的裁定不服,认为仲裁裁决错误的,可提起执行异议之诉。法院对执行异议之诉进行审理,对理由成立的,判决撤销执行行为;理由不成立的,裁定驳回。对法院的裁判,第三人和申请执行人如不服,可以上诉。[4]

其二,仲裁裁决司法审查中社会公共利益的确定。以社会公共利益为标准审查是否承认和执行仲裁裁决是国际通行的做法,但问题在于社会公共利益是一个模糊的概念,无论是在理论上还是在实务中,各国或国内不同法院对社会公共利益的理解与适用都不统一。在仲裁司法审查领域,《仲裁法》《民事诉讼法》规定人民法院以违反社会公共利益对仲裁裁决进行否定性评价是没有什么争议的。由于社会公共利益这一概念具有高度概括性,边界不清,在不予认可、执行或者撤销仲裁裁决的司法实践过程中,我国将涉及“违背社会公共利益”的认定亦统一收归最高人民法院。

在涉外仲裁裁决司法审查领域,就目前的司法实践而言,我国法

---

〔4〕 朱科:《中国国际商事仲裁司法审查制度完善研究》,法律出版社2018年版,第222页。

院对于"违背社会公共利益"的认定是十分克制和谨慎的。有学者通过对最高人民法院判例的研究认为，可以通过综合考虑以下六种因素来判断仲裁裁决是否违反社会公共利益：(1)裁决国际性及与一国法律的关联度；(2)法院地法律制度涉及法益的根本性；(3)法律制度所体现的政策性因素；(4)裁决是否体现国际共识；(5)是否客观存在损害结果及严重与否；(6)裁决是否涉及国际义务。[5] 在具体个案中，最高人民法院在判决的说理过程中也提到，仅在以下危及我国社会根本公共利益的情形下，如侵犯国家主权、违反善良风俗及与法律基本原则相悖、危害国家及社会公共安全等，不予承认和执行外国商事仲裁裁决。[6]。在国内仲裁裁决司法审查领域，因不涉及国家间主权及利益冲突的问题，且国内强制性规定或者法律的基本原则会涉及社会公序良俗等基本问题，司法实践中会额外关注案涉法律行为、关系合法与否。

海南自由贸易港的建设应该是在党的集中统一领导下，以人民为中心，坚定不移地走中国特色社会主义道路，践行社会主义核心价值观，确保海南自由贸易港建设方向正确。因此，结合学者观点、最高人民法院判例及《海南自由贸易港建设总体方案》，在具体的司法实践中，海南法院应当从以下几个方面判断仲裁裁决是否违反社会公共利益：一是是否坚持党的领导和中国特色社会主义道路。任何仲裁裁决都不得违反中国意识形态等涉及国家安全、主权的原则性规定，否则应予以撤销或不予承认与执行。二是是否违反中国宪法规定的基本法律制度。宪法是一国的根本大法，违反中国宪法的仲裁裁决应予以撤销或不予承认与执行。三是是否违反中国法律的强

〔5〕 何其生：《国际商事仲裁司法审查中的公共政策》，载《中国社会科学》2014年第7期。

〔6〕 万鄂湘主编：《涉外商事海事审判指导》，人民法院出版社2012年版，第116页。

制性规定。对于违反国家法律强制性规定的仲裁裁决，应当区分个案情况作出判断，只有违反法律、行政法规的强制性规定并因此导致社会公众利益受到侵害的，才撤销或拒绝承认和执行仲裁裁决。

第二节　商事调解、和解协议的司法确认与监督

在中国语境下，调解与和解具有不同的含义，一般认为调解系由中立的第三方作为纠纷解决的促进者、引导者居中主持协助当事人直接解决纠纷，和解是纠纷当事人之间自愿主动解决纠纷，不需要第三方参与纠纷解决。而在英语语境下，英语中与调解相近的词有两个，分别为"mediation""conciliation"，"mediation"更加接近和解的意义，不特别强调第三方的参与，"conciliation"更加接近调解的意义，当事人可以要求第三方提出意见和建议。如我国加入的《新加坡调解公约》，其英语表述为"Convention on International Settlement Agreements Resulting from Mediation"，虽然官方文本中将调解达成的协议翻译为和解协议，但是该"和解"与中国语境下的调解更接近。基于此原因，本章提及的调解协议、国际商事和解协议均是在基于符合法律、公约规定的调解组织、人员组织下争议各方当事人达成的调解、和解协议，不涉及当事人自行达成的和解协议。

一、商事调解协议的司法确认

2020 年 1 月开始施行的《优化营商环境条例》（国务院令第 722 号）第 68 条及 2021 年 10 月开始实施的国务院《关于开展营商环境创新试点工作的意见》（国发〔2021〕24 号）的"优化外商投资和国际

人才服务管理"部分均将调解作为多元纠纷解决机制的重要组成部分大力支持。

在传统的理论观点中,契约只是对当事人各方产生契约上的约束力,而不直接产生法律上的约束力,特别是不能像判决一样产生法律上的既判力、执行力。这一原因使作为纠纷解决机制的调解具有一定的劣势,即调解协议无法产生法律上的效力,当事人不会将调解作为首选的解决争议方式。但在商事多元化纠纷解决机制中,调解具有不可或缺的重要地位。可否赋予调解协议强制执行力,对调解的适用有着至关重要的意义。从理论基础的角度分析,调解协议是当事人各方在自愿基础上达成的契约,是对已发生纠纷的解决方式达成的契约,当事人各方理应遵守自己达成的契约。根据商事契约理论,通过订立契约的方式解决争议是当事人对自己权利的处分,可自行承担相应的法律后果,因此契约理论要求当事人应当遵守调解协议并履行调解协议,在一方拒不履行调解协议时,公权力应当积极介入并确保调解协议得到履行。有学者认为,调解协议本身具有拘束力是调解协议得以强制执行的理论基础,因为商事主体在进行调解并达成合意时,其应该且可以评估合意条款对自身权利义务的约定,同时在调解协议签章的行为应视为其同意接受协议的拘束。另外,根据诚实信用原则,除非在协议中明确约定协议条款仅是预处理方案,需要通过其他方式最终确定纠纷的最终处理结果,否则协议各方之间应受协议条款的拘束。[7]

赋予调解协议强制执行力对建设海南自由贸易港有重要意义。首先,多元化纠纷解决机制中应强调调解的地位和作用。仲裁、诉讼的产品(裁决书、判决书)可以作为执行依据直接执行,虽然调解具有

---

〔7〕 胡耀夫:《论国际商事和解协议可执行性》,载《现代商贸工业》2021 年第 26 期。

非正式性的特征，体现了当事人的高度意思自治，但由于缺乏直接执行力，其在多元化商事纠纷解决机制中并未发挥较大的作用，更多的商事纠纷依然是通过仲裁或诉讼解决的。由此导致了诉讼案件数量的增长与案件解决效率的不匹配，出现了“诉讼爆炸”现象。对海南自由贸易港建设而言，本来法院受理的商事案件就已呈井喷之势，再加之国际商事案件的涌入，无疑会给司法机关增添更多的压力。从多元纠纷解决机制看，可以说调解解决纠纷的效率要高于仲裁，仲裁又高于诉讼，通过调解解决纠纷一定程度上能够提高商事纠纷的解决效率，降低解决商业纠纷的时间和成本。

为提高调解在多元化商事纠纷解决机制的适用广度，我国采取的做法是，经具有资质的调解组织主持，当事人之间达成调解协议后申请司法确认，从而可强制执行该调解协议。

主持调解的组织应依法设立，而个人调解员自行主持的调解无法得到司法确认。这是因为个人调解员市场不发达，在没有调解组织的背景下，个人调解员与纠纷当事人之间的利害关系、是否存在不当利益交换的行为难以确定，虚假调解出现的概率将在一定程度上增加，因此《民事诉讼法》对调解主体的范围慎之又慎，不轻易扩大范围。

调解协议司法确认的程序规则是在协议生效之日起 30 日内向人民法院申请司法确认，且申请主体必须是当事人各方共同申请。此依据在于虽然当事人意思自治是调解协议具备执行力的正当性基础，但调解协议毕竟没有直接导致当事人的利益状况发生变动的效力，因此需要协议当事人各方向有关机构作出接受司法机关对自己权益进行强制执行的意思表示。

然而，我国签署的《新加坡调解公约》中规定，当事人可直接在成员国内申请跨境强制执行国际商事和解协议。该公约系由联合国国际贸易法委员会制定并于 2019 年 8 月 7 日面向各国开放签署，首批签约国家共46个，中国作为该委员会成员国参与制定并签署了该公约，在海南自由贸易港建设的过程中，《新加坡调解公约》将作为国际商事纠纷调解解决方式发挥重要作用。根据《新加坡调解公约》，每一当事人应按照本国程序规制并根据本公约规定的条件执行和解协议，并可直接申请强制执行，且具有一定的强制排他性，即对于通过和解协议已经解决的纠纷，当事人不得就该争议诉诸仲裁、诉讼。

在我国，当事人如欲申请强制执行调解协议，须先经过司法确认程序。在此情况下，国际和解协议只有经司法确认转化为法院文书才具有强制执行力，而司法确认的过程也就是对和解协议进行司法监督的过程。

二、国际商事和解协议司法监督的必要性

（一）海南自由贸易港调解制度与国际接轨的必要条件

国际商事和解协议司法监督是海南自由贸易港调解制度与国际接轨的必要条件。《新加坡调解公约》规定国际和解协议直接具有强制执行力具有重大意义，但该直接执行力的前提是要经过司法审查，这是世界多数国家的通行做法。因此《新加坡调解公约》在规定国际和解协议具有直接强制执行力的同时，也规定了和解协议司法监督的具体内容。《新加坡调解公约》中有关和解协议司法监督的内容主要表现在以下两个方面：其一，司法主动监督的内容。《新加坡调解公约》对此作出了详细的规定。关于和解协议的形式要件，例如当事人如要申请强制执行，需要出具证实当事人各方经调解达成和解协议的证据、经当事人各方签章确认的和解协议等；通过电子通信方式签署和解协议的形成要件也有对应规定。一般而言，如果双方对和解协议没有异议，则和解协议可以直接作为执行的依据，但如果一方有异议，则可能引起司法的被动监督。其二，司法被动监督的内容。司

法被动监督是指当事人签署和解协议后，一方或者双方当事人对和解协议提出异议，要求有权机关监督的内容。关于和解协议的监督和阻却执行情形，在当事人提出和解协议一方当事人处于某种无行为能力、调解员严重违反调解准则、调解员信息披露不对等时，当事人可以寻求有关机关监督并阻却和解协议的执行。如欧盟2008年5月颁布的《关于民商事调解若干问题的指令》第19条规定，当事人达成的书面和解协议在成员国具有执行力。如果和解协议内容与成员国法律冲突，则和解协议没有执行力，成员国的法律包括国际私法或者法律没有赋予特定协议以执行力，或者协议指向的特定义务根据协议性质没有执行力。由此可见，欧盟成员国之间也会对和解协议进行司法监督。

作为自由贸易港的新加坡在落实推动《新加坡调解公约》方面较为积极主动，与《新加坡调解公约》相配套的《新加坡调解法》在赋予和解协议执行力的同时，也规定了相应的司法监督程序。《新加坡调解法》第12条规定，对于在诉讼程序启动前达成的和解协议，各方当事人在都同意的情况下可以申请法院将和解协议记录为法庭指令。法庭指令和法院作出的判决一样具有执行力。同时，该条还规定了法院审查和解协议的内容，即是否存在导致协议无效的情形；在涉及儿童福利或监护的协议中，协议内容是否符合儿童利益最大化原则；协议事项能否强制执行；强制执行协议内容是否与公共政策相悖；协议能否解决争议事项。

综上，对国际和解协议的执行设置司法监督程序是国际通行做法。

（二）海南自由贸易港调解制度发展的规范基础

1. 国际商事和解协议司法监督是我国法律规范的强制性要求，是海南自由贸易港调解制度发展的规范基础。对国内商事和解协议而言,中国现行法并未赋予和解协议直接执行力,国内商事和解协议要获得执行力,根据相关法律规范主要有三种方式,即将和解协议转化为法院文书(调解书、判决书、裁定书、支付令)、仲裁裁决书、公证债权文书。也就是说,《新加坡调解公约》所确定的和解协议在中国并不能获得直接执行力,海南自由贸易港法治建设也只能以中国法律规范为基础。

其一,国际和解协议经司法确认转化为法院文书,而司法确认的过程也就是和解协议司法监督的过程。《民事诉讼法》第205、206条规定,调解协议需由依法设立的调解组织主持,同时达成的调解协议需要在协议生效之日起30日内向人民法院申请司法确认,且申请主体必须是当事人各方共同申请。人民法院可以根据具体情况裁定调解协议有效或者驳回申请。最高人民法院《关于人民法院进一步深化多元化纠纷解决机制改革的意见》(法发〔2016〕14号)第31条规定,调解协议系民事合同,可由法院依据当事人的申请确认效力。最高人民法院成立国际商事法庭之后,为更好地服务国际商事主体,规定达成和解协议的案件可以申请国际商事法庭出具判决书。《最高人民法院国际商事法庭程序规则(试行)》(法办发〔2018〕13号)第24条规定,经专家委员或者国际商事调解机构主持调解,当事人达成调解协议的,调解书由国际商事法庭依法审查后制发;当事人要求发给判决书的,国际商事法庭可以制发判决书。随着全球信息化的发展,最高人民法院积极顺应时代潮流,对在线调解作出规定。2022年1月实施的《人民法院在线调解规则》第20条规定,当事人立案前调解的,调解内容记入笔录后结案,当事人亦可申请司法确认该调解协议;立案后调解的,根据当事人的申请,人民法院可以出具调解书或者准予撤诉的裁定书结案。《人民法院在线调解规则》同时规定了和解协议司法审查的内容,如是否存在恶意串通、伪造证据、捏造事实、虚构法律关系等侵害他人合法权益的情形。法院可以要求当事人提供相关证据证实不存在虚假调解的行为,如果当事人不提供,则调解协议的效力不予确认或者不予出具调解书。经审查,法院认为虚假调解情形确实存在的,将根据具体情况予以罚款、拘留;如果情节严重涉嫌刑事犯罪的,案件的相关材料及线索将被移送侦查机关。中国相关法律法规并未直接规定和解协议可转化为支付令,但《民事诉讼法》有关督促程序的规定为和解协议转化为支付令提供了法律依据,因此支付令可以作为执行依据。但除了该规定的两个条件外,法院是否审查其他内容则尚不明确。

在国际商事调解领域,中共中央办公厅、国务院办公厅《关于建立"一带一路"国际商事争端解决机制和机构的意见》指出,国际商事调解机构出具的跨境商事纠纷调解书,可以经过司法确认后向法院申请强制执行,司法确认仍是强制执行和解协议的前提条件。

其二,国际和解协议经仲裁程序转化为仲裁文书,而在仲裁程序过程中也需要对国际和解协议进行司法监督。将调解协议转化为仲裁调解书或裁决书是赋予和解协议执行力的另一个途径,如《仲裁法》第 51 条规定当事人可以根据仲裁调解书或裁决书在法院申请强制执行,《纽约公约》也规定国际商事仲裁可以在全球获得相应的执行力。但二者同时也对仲裁规定了相应的司法监督程序,有关仲裁的司法监督已在上文论述,在此不再赘述。

其三,国际和解协议经公证程序转化为公证文书,而在公证程序过程中也需要对国际和解协议进行司法监督。根据《公证法》的规定,国际和解协议可通过转化成公证书获得执行力。但并不是所有的和解协议都一定能够得到公证的支持,《公证法》第 31 条列举了不予办理公证的情形,如申请主体不具有完全行为能力;存在虚构、隐瞒事实,或者提供虚假证明材料的;拟公证事项不真实、不合法或违背社会公共利益的；等等。根据上述规定，当事人是否具有完全行为能力、公证事项是否合法等是公证时应当审查的内容。同时，在执行程序中还规定了相应的司法监督程序，如最高人民法院《关于公证债权文书执行若干问题的规定》（法释〔2018〕18 号）第 12 条列举了被执行人可以申请不予执行公证债权文书的情形：办理公证时系无民事行为能力人申请公证、限制民事行为能力人无监护人代理申请、被执行人或其委托代理人均未到现场；公证员为申请人本人或近亲属、与公证申请人本人、近亲属具有利害关系；公证员有生效刑事法律文书证实其在经手该项公证存在贪污受贿、徇私舞弊行为；其他严重违反法定公证程序的情形。上述规定体现了和解协议经公证程序需要司法监督的具体内容。

总之，在中国现行法律规范框架内，国际和解协议只有在经过司法监督程序后，才可对其申请强制执行。建立海南自由贸易港司法制度也应当遵守上述法律规定的基本原则，但为了提高调解在海南自由贸易港纠纷化解中的效率，可以适当缩减监督的内容，以更加开放的态度促进国际和解协议跨境执行。

2. 国际商事和解协议司法监督是由调解的特性决定的，是海南自由贸易港调解制度发展的风险防控要求。

其一，和解协议的拘束力只是合同上的拘束力，并非法律上的执行力。国际和解协议在性质上是民事合同，而合同又必须遵守法律法规的强制性规定，因此问题在于法律法规应当在哪些方面作出强制性规定，这直接关系到民事合同的法律效力问题。按照合同的一般原理，商事合同的效力主要有有效、无效、可撤销、效力待定等，之所以存在无效、可撤销等合同效力，主要是因为商事合同可能对当事人或案外人的权益造成损害，甚至对公共利益或者国家安全造成损害。在海南自由贸易港建设中，应当树立风险意识，对于当事人之间达成的国际和解协议,一方面应予鼓励认可,另一方面也应实行司法监督制度,不能放任当事人达成损害当事人、案外人或者公共利益的和解协议。

其二,和解协议参与各方的主观性容易导致和解协议不公正。在当事人层面,大部分和解协议是合同各方当事人的真实意思表示,但有可能也存在一方受到欺诈、胁迫等情形,也有可能存在重大误解的情形,还有可能存在损害案外人利益的情形,因此虽然双方达成了和解协议,但基于上述原因,利益受损的当事方或案外人可能对和解协议不予认可。在调解员层面,尽管调解员对当事人之间能否达成和解协议不起决定作用,但调解员可能基于某种原因在信息披露、调解程序等方面偏向于其中一方当事人,从而造成达成的和解协议不公正。

海南自由贸易港建设应当注重风险防控,国际和解协议的司法监督是中国特色自由贸易港风险防控的具体制度设置。基于国际和解协议的商事合同性质和和解协议参与方的主观性,对国际和解协议予以司法监督具有必要性。

三、国际商事和解协议司法监督的主要内容

按照海南自由贸易港高起点谋划、高标准建设的要求,海南自由贸易港应当积极与《新加坡调解公约》接轨。《新加坡调解公约》有关国际和解协议司法监督的内容主要规定在第4、5条,其中第4条规定了执行机关依职权审查的程序事项,第5条第1款规定了依申请审查的事项,第5条第2款规定了执行机关依职权审查的实体事项。海南自由贸易港在针对国际和解协议强制执行力有关问题上,可以以《新加坡调解公约》为范本,再适当加入中国“元素”,形成具有中国特色的强制执行国际和解协议的配套制度。

中国商事调解制度与国际商事调解制度的衔接主要存在两种立法进路：其一，国内、国际单轨制，即无论是国际和解协议的执行还是国内和解协议的执行，均以国内法已有的规定进行，国际和解协议在中国执行必须经过司法确认转化为调解书，或者转化为仲裁文书、公证文书。其二，对国内调解协议、国际和解协议实行双轨制管理。对国内调解协议的执行依照中国现有法律规范，将调解协议通过司法确认等程序转化为可作为强制执行依据的生效法律文书，从而强制执行调解协议项下的内容；针对国际和解协议，则配套独立的执行制度，赋予国际和解协议直接的强制执行力，与《新加坡调解公约》无缝对接。相比较而言，国内、国际单轨制更加符合中国实际。首先，此种进路不需要对中国现有法律规范作出重大修改，只需要统一明确和解协议的司法确认条件。其次，不会对中国司法传统造成太大的冲击，毕竟中国各地对外开放的程度不同，受理国际和解协议的强制执行申请案件的数量分布不均，大部分地区更多的是受理国内调解协议强制执行案件。因此，中国商事调解制度的重点在于如何设定和解协议的司法确认条件，即司法监督的具体内容。如果司法确认的条件过宽，则难以避免出现对虚假和解协议的执行，或者有损案外人利益的和解协议的执行，或者有损公共利益、国家利益的和解协议的执行的情形；如果司法确认的条件过严，则不利于国际和解协议在中国的执行，也不利于海南建设更高水平开放的自由贸易港。因此，在设置和解协议的司法确认条件时应当把握一定的度。正如有学者所言，如果调解协议通过司法确认获得执行力，将一定程度上限制合同各方当事人之间的意思自治，同时也会加重司法审查的负担。[8]但不可否认，建立与《新加坡调解公约》相同的司法确认条件应当是

---

〔8〕　孙南翔：《〈新加坡调解公约〉在中国的批准与实施》，载《法学研究》2021年第2期。

未来中国商事调解制度的努力方向，当下可以以海南自由贸易港为试验田，建立相对开放的和解协议司法确认条件，待时机成熟后再在全国推广。因此，海南自由贸易港和解协议司法确认条件可以从执行机关依职权审查的程序事项、依申请审查的事项、依职权审查的实体事项三个方面进行设置。

（一）依职权审查的程序事项

《新加坡调解公约》第4条规定的依职权审查和解协议的程序事项的内容主要有：和解协议上应当有各方当事人的签名；该和解协议存在第三方调解、个人调解或机构调解的证明；如果和解协议系通过电子方式调解和签署的，则应当提供证明电子方式调解可靠的相关证据；和解协议执行机关所在国的译本；执行机关所在国要求的其他文件。

对照中国和解协议司法确认的程序审查条件，结合《新加坡调解公约》第4条构建海南自由贸易港和解协议司法确认程序审查条件具有一定的合理性和可行性。最高人民法院《关于人民调解协议司法确认程序的若干规定》（法释〔2011〕5号）第3、6条规定和解协议司法确认的程序事项应当满足以下条件：司法确认申请书、调解协议、身份证明、资格证明、与调解协议相关的财产权利证明、确保调解协议真实合法的保证书。由此可见，中国和解协议司法确认的程序审查事项更加详细，对于后续执行具有一定的积极意义，但从海南自由贸易港建设的角度看，和解协议司法确认的程序审查事项还可以进一步优化。

其一，将司法确认申请书转变为和解协议强制执行申请书。虽然《新加坡调解公约》并未要求当事人必须提交司法确认申请书，但这并不代表没有必要审查司法确认申请书，可能只是表述的名称不同而已。《新加坡调解公约》旨在赋予和解协议直接执行力，即使需要审查，该申请书也可能被称为强制执行申请书，司法确认只是强制执行的前置程序。从理论上看，司法具有中立性的特点，和解协议是否需要作为强制执行的依据完全由当事人决定，法院不会主动强制执行和解协议，因此和解协议的执行只能依申请进行，那么将和解协议的强制执行申请书作为程序审查的一项内容并未增加当事人的负担。而且，和解协议是当事人意思自治的结果，当事人理应自动履行，当和解协议进入强制执行时，可能负有履行义务的一方当事人已经履行了部分义务，债权方当事人申请强制执行的标的额应当是债务方当事人未履行的部分，至于未履行的数额只有债权方当事人知晓，债权方当事人需要在强制执行申请书中明确。因此，尽管《新加坡调解公约》没有明确规定当事人应当提交强制执行申请书，但法院在审查和解协议程序事项时应当要求当事人提交强制执行申请书。为区分强制执行申请书与一般商事案件生效法律文书的强制执行申请书，当事人应当注明该申请书为“和解协议强制执行申请书”，从而提醒法院按照司法确认程序先审查和解协议的法律效力。

其二，明确和解协议的形式要件。《新加坡调解公约》与我国《人民调解法》都规定了和解协议，都要求当事人各方在和解协议上签字，但有所不同。首先，《新加坡调解公约》并不要求调解员在和解协议上签字或调解机构在和解协议上盖章，和解协议只是显示当事人意思自治的结果，而我国《人民调解法》第 29 条规定，调解协议书的生效时间为协议各方当事人签章、捺印及人民调解员签名并加盖人民调解委员会印章之日。由此可见，在中国，和解协议的司法确认要求调解协议必须有当事人各方的签名或捺印，且加盖调解委员会印章。之所以两者作出不同规定，主要源于调解主体的不同。域外存在个人调解员制度，而我国只承认机构调解，因此要求和解协议必须要加盖调解机构的印章。《新加坡调解公约》并不要求调解主体在和解协议上签名或盖章,但并不代表不审查调解主体,而是要求调解员或调解机构出具“调解员签署的表明进行了调解的文件”“调解过程管理机构的证明”。其次,《新加坡调解公约》并未要求和解协议必须采用书面形式,而是对其扩大解释为通过电子通信方式签署的和解协议具有同等效力,而我国《人民调解法》对此没有明确规定。我国《人民法院在线调解规则》(法释〔2021〕23号)第19条规定,调解员组织当事人就所有或者部分调解事项达成合意的,应当制作、上传调解协议,协议各方和调解员应当在调解协议上进行电子签章。由此可见,我国并不排斥通过电子通信方式签署和解协议。随着信息化时代的到来,运用电子通信签署和解协议逐步成为潮流,特别是对于国际商事主体而言,面对面调解并签署调解协议的成本较高,通过电子通信签署和解协议更具现实意义,因此海南自由贸易港和解协议形式要件应当明确通过电子通信方式签署和解协议的拘束力。因通过电子通信签署和解协议容易伪造的弊端,应当对此方式作出特殊规定,《新加坡调解公约》规定,对于通过电子通信签署的和解协议,当事人应当提交证明该方式是适当可靠的证据材料,如调解过程的视频、音频材料,电子签名的确认等。因此,海南自由贸易港和解协议的形式要件可以设定为:一是当事人各方签名、调解员签名或调解机构盖章的和解协议,或者虽然没有调解员签名或调解机构盖章的和解协议,但有调解员或调解机构证明调解的文件;二是调解协议为书面形式或电子形式,但提供电子形式和解协议的,应当提供电子形成和解协议适当可靠的证据。

其三,身份证明、资格证明。《新加坡调解公约》第4条并未要求当事人提供身份证明、资格证明,但基于后续强制执行的需要,身份证明、资格证明应当作为主管执行机关审查的一项形式事项。毋庸置疑,国际和解协议之所以诉诸强制执行程序,是因为被执行人未按照和解协议自动履行义务，而如果被执行人的身份、资格不明确，则执行机关无法查控被执行人的财产。问题在于，申请方提供自身的身份证明、资格证明比较容易，可一旦被申请方毁约，申请方很难获得被申请方的身份信息，如果要求申请方提供被申请方的身份信息，则存在强人所难之嫌。尽管如此，还是应当要求申请方提供双方的身份证明、资格证明，这样有利于促使当事人在签署和解协议时互相留存对方的身份证明、资格证明。虽然在双方毁约后难以取得对方身份证明、资格证明，但在毁约前当事人各方本着友好解决纠纷的考虑并不排斥互相留存对方身份证明、资格证明。所谓身份证明、资格证明主要是指当事人各方的身份信息、授权委托信息，如身份证、护照、授权委托书等。

其四，其他可选择性程序事项。基于充分尊重当事人意思自治和遵循司法确认谦抑性原理，海南自由贸易港应当尽量为国际和解协议的执行提供宽松的司法环境。当事人如果提供了上述三项内容的材料，执行机关应当认为当事人提交的国际和解协议强制执行申请材料符合形式审查事项要求。至于《新加坡调解公约》和最高人民法院《关于人民调解协议司法确认程序的若干规定》要求的其他程序事项，可将其作为选择性程序事项，即不必然要求当事人提供，执行机关也不必然进行审查。具体而言：一是《新加坡调解公约》规定的和解协议执行机关所在国的译本，可视情况决定是否将其作为程序审查事项。国际和解协议的语言文字不统一可能导致当事人各方或执行机关对协议内容产生理解上的偏差，甚或看不懂，因此要求当事人提供和解协议执行机关所在国的译本具有一定的合理性，有利于执行机关正确理解和解协议内容。但这并不意味着所有当事人均要提供国际和解协议执行机关所在国的译本。结合中国实际，如果国际和解协议是用英文表述的，则没有必要要求当事人必须提供中文译本。特别是在海南自由贸易港,英文听说读写应当成为司法人员的一项必备素质。如果司法人员看待英文如同中文一般,还要求当事人提供国际和解协议译本实属多余。但如果国际和解协议采用其他语种表述,则应当要求当事人提供中文译本,如德语、法语、阿拉伯语等。当然,除英语外的语种的翻译需要经过专业翻译机构的认证,具体可规定为由执行机关所在国专业外语翻译机构认证。如当事人各方签署了阿拉伯语文字的国际和解协议,而当事人申请在海南自由贸易港申请强制执行,则该当事人应当提供由中国外语翻译机构提供的中文译本。二是最高人民法院《关于人民调解协议司法确认程序的若干规定》规定的与调解协议相关的财产权利证明不需要作为程序审查事项。最高人民法院《关于人民调解协议司法确认程序的若干规定》的目的在于防止当事人将案外人的财产通过和解转移给对方当事人,从而造成案外人权利的损害。基于和解应当坚持的合法性原则,执行机关要求当事人提供与调解协议相关的财产权利证明一定程度上有利于防止虚假和解。但此方式并不能遏制虚假和解的现象,如在当事人以合法形式掩盖非法目的的情况下,从表面并不能看出是否存在虚假和解。但这并不代表执行机关不予审查,而是不应依职权作为程序事项进行审查,可以由案外人申请审查,并且作为实体事项审查。因此,与调解协议相关的财产权利证明不应作为执行机关依职权审查的程序事项。三是最高人民法院《关于人民调解协议司法确认程序的若干规定》规定的确保调解协议真实合法的保证书不需要作为程序审查事项。国际和解协议本来就是当事人合意的结果,和解协议本身就体现了当事人各方的保证,因此在当事人申请强制执行时要求当事人提供确保调解协议真实合法的保证书并没有必要。何况,国际和解协议是否合法是由执行机关判断的,当事人的单方承诺并没有实际意义。即使当事人对国际和解协议真实性进行了保证，也难以避免虚假和解的存在。要求当事人提交确保调解协议真实合法的保证书类似于中国民事诉讼中的诚信原则要求，实践中往往要求当事人签署诉讼诚信承诺书。当然，如果当事人主动提供确保调解协议真实合法的保证书也未尝不可，只是执行机关不需要将其作为必要的程序审查事项。

（二）依申请审查的事项

《新加坡调解公约》第5条详细规定了依申请审查的事项，主要包括以下几项内容：(1)当事人是否有行为能力；(2)和解协议是否被准据法认定为无效、失效或无法履行；(3)和解协议是否不具有约束力或不具有终局性；(4)和解协议是否被修改；(5)和解协议的义务是否已履行；(6)和解协议的义务是否不清楚或无法理解；(7)和解协议是否不准予救济；(8)和解程序是否违反调解及调解员规则；(9)调解员是否未披露重要信息。上述内容与中国现行法律规定不冲突，因此海南自由贸易港司法制度的建设可以直接借鉴《新加坡调解公约》的规定，设置上述几项内容作为依当事人申请审查的事项，从而与国际接轨。

值得一提的是，在国际和解协议侵犯案外人合法权益的情形下，主要表现为虚假调解，是否将其纳入公共政策范围审查存在争议。有学者认为应将虚假调解纳入国际和解协议的公共政策审查范围，司法机关应当结合案件证据材料审查该和解协议是否违背国家、社会利益等公共政策，从而作出是否准予救济的决定。案外人亦仅限于在此情形下申请不予执行和解协议，并应提供相应证据。[9] 虽然该观点并未否认虚假调解可以由案外人依申请审查，但其明确认为包括侵犯案外人合法权益情形的虚假调解应当纳入公共政策审查范

---

〔9〕　孙南翔：《〈新加坡调解公约〉在中国的批准与实施》，载《法学研究》2021年第2期。

围,而公共政策一般由执行机关依职权审查。对虚假调解是依当事人申请审查还是执行机关依执行审查应视情况而定。在国际和解协议侵犯案外人合法权益的情形下,由案外人或当事人申请审查存在虚假调解为宜。如果由执行机关依职权审查,可能面临较大的难度,因为单从和解协议内容上看,执行机关难以发现该和解协议是否侵害案外人的利益,而案外人在自身利益受损时向执行机关申请审查是否存在虚假调解则相对容易。在国际和解协议侵犯国家利益、社会公共利益的情形下,由执行机关依职权审查更为合适。违反国家利益、社会公共利益可统一表述为违反公共政策。如果国际和解协议违反公共政策,即使当事人或案外人没有提出审查虚假调解,执行机关为维护所在国国家利益、社会公共利益也应当依职权审查该和解协议是否违反公共政策。

（三）依职权审查的实体事项

《新加坡调解公约》第5条第2项规定,执行机关依职权审查的内容为调解协议是否违背公共政策、争议事项是否能以调解方式解决。由此可见,《新加坡调解公约》规定的执行机关依职权审查的实体事项共两项,即国际和解协议违反公共政策和国际和解协议违反当事方国家的法律法规的强制性规定,既体现了执行机关审查的谦抑原则,又体现了国家主权的底线原则。对照中国司法确认依职权审查的实体事项,最高人民法院《关于人民调解协议司法确认程序的若干规定》第7条规定,如果调解协议存在违反公共利益、侵害第三人合法权益、内容不明确等情形,法院不予确认该调解协议。其中,对于最高人民法院《关于人民调解协议司法确认程序的若干规定》第7条第3项的内容,上文已述及建议作为依当事人申请的实体事项更加合适,第5项“内容不明确,无法确认的”与《新加坡调解公约》第5条第1项规定的“和解协议的义务不清楚或无法理解”内容大致相当,即国际和解协议中的权利义务不明确。如果从最高人民法院《关于人民调解协议司法确认程序的若干规定》第 7 条的角度实施《新加坡调解公约》第 5 条第 2 项,则需要对最高人民法院《关于人民调解协议司法确认程序的若干规定》第 7 条作出相应修改。

针对国际和解协议中的权利义务不明确的情形是依当事人申请审查还是执行机关依职权审查的问题。由于当事人、调解员及执行机关对国际和解协议的理解可能存在不一致的情形,当事人对国际和解协议中的权利义务产生分歧在所难免,并可能由此导致国际和解协议无法顺利进入强制执行程序。解决这一问题的关键是,在国际和解协议内容不明确时谁来作出解释。如果执行依据是法院判决书且该判决书主文内容不明确,则由作出判决的机构或法官解释。那么国际和解协议内容不明确时,能否由调解员或调解机构作出解释,值得深入探讨。从调解员或调解机构在国际和解协议中发挥的作用看,调解员或调解机构只是促使当事人各方达成一致意见,其不像法官一样对国际和解协议结果的作出起着判断是非的决定作用,因此在国际和解协议内容不明确时由调解员或调解机构作出解释不具有合理性。由执行机构作出解释也似乎不妥。因为国际和解协议是当事人各方意思表示一致的结果,执行机构只是执行当事人各方一致的意思表示,即使执行机构认为国际和解协议内容不明确,其也不能径自作出解释。实际上,国际和解协议内容不明确时由当事人作出解释较为妥当,执行机构不应主动对国际和解协议进行实体审查。那问题在于,如果当事人各方对国际和解协议解释不一,能否强制执行该和解协议,即国际和解协议内容不明时是依当事人申请审查还是依执行机关职权审查。执行机构不得依职权审查国际和解协议内容是否明确。如果国际和解协议不明确,首先按照申请人的解释进行强制执行。如果对方认为申请人的解释与其对国际和解协议的理解不一致,则由对方当事人申请执行机构审查国际和解协议内容是否明确。如果执行机构认为确实存在国际和解协议内容不明确的情形,应当组织当事人各方进行听证。如果在听证程序中仍然无法达成一致意见,则不予执行国际和解协议;如果在听证程序中能够对不明确的内容进行明确且当事人各方均无异议,则可以按照当事人各方的一致解释进行强制执行。综上,国际和解协议内容不明时,应依申请审查实体事项。

除此之外,执行机关依职权审查的实体事项主要体现在两个方面,即是否违反公共政策和是否违反法律法规的强制性规定。有关公共政策,无论是在学术上还是在实务中对其含义认识的分歧都较大,上文关于国际仲裁的司法监督部分已做论述,在此不作赘述。但需要注意的是,应当谨慎以违反公共政策为由否定国际和解协议的效力。[10] 执行机关在以国际和解协议违反公共政策为由否定其效力时,执行机关应当负有解释论证的义务,从而指引国际商事主体了解海南自由贸易港的司法惯例,增强国际商事主体对海南自由贸易港执行国际和解协议的可预期性。至于是否违反法律法规的强制性规定,可以通过列举方式列明,防止国际商事主体在签署国际和解协议时陷入"雷区",如非民商事案件及民商事案件中的身份关系、婚姻关系确认案件等。

四、国际商事和解协议司法监督的程序设置

构建国际商事和解协议司法监督的程序是海南自由贸易港司法制度建设的重要内容。《新加坡调解公约》将国际和解协议的司法监督程序赋予各成员国作为国内法予以实施,中国有关司法确认程序、

---

〔10〕 张丽英:《〈新加坡调解公约〉的解读及中国商事调解制度的衔接》,载《商事仲裁与调解》2020 年第 2 期。

执行程序，仲裁的司法监督、执行程序可以为国际商事和解协议司法监督程序提供规范样本。

（一）审查法院的确定

有关国际商事和解协议的审查法院涉及两个基本内容：一是审查法院的级别管辖法院，二是审查法院的地域管辖法院。现有两种思路：一是仿照仲裁执行管辖规定，国际和解协议的审查法院可确定为被执行人住所地或其财产所在地的中级人民法院；二是根据《民事诉讼法》对调解协议的规定，将管辖法院确定为调解组织所在地基层人民法院。同时，也可根据我国现有关于合同纠纷管辖的相关规定，即在双方当事人都非国内当事人且财产不在国内的情况下，可以根据合同签署地或合同履行地确认管辖法院。

海南自由贸易港区域内国际和解协议的审查法院的确定则相对容易，即按照海南自由贸易港法院的中级人民法院设置级别，国际商事和解协议的司法审查、执行应集中由海南自由贸易港法院管辖。以海南自由贸易港为例，在现阶段，海南自由贸易港知识产权法院可以集中受理国际和解协议司法确认及执行案件。

（二）审查合议庭的组成

海南自由贸易港法院能否公正执行国际商事和解协议直接影响中国在国际上的司法影响力和竞争力，因此海南自由贸易港法院在审查合议庭的组成上应当体现专业性、国际性要求，审查时具体可分为三个阶段：第一阶段，应当由至少三名法官审查国际和解协议能否在海南自由贸易港法院执行；第二阶段，合议庭在审查阶段可以邀请相关专家参与合议，帮助合议庭审查国际商事和解协议；第三阶段，在未来可以邀请国际法官组成合议庭审查。

（三）审查时限

高效解决商事纠纷是海南自由贸易港司法制度的价值追求，有关国际商事和解协议的审查时限可以参照和解协议司法确认时限的规定，即海南自由贸易港法院对国际商事和解协议的审查时限在一般情况下设置为15日，特殊情况可以延长10日，从而尽快作出司法确认决定。

（四）赋予当事人或案外人对国际和解协议的异议权

上文论述的依申请审查的实体事项只有当事人或案外人提出异议申请，执行机关才能启动国际和解协议的审查程序，因此应当赋予当事人或案外人对国际和解协议的异议权。关于当事人如何行使异议权，及异议申请被驳回后是否再赋予当事人后续救济程序的问题，学者观点尚不统一。一种观点认为，为保证对国际和解协议司法确认标准的统一性和可预测性，可建立国际和解协议拒绝救济的报核制度，即有管辖权的法院裁定对国际和解协议拒绝救济前，应逐级上报至最高人民法院，经各级法院均同意拒绝救济之后，才可作出对该商事和解协议不予救济的裁定，这有利于改善我国的投资与贸易及国际商事争议解决的环境。[11] 另一种观点认为，我国在构建国际和解协议执行审查制度时，可考虑建立上诉救济机制及当事人和案外人异议制度，不宜适用法院内部逐级报核制度。[12] 由此可见，上述观点都赞同赋予当事人或案外人对国际和解协议的异议权，但在异议被驳回的情形下，有的学者认为应当参照仲裁相关规定实行内部请示报告制度，有的学者认为应当发挥审级监督制度，赋予当事人对审查不服的上诉权。内部请示报告制度具有较强的行政色彩，通过审级监督更为妥当，但笔者并不赞同赋予当事人或案外人对审查不

〔11〕 张丽英：《〈新加坡调解公约〉的解读及中国商事调解制度的衔接》，载《商事仲裁与调解》2020年第2期。

〔12〕 张志国：《〈新加坡调解公约〉背景下国际和解协议跨境执行审查制度探究》，载《北京仲裁》2021年第1期。

服的上诉权。理由如下:一是商事主体签署国际和解协议本来就是为了高效解决纠纷,尽快恢复正常经济往来关系,在采用调解方式处理纠纷后又要诉诸诉讼程序并不是当事人的意愿;二是通过审级监督并不意味着一定要赋予当事人或者案外人上诉权,还可以赋予其一定的复议权。因此,在海南自由贸易港司法制度建设中,可以考虑赋予当事人或案外人对国际和解协议的异议权,如果当事人不服,可以向上级法院申请复议,复议结果为最终结果。复议与上诉相比效率较高,有利于高效解决因国际和解协议产生的纠纷。如果当事人或案外人对国际和解协议有异议,可向海南自由贸易港法院提出异议,如在异议结果出具后仍不服,可以进一步向海南省高级人民法院复议。

同时,为促使国际和解协议尽快进入执行程序,还应当对当事人或案外人提出异议的时间作出规定。最高人民法院《关于人民调解协议司法确认程序的若干规定》第10条规定,异议期间应为自知道或者应当知道权益被侵害之日起1年内。关于当事人或案外人提出异议的时间,如果按照最高人民法院《关于人民调解协议司法确认程序的若干规定》规定的1年期限,予以设定则不利于国际商事纠纷的高效解决,因此可以适当缩短当事人或案外人提出异议的时间至1个月。